·本书出版获厦门理工学院学术专著出版基金资助·

当文化遇上经济：
福建文化产业发展思维与路径

When Culture Meets Economy:
Development Thinking and Path of Fujian Cultural Industry

林朝霞 ◆ 著

厦门大学出版社
XIAMEN UNIVERSITY PRESS
国家一级出版社
全国百佳图书出版单位

图书在版编目(CIP)数据

当文化遇上经济:福建文化产业发展思维与路径/林朝霞著. —厦门:厦门大学出版社,2015.12

ISBN 978-7-5615-5845-4

Ⅰ.①当… Ⅱ.①林… Ⅲ.①文化产业-产业发展-研究-福建省 Ⅳ.①G127.57

中国版本图书馆 CIP 数据核字(2015)第 299761 号

出 版 人	蒋东明
责任编辑	王鹭鹏
装帧设计	李嘉彬
责任印制	朱 楷

出版发行 厦门大学出版社

社 址 厦门市软件园二期望海路 39 号
邮政编码 361008
总 编 办 0592-2182177 0592-2181253(传真)
营销中心 0592-2184458 0592-2181365
网 址 http://www.xmupress.com
邮 箱 xmupress@126.com
印 刷 厦门市明亮彩印有限公司

开本 720mm×1000mm 1/16
印张 15.75
插页 2
字数 298 千字
印数 1~1 500 册
版次 2015 年 12 月第 1 版
印次 2015 年 12 月第 1 次印刷
定价 40.00 元

厦门大学出版社
微信二维码

厦门大学出版社
微博二维码

本书如有印装质量问题请直接寄承印厂调换

目 录

第一章

绪论

> 　　文化产业是机器复制时代的新兴产物，具有工业化、大众化、娱乐化、商品化等特征，使昔日高不可攀的高雅艺术进入寻常百姓生活，带动文化消费热潮的到来。文化产业不仅关涉国家经济发展，而且关涉民族文化主导权，因此越来越受到国际学界的重视。但由于文化产业研究兴起时间短，成果不如传统学科丰富，且文化产业本身处于快速发展期，焦点转换频率较快。截至目前，关于福建文化资源保护和开发的论著已有不少，但理论探索相对不足，且在区域实证研究上亟须跟进。

第一节　研究源起和文献综述

一、研究源起

　　文化产业方兴未艾，文化产业研究亦不足百年，与其他人文学科动辄千年的历史相比固微不足道，但半个多世纪以来也经历了由贬及褒、由西渐东、由边缘到中心的延宕与波折。

　　文化产业的兴起与机器印刷、电影成像技术等的兴起密不可分，它悄然冲击了传统审美习惯和高雅艺术的地位，机器复制、娱乐大众的商业运作模式更是一点一滴地消解神圣光环、崇高理想、自由意志、高雅情操和批判精神，使少数文化精英的艺术追求化作平民化的娱乐盛宴。因平民性、娱乐性、商业性特征，文化产业很快引起敏感而多思的人文知识分子的警惕、担忧和批评，文化产业研究由此拉开帷幕。"文化产业"一词最早出现于霍克海默和阿多诺的《启蒙的辩证法》一书，是文化工业的代名词，蕴含了批判现代性和守望传统文化的哲学意味,是西方马克思主义批判资本主义文化的重要内容。法兰克福学派对文化产业抑或大众文化的批判延续了尼采、加塞特和艾略特等人的人文之思,主要站在精英主义和意识形态批判的立场上发出声音。首先,他们认为大众文化以廉价的触手可及的娱乐消遣消解了精英文化。阿多诺批判大众文化的商业性,认为"艺术大言不惭地放弃了自身的自主性,并且在形形色色的消费品当中,找到了安身立命的地方……艺术就像是工业产品,专供人们在市场中行销与交换"①。霍克海默批判大众文化的低俗化,他在《艺术与大众文化》一书中提出,大众文化消弭了"纯真艺术"的批判精神和乌托邦理想。马尔库塞主要批判大众文化的同质性,利维斯批判大众文化的反传统、反道德性,其《大众文明与少数文化》一书中提到,"人世间的宗教为之急速改变,家庭为之崩溃,社会风俗为之丕变"②。丹尼尔·贝尔在《资本主义文化矛盾》一书中也认为,大众文化带动享乐主义之风,颠覆了以新教伦理为主体的传统价值观念。其次,他们认为大众文化隐含资本主义权力运作机制,娱乐异化取代劳动艺术,导致市民社会的消解和公共领域的泯灭。米尔士在《权力精英》一书中指出,大众社会意味着市民社会的衰退,信息灵通而深具批判态度的"公众"为被动无依的"大众、乌合之众"所取代。阿多诺在《文化产业再思考》一文中认为:"文化工业刻意地由上而下,借着一种意识形态将消费者收编进去,而这种意识形态就是让人以顺从代替主体意识,压根不允许人脱离规范而存在;文化工业的整体效果是违反启蒙原则的……文化工业不断地以科技作为支配自然的工具……它是一种桎梏意识的手段。文化工业阻碍了个人的发展,个人无法以独立自主的态度,有意识地为自己决断事务。"③

　　同属法兰克福学派的本雅明却对文化产业持乐观态度,他于1936年出版《机器复制时代的艺术作品》一书,歌颂机器复制的文化潜力和走下神坛的平民艺术,描绘了从技术进步到艺术进步再到社会平等进步的演进轨迹,带有技术乐观主义倾向。斯特里纳蒂认为:"本雅明强调了当代通俗文化的民主潜力和参与潜力,而不是独裁主义的潜力和约束的潜力。"④斯道雷也提出:"本雅明褒扬'机械复制'的积极潜力。他认为,'机械复制'开启了从'灵光'

---

① 〔英〕阿兰·斯威伍德著,冯建三译:《大众文化的神话》,三联书店2003年版,第21页。
② 〔英〕阿兰·斯威伍德著,冯建三译:《大众文化的神话》,三联书店2003年版,第10页。
③ 〔英〕阿兰·斯威伍德著,冯建三译:《大众文化的神话》,三联书店2003年版,第23页。
④ 〔英〕多米尼克·斯特里纳蒂著,阎嘉译:《通俗文化理论导论》,商务印书馆2001年版,第96～97页。

文化向'民主'文化发展的进程。"①此外,席尔斯在《知识分子与权力》一书中批驳法兰克福学派对大众文化的悲观看法。贝尔在《作为大众社会的美国》一文中认为,消费资本主义利于文化分层,进而有助于多元、民主文化的诞生。科恩豪泽在《大众社会的政治》一书中认为,大众文化利于自由、民主社会的建构。麦奎尔在《朝向大众传播社会》一书中认为,大众文化的共享性优于古典文化。

随后,马克拉伯、恩泽斯伯格、赫伯特·席勒、阿芒德·马特拉特等诸多学者也参与了该讨论。20世纪七八十年代,随着文化产业在西方的蓬勃发展,文化产业的负面评价日趋减少,变成中性词。不少知识分子的文化立场发生偏移,将下里巴人的通俗艺术作为重要的文化现象加以研究。威廉姆斯反对安德森和柯林斯的精英文化立场,认为文化产业前景广阔,不应以含有贬义意味的"大众文化"来冠名,应以"流行文化"替代它。汤普森也在《英国工人阶级的形成》一书中提出,大众传媒有助于化解文化霸权和提高平民教育水平。到了20世纪与21世纪之交,文化产业更多地带有产业结构调整、经济形态转型乃至民族国家复兴的神圣意义,成为政府机构、国家智囊、行业协会、商业机构、学界学者竞相关注和研究的领域,其褒义内涵逐渐加强,产业经济、管理科学、后殖民主义、文化霸权研究等均关注这一新兴业态。

中国文化产业起步较晚,几乎是近二三十年的事,受西方文化和经济思潮影响较大,具有后发性、模仿性等特征。该研究领域更多地洋溢着跑马圈地的学术激情,社会学、经济学、管理学的纷纷介入使之成为众声喧哗的学术场,充满了炫目的创意和飞扬的想象力,但似乎少了些许学术沉思和哲学漫步,亦少了些许自由意志和批判精神,我们姑且称之为"走在红尘中的学术"。

时下,中国文化产业研究呈现出如下特征:

首先,理论探索不足。各类国家基地、产业中心、评估机构蜂拥而起,各种研究专刊、评估报告此起彼伏,但许多研究成果成为时效性掩盖下的急就章,理论跟风、写作套路化问题较为明显。与传统学科相比,文化产业研究不甚追求深度模式,在对策性和应用性的专注中相对忽略理论探索,或者直接引入西方理论体系,对其理论的适用性思考有限。

其次,统计标准失范。文化产业概念混杂,内涵和外延不明晰,统计标准和口径不一致,导致统计数据参差不齐,成为学科研究的一大瓶颈,尤其是文化产业所属子范畴尚未统一,与国外版权产业、创意产业抑或内容产业的对应关系难以厘清,由此存在基础概念、统计标准混沌不清的问题。各级统计

---

① [英]约翰·斯道雷著,杨竹山等译:《文化理论与通俗文化导论》,南京大学出版社2001年版,第154页。

局并未将文化产业列入与工业、建筑、金融、制造等相当的统计门类。文化产业统计数据较多来源于国家各大分支部门、行业协会或研究机构,统计权威性不足,且信息部、文化部等在统计上多有交叉,使得文化产业研究对象不够明确,相应的对策分析成了建在沙堆上的城堡。文化产业研究的学科梳理和学术沉淀成为当务之急。

最后,实际价值有限。文化产业学科建设较晚,研究团队多由传统学科转型而来,学术深化尚需时日,且以学院派为主,对产业的了解和介入程度不高,影响了对策研究的落地性和对产业发展的引领性。

因此,目前文化产业研究的重点应放在理论探索、行业标准确立和地域性对策研究上。具体而言,第一步是建构宏观价值体系,第二步是在宏观价值引领下探究具体的发展路径,第三步是分析区域产业发展现状,探索具体的发展步骤、策略和措施。

二、文献综述

福建文化产业发展思维与路径研究属于区域文化产业发展研究。区域文化产业发展是提振国家经济实力和文化软实力的重要引擎,是文化产业研究的热门选题。但是以福建文化产业发展为重点的研究成果屈指可数,缺乏整体性、重量级的论著,与福建乃至海西区域文化产业发展战略的重要性不相匹配。

国外学者较早关注区域抑或城市文化产业发展状况,常把它与区域定位、城市规划和国家形象塑造等连为一体,形成理论与实证这两大研究侧向。首先,国外学者擅于对经典案例和统计数据进行提炼分析,发现经济发展的内在结构和核心动力,积极探求产业发展的深度模式和动力机制。查尔斯·兰德里提出七要素理论,认为城市的创意水平取决于人员素质、意志和领导者能力、人才多样性、组织形态、强有力的地方认同、城市空间设施及网络联系、组织结构这七大要素。格莱泽提出 3S 理论,认为技能(科学基础)、阳光(自然生态)和城市外拓(城乡相结合的布局)是区域文化产业发展的核心动力。理查德·佛罗里达提出 3T 理论,即科技、人才资源和多元的包容性是区域文化产业发展的制胜法宝。其次,国外学者和诸多研究机构也致力于城市或区域文化产业的实证研究,如澳大利亚智库"2Thinknow"长期关注城市创新能力,从 2007 年开始发布《全球创新城市指数》,对全球 331 个城市进行创新指数评估。美国康奈尔大学、欧洲工商管理学院和世界知识产权组织在日内瓦联合发布《2013 全球创新指数报告》[①],对全球 142 个经济体的创新能力

---

① 　全球创新指数,Global Innovation Index。

进行评估。

我国区域文化产业研究整体起步较晚,特点如下:

其一,近五年来该领域研究成果呈井喷态势,成为文化产业研究的焦点话题。其中不乏扛鼎之作,如喻文益、向勇的《区域文化产业研究》,花建的《区域文化产业发展》,马萱的《我国区域文化产业竞争力研究》,李世举的《区域文化产业发展研究:基于辽宁省的考察》,韩美群的《区域文化产业发展战略与模式研究》,万程成的《区域文化产业发展的动力机制研究》《我国区域文化产业发展模式研究》等。

其二,较为依赖西方批评话语,迈克尔·波特的竞争战略理论、W. 钱·金的蓝海战略理论、杰恩·巴尼的 VRIO 理论等文化产业研究理论在中国均有较大影响力。祁述裕的《中国文化产业国际竞争力评价和若干建议》、赵彦云的《中国文化产业竞争力评价和分析》、李高业的《文化产业集群竞争力的提升》在区域产业竞争力评估体系建构上明显受到波特"钻石模型理论"的影响。王岚、赵国杰的《基于 ANP 的地区文化产业竞争力评价模型与指标体系》借鉴了美国匹兹堡大学托马斯·塞蒂教授 1996 年提出的网络分析法,建构区域文化产业评价体系。李雪茹的《区域文化产业竞争力评价分析:基于 VRIO 模型的修正》批判性地接受了杰恩·巴尼的 VRIO 理论,对区域文化产业内在竞争力进行评价。马萱的《我国区域文化产业竞争力研究》以产业效率为标准分析我国 31 个省的文化产业竞争力水平,明显受到波特"竞争理论"的影响。李玉杰的《基于恩格尔定律的区域文化产业发展策略》借助恩格尔定律分析区域文化产业发展重点。

其三,区域文化产业的实证研究悄然崛起。李宜春的《省域文化产业竞争力评价指标体系初探——以安徽省为例》,李程骅的《南京都市圈文化产业竞争力研究》,靳晓婷的《基于因子分析的河南省文化产业竞争力评价》,朱小平的《长三角地区文化产业发展差异及潜力研究》,朱智文的《甘肃省区域文化产业竞争力比较分析》,吴保华的《新疆区域文化产业发展模式与制约因素初探》等聚焦特定区域的文化产业发展现状,提出了有针对性的改进措施。

其中,福建区域文化产业研究还处于起步阶段,宏观研究成果包括杨中启的《提升海峡西岸经济区文化软实力研究》、吕清贵的《试论海峡西岸经济区文化产业发展》、董巍的《海西文化产业原真性保持与价值传导》、刘桂茹的《闽台文化产业互补性初探》、刘小新主编的《闽台文化产业合作:经验与问题》、许彩玲的《闽台文化产业竞争力比较研究》、吴声怡的《福建文化产业发展的核心竞争力研究》等,虽然提出海峡文化创意产业带、海峡文化圈及闽台优势互补等诸多构想,但大多浅尝辄止,未做深入系统研究。微观研究成果有张宝英的《论区域金融视域下的闽台文化产业对接》、郑巧《闽台文化产业人才资源合作开发战略研究》等,主要探析闽台文化产业合作中的金融创新、人才培养等问题,研究广度和深度都稍嫌不足。

第二节 基本概念和理论依据

一、基本概念

(一)文化产业

文化产业,简而言之就是精神生产和符号加工,与物质生产和实体经济相比,劣势是不见实体,相对虚渺,优势是高附加值与可复制性。当物质资料相对匮乏的时候,满足人类生存和发展需求的物质生产应是经济主体;当物质资料相对饱和的时候,满足人类精神需求的文化生产就越来越显示出其重要性。早有研究资料显示,人均 GDP 达到 3 000 美元时,物质需求因边际效应逐渐下降,精神需求则有锐升趋势。不论是世界超级大国美国,抑或是"曾经的世界工厂"英国,还是战后实施文化复兴国策的日本、韩国,纷纷将文化产业作为实现经济蓝海计划的重要依托,充分利用文化产业高附加值、高融合度、强渗透力和强跨越性的特性,辐射服装、电玩、汽车、电子设备等邻近产业,产生巨大的经济提振和产业拉动效应。换言之,文化产业成为撬动经济发展的阿基米德杠杆。以日本动漫产业为例,它从动漫制作延伸到影视广播、网络游戏、报刊、手机出版等周边产业,又延伸至电动玩具、服装用品、食品、主题公园等交叉产业,继而带动国民经济的全面发展(具体见图 1-1)。

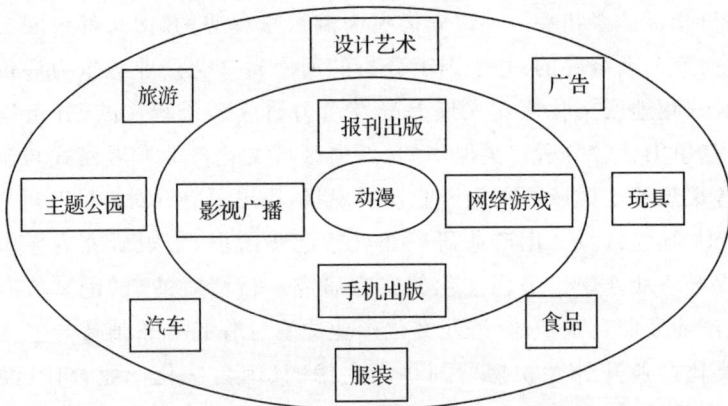

图 1-1 日本动漫产业链图示

从本质而言,文化产业属于创意型经济,区别于资源型和劳动力型经济。

资源型经济会因资源的损耗和枯竭而告罄,劳动力型经济则只能停留在经济链的末端,只有创意型经济才属于未来。

(二)文化资本

文化资本是法国社会学家皮埃尔·布尔迪厄提出的文化社会学概念,被用于探析文化潜在的经济利益和权力意志。布尔迪厄认为,文化生产的本质是生成利益和权力运作。文化作为人类社会实践的基础,一方面提供人们相互理解、交往和参与社会实践的空间,另一方面也是生成权力与利益支配的生生不息的源头。[①]

文化资本是社会学中"文化"和经济学中"资本"概念的有机组合。对它的有效阐释须要引入另一概念——文化资源。文化资源是人类历史和社会实践所遗留的有形或无形文化。文化资本则是资本化的文化资源,即能够产生价值增值的文化资源。文化资本是"能带来价值增量效应的文化资源,或指以财富形式表现出来的文化价值的积累"[②]。

(三)自然成本

自然成本,又称耗竭资产,是人类物质生产过程中重要的成本投入,包括自然资源损耗和自然环境污染。半个世纪以来,自然成本概念兴起并受到关注。人类对经济增长、物质财富的嗜欲导致了原生性资源枯竭问题和水、大气、土壤等环境污染问题,不仅引发有识之士的人文忧思,也引起经济学家对自然有序管理和合理开发的理论探索。保罗·霍肯的《自然资本论》被誉为"下一次工业革命"的圣经,将资本分为实物、金融、人力和自然这四个方面,强调自然要素对经济的贡献。1968 年,约翰·戴尔斯最早提出排污权和排污权交易概念,将排污权纳入企业成本,试图通过经济杠杆对污染物排放进行有效科学的管理,促进企业节能减排、技术革新或产业升级,开启了环境经济学的先河。排污权交易理论后来被美、德、澳和英等国普遍采纳,使得环境资源管理市场化有效落地。

(四)社会成本

社会成本是指生产活动给社会带来的污染和侵害等。该理论首倡者是英国经济学家庇古。他提出用税收杠杆调节侵害社会之生产者的私人成本和社会成本的差距,即根据生产者社会危害程度征税(庇古税),从而达到优化资源配置的目的。罗纳德·哈里·科斯在《社会成本问题》中因经济自由

---

① 张怡:《文化资本》,《外国文学》2004 年第 4 期。
② 施炎平:《从文化资源到文化资本》,《探索与争鸣》2007 年第 6 期。

主义理念影响修订了庇古税制,主张以市场调控方式完成社会成本交易,因此获得 1991 年的诺贝尔经济奖。

（五）文化地理学

文化地理学是人文地理学范畴下的一个分支,主要研究文化与地理生态的关系、文化生成与地域特征、文化渗透与区域联系等,对透析历史文化的生成环境、明确文化资源的空间布态以及检测地域发展文化产业的合理性都具有理论指导意义。

文化地理概念和生态理念有共通之处,均注重地理的先天性,又注重文化的渗透性,以求发挥地域优势,改善地域环境。

二、理论依据

本书以生态理论为主要依据,探讨文化产业的生态发展策略和途径,用于指导福建文化资源保护和产业发展。

生态理论的兴起是人类历史上影响最为深远的一次思想革命。影响之深,几乎撼动了人本主义的绝对合理性;影响之大,几乎成为妇孺皆知的日常术语;影响之广,几乎遍及哲学、美学、社会学、经济学等各个领域。虽然生态思想的萌芽可以追溯到人类文明的源头,如老庄哲学、天人观念、易经思想、佛陀思想等,近代浪漫主义又充实了其内涵,涌现出华兹华斯、卢梭、梭罗等无数浪漫诗人,但是它形成理论体系并被普遍接受却是 21 世纪中后期的事情。

生态理论是全球工业化、城市化、现代化背景下因生态环境问题而逐渐凸显出来的新兴学科。它以思考人与自然之关系为核心,带有批判人类中心主义、工具理性和市场拜物的特征。生态理论的诞生是人类观念史上一次里程碑式的革命。普罗泰戈拉说"人是万物的尺度",这几乎是数千年来西方世界的至理名言,人与自然的二元对立关系早已注定。西方文明的两大源头是希腊文明和希伯来文明。前者关注人类社会内部的关系问题,18 世纪的启蒙运动依旧延续着其关于民主、自由的思考,19 世纪马克思认为希腊文明是共产主义社会的重要参照,把人类征服和改造自然的伟大成就作为人类自由发展的重要基础。后者关注人与神、命定的关系,人须敬畏上帝,但上帝也赋予人统治万物的权利,《创世纪》里上帝让亚当充当自然的管理者、万物的牧羊人,"管理海里的鱼,空中的鸟,和地上各种行动的活物",人与自然始终处于二元对立的关系之中,人类中心主义的价值取向几乎不曾撼动过。然而,生态理论改变自然的失语状态,把自然生态保护作为人类自身发展的重要命题,重新思考和定位人与自然、人与人的关系。

（一）生态理论的特点

生态理论以反对人类中心主义为宗旨，从思维、情感、行为方式上与主体性哲学相决裂。生态学者们纷纷提出自然中心主义、地球中心主义、生态中心主义乃至生命中心论的价值观，以取代人类中心主义，格洛特·费尔特指出"生态批评对文学研究采取了一种以大地为中心的态度"①，罗尔斯则主张以生态系统整体利益为最高准则的生态中心主义价值观。具体而言，生态理论主要体现为：

其一是思维方式的革命。生态理论是后现代语境下人对自我与自然关系的深刻反思和重新构建。它打破了物我对立的思维方式，从生态链、生态群落的角度来看待人与自然、人与社会、人与人之间的相互依存关系，体现生生不息的生态哲学理念。一方面，用系统论取代认识论，从维护生态和谐运转和生态群落多样性的角度来平衡人与自然的关系，把人放回自然，作为自然的重要一环，改变人与自然森然对立的关系，保证自然生态系统的可持续发展。另一方面，以自然生态之理看待人类文化生态，秉持文化有差异但无优劣的观念，宣扬文化平等主义，维护文化生态的丰富性、多元性和互补性。

其二是情感方式的转变。生态理论应打破古典美学主客之间观照与被观照的关系，以生存与体验哲学为依托，建构人与自然平等对话、和谐共处的主体间性情感模式。在这种情感模式下，人不再是宇宙的中心或尺度，而是天、地、人、神、物众多"存在"中的一维，也不再把自然当作可以肆意改造和掠夺的客体，而把它作为人生存、体验和对话的另一个存在，对自然存有理解、同情和敬畏之心。

其三是行为方式的改变。生态理论不仅要在思维方式、情感方式上与古典美学决裂，而且要树立全新的行为理论，确立后工业化时代人介入自然的行为准则。人类固然必须从自然界汲取物质资源来维持和改善生存环境，但这必须以维护生态系统和谐运转为前提，应对人的欲望需求加以节制，促进人与自然形成多元并存且相互补益的关系。其中最重要的是社会组织、生产和生活方式的改变，将关爱自然和守护地球这个共同家园作为个体或集体行动的基本准则，反对过度生产、消费和破坏行为。

（二）生态理论的多学科运用

奥尔多·利奥波德 1949 年出版的《沙郡年记》被学界普遍认为是生态书写的源起。蕾切尔·卡逊 1962 年在美国发表《寂静的春天》一文，写了杀虫剂

---

① 王宁：《新文学史》，清华大学出版社 2001 年版，第 311 页。

对浮游生物、鱼类、昆虫、鸟类乃至人类的群体性危害,正式吹响生态环保的号角,迫使 DDT 及其他各种剧毒杀虫剂最终退出人类生产和生活领域。富有嘲讽意义的是,DDT 曾使 20 世纪四五十年代农业生产大幅增长,使 500 万人免于饥饿威胁,并在控制疟疾与伤寒上发挥奇效,米勒也因研发 DDT 给人类带来福音而荣获诺贝尔奖,而在此后 30 年内,千百万吨 DDT 被视为无害农药大量使用,抗药性、不可降解等问题逐渐暴露出来,DDT 通过食物链最终转移至人类体内,导致肝损害和脑功能紊乱等诸多问题,科学万能的神话被彻底击毁。另外,芭芭拉·沃德的《只有一个地球》,詹克明的《世上本无害虫》,罗马俱乐部的《在世纪的转折点上》《未来问题 100 页》,汤因比与池田大作的对话集《我们共同的未来》,卡洛琳·麦西特的《自然之死》等绿色经典著作的诞生掀起生态保护的世界性浪潮。随后,哲学、美学、社会学、政治学、伦理学、经济学等纷纷呼应这股来势汹涌的生态思潮。

哲学上,罗德曼的"生态对抗"理论、米克的"新的自然哲学"、泰勒·米勒的"绿色哲学"、奈斯的"生态智慧"、罗尔斯顿的"生态伦理学"或"环境哲学"等从不同角度将生态理论引入哲学思考中。2000 年之交,中国生态哲学和伦理学出现井喷式发展,1994 年李春秋出版《生态伦理学》,1996 年佘正荣出版《生态智慧论》,1999 年余谋昌出版《生态伦理学》和《生态哲学》,2001 年雷毅出版《深层生态学思想》,同年,李培超出版《自然伦理尊严》。

美学上,生态美学、环境美学应运而生。西方生态美学具有跨学科性和实践性强的特点,将生态美学理念运用于景观设计、环境设计、生态系统管理、可视化管理等领域,如切努维斯的《景观审美体验的本质和生态》、高博斯特的《服务于森林景观管理的生态美学》、夏庞德的《超越风景资源管理:正在形成的生态美学理论和可视化管理》,普瑞格恩的《生态美学:环境设计中的艺术理论及应用》等。国内美学界也将生态理论纳入当代美学建构中,涌现了鲁枢元的《生态文艺学》、徐恒醇的《生态美学》、曾繁仁的《生态存在论美学论稿》及岳友熙的《生态环境美学》等。

社会学、政治学上,绿色政治成为西方马克思主义研究的新动向。马克思曾把哲学问题和社会学、经济学研究连在一起,认为资本主义是异化问题的根源,共产主义则是异化问题的最终解答。西方马克思主义延续了马克思的多学科思维和资本主义批判传统,指出生态问题的社会根源和经济解决途径。从 20 世纪 70 年代至今,生态马克思主义成果累累,如威廉·莱斯的《自然的统治》《满足的极限》,本·阿格尔的《论幸福和被毁的生活》,高兹的《作为政治学的生态学》,帕森斯的《马克思恩格斯论生态学》,哈维的《资本的极限》,阿什顿的《绿色之梦:红色的现实》,高兹的《资本主义、社会主义和生态学》,佩珀的《生态社会主义:从深生态学到社会正义》,奥康纳的《自然的理由:生态学马克思主义研究》,福斯特的《马克思的生态学:唯物主义与自然》等。他们将红色批判与绿色运动结合起来,以生态武器炮轰资本主义,提出生态问题的根源不是科技或资本家的贪欲,而是资本主义追逐利润最大化的生产方式,生态危机的最大受害者是社会底层人民,因此他们将生态保护和维护社会正义相结合,以生态运动为契机推动社会政治运动。另外,他们也批判发达资本主义国家转嫁生态危机的"生态帝国主义",将生态话语纳入后殖民主义批判当中。以中国为例,联合国报告称"中国成为世界最大电子垃圾场","70％电子垃圾流向中国",台州椒江、汕头贵屿等地因处理"洋垃圾"而承受沉重的生态灾难。[①]这些生态问题不仅来自人与自然的矛盾,而且来自不同地域、民族和文化形态之间的矛盾。

经济学上,生态理念促使经济学家们广泛反思并构建经济发展新模式。丹尼斯·米都斯的《增长的极限》是绿色经济的经典读本,该书选择人口、工业发展、粮食、不可再生资源和污染五个决定人类命运的问题来研究人类经济增长模式对地球和人类的毁灭性灾难,不无悲观地提出人类经济发展的极限在100年内。无独有偶,加勒特·哈丁在《生活在极限之内——生态学、经济学和人口禁忌》一书中论述了人口与自然、经济、社会等诸方面的关系,认为人类对GDP增长的热切渴望不是纸上的增长,而是建立在对自然的过分掠夺和破坏之上,文明是有限度的,人类种的繁衍应有边界,主张在极限内生存和发展。书中列了这样一个公式:汤姆＋杰利＋自然＝(汤姆＋a)＋(杰利＋b)＋[自然－(a＋b)],a和b看似人类的财富增长,但事实上不是建立在自然剥削上,就是建立在不公正分配之上,作者不无嘲讽地说,"财富在较为简单的人类观念中能被创造出来","财富不能繁殖——只有债务能够繁殖"。[②]

在生态理念影响之下,许多经济学家们还进行了经济发展模式的新探索,对全球产业转型提供有益思考。首先是微增长或零增长论。丹尼斯·米都斯基于增长极限的看法提出"零增长论"。加勒尔·哈丁认为开发和收益超过某个节点,不成正比,并根据收益递减定律提出经济学中的"懒惰政策",即不适合开发的土地就不开发。西方马克思主义也于20世纪70年代提出"舒马赫主义"零增长式的稳态经济策略,以此减缓资本主义大生产所造成的自然危害,到八九十年代将其修正为生态、自然协同发展的社会主义经济发

---

① 《报告称中国成世界最大电子垃圾场,大量来自日本》,http://finance.sina.com.cn/chanjing/cyxw/20130614/205115795986.shtml,2013－06－14/2014－10－01。

② [美]加勒尔·哈丁著,戴星翼译:《生活在极限之内——生态学、经济学和人口禁忌》,世纪出版股份有限公司2007年版,第100、105页。

展模式。其次是低能耗论。肯尼斯·博尔丁在《即将到来的宇宙飞船世界的经济学》一书中提出以"宇宙飞船型经济"取代"牛仔型经济",牛仔型经济以美国西部牛仔杀头牛只取牛舌头吃作为比喻,指的是大生产、大浪费式的经济形态,宇宙飞船型经济则借宇宙飞船生活作比,指的是低能耗、高利用率、储备型的经济形态。保罗·霍肯在《自然资本论》中重新诠释资本概念,强调经济发展应考虑自然损耗,以资源生产率为经济发展的重要考量指标,主张以自然资本取代生产资本,推动以新能源、新材料为主体的下一次工业革命。最后是"循环—可再生"发展论。让—克洛德·乐伟在《循环经济》一书中认为应平衡经济发展与自然资源和环境保护的关系,主张以清洁生产、可重复利用和环境友好消费为特征的循环经济取代以大生产、大消费、大浪费和高成本废物处置为特征的线性经济。该书建立了囊括自然生态、经济生态和社会生态在内的多元评价体系,为经济发展树立客观标准。① 2000 年,莱斯特·布朗出版《生态经济——有利于地球的经济构想》,2003 年他又出版《B 模式——拯救地球,延续文明》,提出可持续发展战略。

综上所述,半个世纪以来,生态理念兴起于生物学领域,迅速波及哲学、美学、社会学、政治学、伦理学、经济学等领域,已然成为全学科覆盖的世界性浪潮。生态理念对未来跨学科研究意义重大。

(三)生态理念与福建文化产业发展

首先,生态理念有助于透析福建文化生成的内在规律,指明自然环境与人文环境之间相互倚借生成的关系,明确各个地域的生态特点和优势,进而刻画福建文化空间分布图,为文化资源的资本转化奠定基础。

福建因山海地理差异形成东南一线的偏海洋型文化和西北一线的偏农业型文化。东南一线点缀着福州、兴化、漳州这三大冲积平原,河网密布,江海相连,历来为鱼米之乡,商贸文化发达。闽南人面海而居,以海为田,农业、渔业、商业并行发展,海运发达,泉州刺桐港从隋唐至元明一直是中国出口大港、海上丝绸之路起点,外向型经济占优势,经济形态丰富多样,天下商贾云集。因此,闽南人小农意识、科举观念相对淡薄,重商趋利的观念则胜于其他地域,也形成了开放包容的自由精神、敢作敢当的拼搏精神、发家致富的务实精神、勇于开拓的冒险精神。闽南在服装设计、电子信息、数码科技、游戏产业、艺术经营等领域走在福建文化产业的前列,发挥地域优势,既延续重商传统,又追赶时代步伐乃是重中之重。

福建西北一线丘陵密布,茂林丛生,自然生态资源丰富,农业文化根深蒂

---

① [法]让—克洛德·乐伟著,王吉会译:《循环经济》,上海世纪出版集团 2012 年版。

固,其民因地成俗,独立发展,"十里不同风,五里不同俗",文化资源丰富多彩。客家人具有耿介刚毅、质朴团结、不屈不挠的精神,固守着以农为本、耕读传家的人生信条。这种文化精神固然源于中华儒家文化,但也在客家人长期迁徙过程中因恶劣生存环境、单一经济形态而被强化。客家人为适应山地艰苦的生存环境,胼手胝足,发展山地农业,久而久之强化了以农为本的价值观念;为躲避土著匪寇的侵扰,聚族而居,分外强调宗族血缘关系;经济形态单一,唯科举取士方能改换门庭,故而崇尚文教,以读书做官作为人生最高理想。作为客家人的生存空间,土楼就是一部凝固的历史,土楼旅游的重点应是全方面展示客家人的文化生态和传统社会的价值观念,而不应该把它变成卖门票的空城,使文化的原生态和鲜活性消失。

又如,畲族是湘蛮在迁徙中融合百越诸民后产生的独特民系,为了保存族群的特殊性,畲族人弃平原择山林,少与汉族打交道,主要生活在闽东、闽西、浙南、粤北等地域,被汉人呼作"山客""山哈",堪称山地游牧民族。他们在地域空间的迁徙中完成民族或族群建构,形成独特的文化信仰,如盘瓠信仰、蛇崇拜,用独特的文化符号来表达,如凤凰装,赋予生存空间以独特的文化内涵,这正是福建等地广设畲族自治区的文化缘由。同时,有意味的地理空间又强化了畲族人的文化意识,起到稳固意识和族群的作用。畲族依存之处多是修竹茂林之地,羊肠鸟道之所,故多结茅为庐,伐荻为户,修竹为篱,居所简陋,靠山吃山。畲族地少、瘠且旱,故而发展山地农业,刀耕火种,男耕女织,三岁一徙。畲族又聚族而居,少与人往,故封闭自守,个性桀骜,少受教化,巫风盛行,以巫代医。畲族服饰、歌舞、体育竞技、人生礼仪、宗教信仰别具特色,我们可以划出畲族文化保存较完善的地域建畲族风情寨,发展特色旅游,也可以将现代创意和畲族传统服饰元素相融合,发展集现代设计和手工技艺于一体的民族服装创意产业。

其次,生态理念有助于促进福建文化产业的和谐平衡发展,规划产业发展的合理路径。生态理念注重自然、文化、社会、科技以及经济的全生态和谐发展,因地制宜,因势利导,利于福建文化产业的可持续快速发展。其一,在生态理念指引下,摸清各个地域的自然和文化家底,从中寻求文化产业发展优势,克服产业内在瓶颈,进而塑造地域文化品牌。福建地形复杂,自古交通不便,按地域可分为八闽,按民系可分为六大民系,其方言、民风、习俗、信仰等均有差异,地理环境和文化资源关系密切。文化产业发展应充分考虑当地的地域环境和文化资源,扬长避短,独辟蹊径。其二,在生态理念指引下,形成文化产业发展新思维,摒除经济发展一元论,引入社会成本和自然成本等考量依据,检测地域发展文化产业的合理性,维护经济的可持续增长以及社会的全面和谐发展。其三，在生态理念指引下，寻找文化产业发展突破口，培育文化产业发展新路径。闽西和闽北拥有丰富的农林牧渔自然生态，且蕴含深邃的山水隐逸文化、儒家耕读文化，可借此发展田园经济，实现由前工业到后工业社会的跨越式发展。闽南自古商贸文化发达，拥有较多的国内一线品牌，经济和社会发展程度较高，可适度发展符号经济和数字经济，逐步和国际发展方向接轨。

第三节　研究方法和研究意义

一、研究方法

（一）文献法

文献法是该书的基础研究方法。该书涉及文献主要包括三类：其一，国内外文化产业研究经典理论著作或论文，收集此类资料有助于了解该领域学术前沿动态；其二是关于文化产业发展动态的书刊报纸、研究报告、统计报表等，整理此类资料有助于分析产业发展现状与问题；其三是历史典籍、论著、地方方志等，搜集此类资料有助于了解福建历史文化和产业资源，为文化产业发展提供更多的储备资源。

（二）对比法

对比法在文中运用比较广泛，如国内外文化产业发展现状、经营理念和各自优势的对比，又如各省市自然环境、地域文化、产业基础、发展目标和路径的对比，具体行业内部的各自特色、经营策略和竞争力对比等。对比法的运用既有助于借鉴国际文化产业发展经验，又有助于检验地方产业的利弊得失，避免同质化问题。

（三）RMP昂普分析法

昂普分析法主要从文化资源分析、市场价值评估和产品定位三方面来进行旅游产品开发规划，重点在于文化资源市场价值及产业转换能力的评估。昂普分析法是对文化市场细分法的有益补充，其可以作为辅助研究方法纳入福建文化资源调查中，为文化产业区域定位和发展提供合理依据。昂谱分析法分解情况见图1-2。

（四）案例分析法

福建文化产业发展思维与路径研究拟采用宏观论述与微观分析相结合的方法，在宏观论述基础上，选取各地市最具代表性的文化符号或文化产业

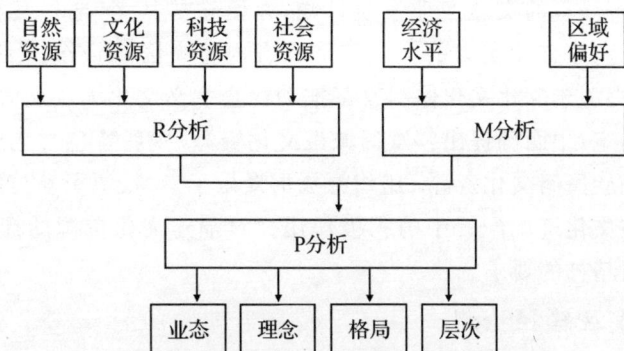

图 1-2 昂普(RMP)分析法结构图

参考吴必虎:《区域旅游开发的 RMP 分析》,《地理研究》2001 年第 1 期。

进行深入探究,采用实地考察、问卷调查、人物访谈等方法收集第一手资料,发掘产业发展漏洞或缺陷,为进一步完善地方产业出谋划策。

二、研究意义

(一)理论研究深化

目前关于文化产业的评价体系大多以经济运行情况为准,建立了包括生产要素、市场环境、产业效益等的评价指标,相对忽略自然成本、社会成本、文化成本、科技成本等因素。该书以生态理论为引导,建构"自然—社会—文化—科技—经济"五个生态位连为一体的综合评价体系,充分考虑文化资源的地缘因素,因地制宜,发挥自然环境和文化资源优势,促进产业与文化、自然、社会、科技等的协同发展。该理论体系打破中国学者迷信西方话语的跟风现象,在理论探索上有一定的创新价值。

(二)产业规划依据

建构宏观生态理念,打破经济一元论的局限,破除以自然生态和人文环境为牺牲品的消耗型经济,促进自然、文化和经济的和谐发展。依托传统资源发新型村镇,促进古今融合和城镇一体化,解决农村"空巢"、老年化等系列问题,落实新农村建设号召,以传统意蕴提高都市文化品格,完善都市价值建构。

同时,从福建各地域的自然生态环境入手,挖掘福建文化多样性的地域根源,呈现福建自然地理和人文生态的内在关联,强调文化的地缘性、本土性和独有性。首先,构建福建文化资源的文化空间分布图,针对该分布图提出文化产业的区域定位设想,注重资源整合和文化提高,优化原有的文化空间布局。其次,为文化产业区域业态规划寻找依据,因地制宜,制定适合当地物质基础、生产环境的文化产业发展计划,以便物尽其用,地尽其利。最后,促进福建创意产业整体实力的上升和加强省内各大区域合作。十七届六中会议《中共中央关于深化文化体制改革推动社会主义文化大发展大繁荣若干重大问题的决定》中明确提出:"发掘城市文化资源,发展特色文化产业,依托重大节庆和民族民间文化资源,组织开展群众乐于参与、便于参与的文化活动,发挥市场在文化资源配置中的积极作用。"对福建文化资源的探明与适度开发符合中央精神的要求。

（三）发展路径检测

十六大以来,全国各地纷纷推出文化产业发展计划,将其作为调整产业结构、拉动内需的重要举措,福建也不例外。但是,各地发展文化产业过程中,难免出现同质化问题和攀比之风,如一窝蜂发展文化创意园,或相互挤兑无法形成集聚效应,或成为变相房地产业。产生上述问题的原因在于忽略原有的文化资源、经济结构、产业基础。文化资源的保护与开发利用程度应是衡量各个地域文化产业成败与否的重要标准。因此,本书旨在探明福建文化产业的现状与问题,参照国内外文化产业发展经验找出症结所在,以打破福建文化产业的发展瓶颈。

（四）文化品格提高

福建拥有丰富多样的文化资源,堪称文化资源大省,但产业转化程度较低,远不及江、浙、广等地。福建文化资源的挖掘和细分,有助于摸清家底,探明福建历史文化资源与发展创意产业的内在关联,为产业开发奠定基础。同时,产业化过程中,注重文化对自然的重塑作用,注重资源整合和文化提升,优化原有的文化空间布局,塑造地域文化品牌。

（五）民族统一助力

基于切实可靠的产业数据分析福建文化产业发展现状、存在问题及协同发展途径,对比长三角和珠三角分析福建文化产业发展特点,促进两岸产业合作和文化交流,推动环海峡经济圈和文化圈的建构,增进海峡两岸情感交流和文化共融,提升两岸同胞的文化认同,为文化统一奠定基础。

第二章
文化产业:当文化遇上经济

文化产业,由文化和产业连缀而成,其中,"文化"一词强调文化产业的经营对象、满足需求的内容抑或生产产品的文化属性,具体而言,文化产业包括文化产品和文化服务;"产业"一词则规定文化产业的性质、功能以及规模等,使之与商业性、盈利性、规模化紧密相连。

第一节　文化产业的四大谜题

一、创于今抑或始于古

文化产业又称文化工业,是科技发展和社会进步的产物。霍克海姆和阿多诺曾站在精英文化立场上批判刚刚兴起的机器复制时代的大众文化,他们担心,文化工业具有娱乐至上、平庸媚俗和机器制造的特征,势必影响甚至撼动高雅艺术的原创性、神圣性、自由性和批判性,最终导致高雅艺术的消弭和意义世界的崩塌。法兰克福学派的另一位学者本雅明却对文化产业充满乐观态度,他在《机械复制时代的艺术作品》一书中肯定这种低廉化、平民化、世俗化、机械化的艺术生产方式,认为它有助于知识普及和信息传递,虽解构了艺术作为精神朝圣的庄严意义,但也加速了世界的"去魅化"。不管怎样,关于文化产业的概念界定和意义论争都是相当晚近的事情,它与20世纪中期印刷艺术和电影艺术的飞速发展密不可分。作为独立的学科研究对象和国民经济统计门类,文化产业的历史就更短暂了。从这个意义上说,文化产业是名副其实的新兴事物。

然而,文化产业作为满足文化消费需求的经济行为,萌芽已久。古罗马的斗兽场规模宏大,可容纳 9 万观众同场观看,堪称公元 1 世纪古罗马全民的娱乐场所,通过展示人兽或人人角斗的血腥场面满足上至贵族、下至平民的原始野蛮的嗜血快感,观者山呼,其盛况绝不亚于好莱坞大片的首映现场。

中国唐代曲子词、宋词、元杂剧、明清戏曲、民国电影是中国上至文人墨客、下至普通百姓精神消费的重要项目。有宋一代,随着城市兴起和商业繁荣,市民娱乐生活空前发达,《东京梦华录》卷五载,北宋汴梁遍布瓦肆,街南桑家瓦子、近北则中瓦、次则里瓦,其中大小勾栏五十余座,另外还有朱家桥瓦子、州西瓦子、州北瓦子等。大的瓦舍可容数千人,不以风雨寒暑,诸棚皆看人,日日如是。勾栏瓦肆中的大众娱乐项目主要包括词曲、杂技、杂剧、影戏、说书、相扑、悬丝傀儡、蹴鞠、筑球、竞渡、围棋、投壶、射覆等,品类繁多,花样百出,已经具有很强的娱乐性、消费性和商业性特征。其中,听词是宋代人最文艺也最时尚的娱乐项目,自称"白衣卿相"的柳永一生流连风月场所,以文人身份成功打入文化市场,倚声填词,卖文为生,堪比现代的职业撰稿人。"凡有井水饮处,皆能歌柳词",足见柳永当年在娱乐业的显赫影响力。和柳永一样执迷于莺歌燕舞、浅斟低唱的职业或半职业文人还有温庭筠、关汉卿、王实甫、白朴、冯梦龙……当然,古代的文化娱乐业就产业规模、影响范围、传播速度及技术手段等诸方面与现代文化产业还有相当差距。

可见,文化产业实在是个既古又新的命题。

二、文化优先抑或产业优先

文化产业具有文化和经济的双重属性,就性质、目的而言,它是国民经济的重要门类,具有商业性、盈利性的特征,区别于文化事业;从内容而言,它主要提供文化内容和文化服务,以满足世人的精神需求,区别于以物质生产为主的实体经济。凯夫斯认为,创意产业是商业与艺术的契约。那么,文化产业的两栖性使得发展它面临重文化抑或重产业的两难抉择。

一派认为既然产业是主语,文化是它的修饰词,产业理应成为关注的重点。一般而言,中国多数文化企业和地方政府更关注文化产业的实际产出和经济效益,对文化的挖掘和培育力度不足。其中,文化企业以小微类型为主,资金周转压力大,经济短期效益即决定企业生存境遇,因此重产业而轻文化,重广告和营销,轻人才培育和文化锤炼;多数地方政府唯 GDP 马首是瞻,强调"文化搭台,经济唱戏",将当地文化粗放打包销售,未充分投入文化挖掘、提炼、整合并维护的工作,导致同质化、文化资源破坏严重等问题。

另一派则认为,文化是产业的限定语,严格规定该产业的特殊属性,重点应放在文化上。大致上,文化研究者、文化事业工作者更看重文化资源保护、文化传承与发扬。该派别又可分成两种倾向:其一是产业抑制论,即文化传承与产业开发存在对立关系,产业开发不利于维护文化原真性和民族想像基础,因此对文化资源开发持悲观和警惕态度,最好少开发或者不开发;其二是文化发展优先论,即文化维护、整合和创新才是产业发展的长久之道。李康化在《文化遗产与文化生产的创造性转化》一文中论述了文化遗产和文化生产的相互转化关系。他提出,文化遗产的保存、流传、增值与创造性转化是文化产业发展的重点和难点,文化产业应承接历史文化命脉,守住文化之魂,提高文化品位,注重经济效益,把控开发幅度,方能达到可持续发展的目的。

文化产业重文化还是重产业,表面上看是人文与经济之争,深层却是速效型产业模式和可持续型产业模式之争。对文化产业发展而言,文化是内功,产业是外力,内功强方能发挥外力之效,而无外力之托,内功也难有作为。因此,文化是产业的持续动力,文化修炼好了,产业发展才能水到渠成,源源不断。也许有人会提出反例。美国移民文化不过数百年,就文化资源而言,非但不能和四大文明古国相提并论,也难望欧洲文化之项背,但却是文化产业的超级大国,垄断了全球电影市场的80%、全球电视节目的75%、广播节目的60%及音乐制品的1/3。[①] 美国的成功看似是产业运作的成功,与文化积淀关系甚微。其实恰恰相反,美国文化产业的成功建立在对文化的高度重视之上。美国肯定文化的方式不是固守本位,而是博采众长,兼容并蓄,注重文化转化力,以"文化+创意+美国价值观"的核心理念来打造商业帝国。1965年,美国国会通过了《国家艺术及人文事业基金法》,成立美国首个国家艺术基金会与国家人文基金会,大力扶植和培育艺术家个人或团体,促进美国文化艺术繁荣。美国在文化产业发展初期大量吸纳国际文化艺术、科学技术精英,仅1990—1991年人才移民达3万余人,其中著名人士超过1 500人。[②] 正因为美国以文化培育和孵化为先导,为产业发展奠定坚实基础,所以它才具备如此强大的文化输出力和延伸产业链。美国在产业运作上也确有独到之处,如以市场为主导,商业运作高度发达,政府较少干预经济行为,主要提供制度保障,维护版权和文化出口优势。可见,文化与经济的关系密不可分。弗朗西斯·福山在《历史的终结和最后一个人》一书中提出,文化是经济生活的内在灵魂。昨日的文化成就了今日的产业,今日的文化也奠定了未来的产业。

---

① 姜飞:《美国的传播霸权》,http://news.xinhuanet.com/newmedia/2005—04/25/content_2875811.htm,2005—04—25/2015—01—01。

② 刘明华:《世界文化强国发展文化产业的经验及借鉴》,《广东行政学院学报》2007年第3期。

文化产业的终极目标是经济利益吗？在经济、政治、文化一体化的背景下，答案显而易见。从表层看，文化产业关乎国家 GDP 和出口贸易额，从深层看，它能在文化贸易和跨国传播中确立鲜明的国家形象和文化地标，承载着民族复兴和国家崛起的重要使命，因此，文化产业不仅是经济竞争的焦点，也是文化角逐的重点。美国著名学者亨廷顿在《文明的冲突与世界秩序的重建》一书中认为，世界冲突的根源不是经济、政治和意识形态，而是文化。他将中华文明和伊斯兰文明作为西方基督教文明的假想敌，推行美国国家意志，建构宏大的后殖民文化版图。亨廷顿的"文化冲突论"虽有偏至之嫌，但也显示了文化产业对民族认同和国家建构的重要性。因此，2009 年国务院颁发《文化产业振兴规划》，2012 年文化部出台《"十二五"时期文化产业倍增计划》，文化产业已然成为国家重要发展战略，变文化软实力为经济竞争力是个未完成的时代命题。

三、消费优先抑或生产优先

文化产业生产优先还是消费优先，这似乎是个不成问题的问题。一般认为，生产是消费的前提，先生产再消费，不管是物质实体还是文化服务，没有生产哪来消费？生产的能力决定了消费的水平。然而，生产决定消费的市场机制容易导致供求不平衡，甚至造成商品供给远超消费能力的生产过剩问题，严重者直接诱发经济危机。反之，以消费为先导的市场机制则可以避免大生产、大浪费的问题，提高资源利用率和生产有效性。

文化产业以精神生产为目的，生产优先还是消费优先的问题更为复杂。生产优先，有利于经济生产与文化引导相结合，尤其是凸显文化生产意图，普及进步文化，把控价值体系，最终引领消费趋势，避免媚俗倾向，其不利因素是生产与消费的相对脱节，高投入低产出，导致产业效能低、资源浪费大、价值尺度单一等诸多问题。消费优先以大众消费为导向，突出市场调节功能，适度避免主题先行、产业效能低的问题，但也存在引领性不足、精英作用不强、模式化和套路化的问题。说白了，生产优先是作者、制片人、生产者或审查机构导向制，消费优先是读者、观众、消费者导向制，这两难抉择的根本在于重个体还是重群体，重国家还是重市场。

消费优先是市场主导型国家发展文化产业的基本思路。以美、日、韩的电视剧制作为例，它们不约而同地把收视率作为电视剧的唯一生存法则。美国电视制作采用非常严格的市场淘汰制，大致步骤如下：

表 2-1 美国电视制作流程表

序号	步骤	具体内容
1	创意 PK	每年电视网收到 1,2 万个节目内容创意提纲,从中遴选出 500 个
2	样本剧制作	写成 1 集样本剧本,并制作 1 集样品剧
3	淡季试播	电视网下 11～13 集订单在淡季播放,每星期播出 1 集,根据市场监测机构所作收视率分析定夺是否下第 2 个订单
4	再续订单	电视网根据收视率评估结果再下 9～11 集的订单,每星期播出 1 集,刚好播满 1 季,再度评价收视率。
5	热剧连播	只有极少数受观众热捧的电视剧能够联播 5 季以上。

在电视制作流程上,美国严格以观众为导向,以市场为操盘手,不受政府干预,更不以大牌制片人、明星为绝对法则,如斯皮尔伯格导演并制作的科幻剧《泰若星球》,因收视不佳,只播出 13 集便被腰斩。魔幻剧《邪恶力量》则因观众热捧不得不拖长剧情,由原定 5 季延长至 8 季。美剧如何做到霎时吸人眼球的呢? 首先,目标观众定位清晰,了解此类观众的心理和情感需求,尽可能加以满足;其次,故事精彩,剧情环环相扣,高潮迭出,每一集剧末巧妙设置悬念,以维持观众的观看热度和期待心理。最后,话题具有公共性,又有神秘感,让观众易于接受又不会厌烦。以《越狱》为例,它的目标观众以年轻人为主,尤其是学生和年轻白领,以悬疑、惊险和逻辑推理打动此类观众,如纹身地图、牙膏和除草剂合成强酸、注射胰岛素促高血糖等蕴含了生物、化学、医学等方面的庞杂科学知识,故事曲折,剧情扑朔迷离,险象环生,让观众投入、关注并期待剧情发展。越狱题材常引人关注且具有神秘性,容易引发世人的好奇心和窥秘心理。

日剧拍摄略微区别于美剧。日本的主要电视台有富士电视 CX、东京放送 TBS、日本电视台 NTV、朝日 ANB,也采用"边写边拍边播"的方式,拍成 3 集左右时开始播映,每周固定时间如周一晚 9 点播出 1 集电视剧,联播 1 季,约 12 集,这种制作方式使得日剧的观众能够及时反馈观感并提供剧情发展建议。所不同的是,日剧的拍摄季和自然节气密切相关,根据不同的季节特点定出剧本类型和格调,抓住节气或节日特点进行影视推广,增强剧作的现实感,又借助影视作品推高节日气氛,促进旅游等相关产业发展,一举两得。如《东京爱情故事》播出在冬季,用冬雪之飘飞、大地之白皑配爱之纯、情之真,又用冬季之萧杀、寒冷比喻蝴蝶飞不过沧海的忧伤恋歌,自然氛围极好地推高剧情热度,使得该剧平均收视率高达 22.9%,大结局更达到 32.3%,成为 90 年代日剧的典范之作。

韩国电视剧低投入高产出，几乎没有拍而不用的电视剧，更少有被观众吐槽、违背民意的剧作。韩国电视台或投资方也采用"边播边拍"的方式，先由导演、制片人、编剧三方策划剧情内容，剧组开机时顶多只有 1/3 篇幅的剧本，拍摄 4～5 集后试探性地投放市场，虽然每集的播放间隔不如美剧那么长，但是多个电视台同时段播出不同电视剧形成了竞争格局，通过收视率测验观众反应，召开公众座谈会或开放网评空间，根据公众评议决定剧作长短和剧情走向。韩国电视剧形成十分成熟的市场运作机制，国内主要有三家电视台：MBC、KBS、SBS，其中 KBS 是半国家性质的电视台，SBS 和 MBC 是按广告盈利的纯私人电视台，观众收视率又是广告收入的风向标，因此收视率不高的电视剧会被直接封杀，而像《人鱼小姐》《大长今》《加油呀，金顺》这样的热播剧方能占据每日晚 8 点的黄金时段。

与之相比，英国电视剧生产制度并不认同美、日、韩三国的消费至上路线。英国对广播电视业采用公、私营双轨制，英国最大电视台 BBC 是非营利性质的，无任何广告，收入主要来源于出售电视版权、政府财政及用户年费。英国家庭电视拥有量约为 90％，每台电视须购买"电视执照"，按固定金额缴纳年费，即便电视闲置不用也要缴费不误，英国人常常抱怨"这个国家就快连呼吸都要收费"，但也避免了粗制滥造的肥皂剧的侵扰。[①] 可见，英国在电视剧生产上比美、日、韩更看重传达国家意志，提供公共服务以及塑造公众趣味，走的是国家和精英决策路线。英剧大体短小精悍，甚至是一集讲一个故事的迷你剧，摆脱美剧英雄救世、韩剧生死爱恋等主题的纠缠，开辟了悬疑、黑色幽默、后现代等各类重口味题材，以探索人性和批评社会而闻名，如 2012 年查理·布鲁克编导的迷你剧《黑镜子》，因深刻的讽刺意味而走红视频，成为许多人追捧的"文化高地"。

从上述对比可见，中国电视业似乎更接近英国的做法。消费优先、经济至上的市场主导制距离中国电视业确实有些远，这固然避免了铜臭气和媚俗味，相对避免了冗长乏味、结构拖沓的剧情演绎，但也导致产业效能较低、文化输出能力较弱等诸多问题。首先，我国电视生产属垄断经营，1997 年颁布的《广播电视管理条例》明确禁止民间设立电视台；其次，我国电视生产遵循价值先导原则，电视剧制作中心直属中央电视台，在电视剧创作和生产方面秉持严格的精英立场和主旋律原则，改编四大名著，适时推出主旋律题材，如《蹉跎岁月》《苍天在上》《北京人在纽约》《9.18 大案纪实》《人间正道》等，其中

① 阙政：《英国电视剧：从小众之路，赢大众欢心》，http://ent.sina.com.cn/r/m/2012－05－29/13223643262.shtml，2012－05－29/2014－12－12。

不乏大投入、大制作或呼应时代的好作品;最后,我国电视生产评价体系和审查制度十分完备,在收视率评价之外设立了复杂的评奖制,根据艺术水平和思想价值定出飞天奖、金鹰奖、五个一工程奖等诸多奖项,引导正面创作,同时执行严格的审查制度,如主人公政治立场要正确、校园内不能有早恋和暴力、"小三"不能有幸福、"超能"元素只能出现在儿童剧、犯罪行为须绳之以法……成为不待明言的弦外之音,许多电视剧因审查问题被迫出局。著名导演郑晓龙抨击中国电视业高投入、低产出的现象,他说,中国电视剧 2012 年产量达到 17 703 集,是美国年产电视剧 4 000 集的 4 倍有余,稳居世界首位,真正能有机会播映的不足半数,造成 80 亿的资金浪费,更不论大量的人力和资源耗费。[①] 另外,中国电视的文化输出力也与我们的产量不相匹配,其影响力主要集中在亚太地区,该地区约占全球输出总量的 2/3,主要原因在于文化认同和价值理念差异、技术含量和制作水平较低等,而本质上也与非市场导向制密切相关。

因此,中国文化产业应树立基于消费需求的生产理念,尽量降低文化折扣和经济能耗:首先,应对消费市场进行细分,分析目标客户群,做好产品定位;其次,产品投放前做好营销造势,吸引消费者关注,目前我国的热门网络小说改编电视剧颇受业界青睐,原因在于它有很好的受众群和营销基础;最后,注重消费者体验的收集,网站、微博、微信等各种平台开放公众评议渠道,让消费者参与剧情创作。

四、文化产业有边抑或无边

文化产业有没有边际,文化产业的边际在哪里?

首先,文化产业作为 21 世纪新兴产业,具有很强的延伸力、渗透力和经济拉动力,它的延伸产业链是许多产业望尘莫及的,故而其边际很难确定。向勇曾举迪士尼产业链来分析美国文化产业的生存之道。他说:"迪士尼一般分五步提取最大赢利:票房收入是第一轮收入;发行录像带、DVD 是第二轮收入;迪士尼主题公园的推广是第三轮收入;特许经营和品牌专卖是第四轮收入;最后,通过电视媒体获取最后一轮收入。据统计,在迪士尼的全部收入中,电影发行加上后续的电影和电视收入只占 30%,主题公园的收入占20%,其余的 50% 则全部来自品牌销售。"[②] 从原创动漫到影视作品,再到主题公园、品牌销售和版权出售,迪士尼最大限度地延伸产业链,把品牌营销渗透

---

① 《中国电视剧年产量世界第一,播一半弃一半》,http://ent.sina.com.cn/v/m/2013-06-15/15213942970.shtml,2013-06-15/2015-01-1。

② 向勇:《美国:文化产业靠啥生存?》,《光明日报》2011 年 11 月 16 日。

到衣食住行的方方面面,显示了文化产业无与伦比的经济动力,使边际效应达到最佳状态。除此之外,日本动漫、韩国电视剧等产业链也相当可观。另外,跨界融合成为文化产业发展新常态。文化产业和信息产业、金融业、旅游业、制造业、贸易业的融合度越来越紧密,体现了文化产业高渗透性的特点,并极大提升了其他产业的文化附加值和品牌价值。将文化元素植入汽车、电器、建筑、服饰、饮食、玩具等中国众多制造加工业中,走出量大为王、低价值链的经济误区是中国产业的必由之路。

其次,文化产业的边际越宽,发展态势就越好,这是业界大致公认的。然而,文化产业边界不够清晰的特点却给经济统计和学科研究带来一定难度。软件服务应归属于信息业还是文化产业,工业和建筑设计归属于工业、建筑业抑或文化产业,文化产品制造应归属于制造业抑或文化产业,这些最基础的问题常因纷繁复杂而被回避。截至目前,世界各国采用不同称谓指代文化产业,对文化产业内涵与外延的理解也多有差异,导致文化产业的统计口径大小不一。由此,全球文化产业对比也有一定难度。

对文化产业核心理解的不同,导致对其称谓的不同。目前国际通行称谓有版权产业、创意产业、内容产业、文化产业等。美国、加拿大、澳大利亚、俄罗斯、乌克兰、荷兰、匈牙利、新加坡等国家,看重文化的知识产权,故称之为"版权产业";英国、新西兰、中国台湾等看重创意思维,故称之为"创意产业";日本、韩国、芬兰等国家看重文化的精神内涵,故称之为"内容产业";德国、西班牙等国家主要使用"文化产业"作为称谓。

其中,"版权产业"称谓较为流行,主要指生产经营具有版权属性的产品并依靠版权法和相关法律保护而发展的产业。以美国为例,其版权产业具有很强的渗透力、辐射力和延伸力,产业边际难以确定,因此在统计口径上存在历史之别和大小之分。

首先,美国对版权产业的统计有历史差异。2002年以前主要采用本国独有的统计标准——"标准产业分类"(SIC),将版权产业并入制造业和服务业中加以统计,难以与国际同类产业进行对比分析。2004年以后美国启用美、加、墨等国共同议定的"北美产业分类系统"(NAICS),重视数字、网络等新技术带动下的新业态,将其纳入统计口径,重新加以划分。以51"信息业"为例,它主要从SIC的D类"制造业"和E类"运输、通信、电、气和卫生服务业"中独立出来,其中囊括了511"数据库和名录出版业"、512"动画和声音录制业"、513"广播和电讯业"等20个新兴业态。同时,美国将"艺术、文娱演出和娱乐业"从SIC的I类"服务业"中独立出来,编入71大类。

其次,美国对版权产业的统计有核心版权和整体版权之分。前者主要包括音像业、电影业、软件业和出版业等；后者则囊括了外围产业，第一种是部分版权产业，即部分物质产品带有版权性质的产业，第二种是发行类版权产业，即对版权作品进行批发或零售的行业，第三种是版权交易产业，指与文化贸易相关的产业，包括影视转播、影视录像制品等，第四种是相关版权产业，如计算机、收音机、电视机、录音机等相关产品制造。

"创意产业"称谓在国际上也较为流行。英国最早采用"创意产业"一词，于1998年颁布《创意产业路径文件》，将其明确定义为"源自个人创造力与技能及才华，通过知识产权的开发和运用，具有创造财富并增加就业潜力的产业"。创意之父约翰·霍金斯在《创意经济》一书中指出，创意产业是指产品都在知识产权法保护范围的产业。① 《创意产业路径文件》规定了创意产业的13个子项，包括广告、建筑、艺术品和古玩、手工工艺、设计、时尚设计、电影和录像、互动休闲软件、音乐、表演艺术、出版、软件与计算机游戏、广播和电视。台湾在《文化创意产业发展法》中将工艺产业、产品设计产业、视觉传达设计产业、设计品牌时尚产业、建筑设计产业、数位内容产业、创意生活产业等包括在内。可见，英国和中国台湾在文化产业认定上较为看重设计，较少涉及会展、旅游、休闲及各类文化用品制造。

中国主要采用"文化产业"一词。1998年文化部下设"文化产业司"，2004年国家统计局颁布《文化及相关产业分类标准》，把文化产业划分为"核心层""外围层"和"相关层"。2011年十七届六中全会确立了"文化强国"的国家战略，强调"加快发展文化产业，推动文化产业成为国民经济支柱性产业"。2012文化部出台《"十二五"时期文化产业倍增计划》，进一步细化文化产业发展任务、步骤和措施。同年国家统计局修订并施行新的《文化及相关产业分类标准》，包含"新闻出版发行服务""广播电视电影服务""文化艺术服务""文化信息传输服务""文化创意和设计服务""文化休闲娱乐服务""工艺美术品的生产""文化产品生产的辅助生产""文化用品的生产""文化专用设备的生产"等，具体分为50个中类，120个小类。② 虽然我国对各个子类做了范畴界定，但在实际统计中仍存在产业界限不明、跨国比较难的问题。"文化信息传输服务"一类包含互联网信息服务、有线和无线广播电视传输服务、计算机服务、基础和应用软件服务等，容易和信息业统计数据重合。"文化专用设备生

---

① ［英］约翰·霍金斯著，洪庆福译：《创意经济——如何点石成金》，上海三联书店2006年版，第92～129页。

② 国家统计局：《国家统计局有关负责人就文化及相关产业分类新标准颁布实施答记者问》，http://www.stats.gov.cn/tjgz/tjdt/201208/t20120806_17675.html，2012－08－06/2014－01－01。

产"如各类文化移动终端生产,也容易和电子信息制造业相重合。"创意及设计产业"所涉门类包括广告服务、文化软件服务(多媒体、动漫游戏软件开发、数字动漫、游戏设计制作)、建筑设计服务(房屋建筑工程设计服务、室内装饰设计服务、风景园林工程专项设计服务)、专业设计服务(工艺美术设计服务、美术图案设计服务、展台设计服务)及其他与文化有关的设计服务,像英国那样明确将工业设计囊括在内。

另外,文化创意产业一词在中国的使用率也很高,仅次于文化产业。2014年颁布的《文化及相关产业分类标准》把创意产业作为文化产业的下属门类。而有些地方性政策法规则把文化创意产业作为文化产业的替代性名词。2011年北京市参照国标《国民经济行业分类》(GB/T4754-2002)颁布《文化创意产业分类》,将文化艺术、新闻出版、广播、电视、电影,软件、网络及计算机服务、广告会展、艺术品交易、设计服务、旅游、休闲娱乐,其他辅助服务囊括其中,剔除了文化用品生产、文化专用设备生产、文化产品生产的辅助生产等,比英国创意产业分类增加了会展、旅游、休闲产业等。

综上所述,由于世界各国的文化产业发展重点不同,产业门类归属不同,核心产业定义不同,文化产业研究存在难以比较和辨析的问题。因此文化产业研究的首要使命是厘清概念内涵、明确产业边界、统一统计口径,只有这样,学术研究方有意义。

第二节　文化产业的全球化浪潮

一、世界文化产业发展历程

文化产业发展是近百年来的事情,它的兴起和繁盛与经济发达、科技进步、消费水平提高、社会结构转型有密切关系。

美国是文化产业的首倡之国。当老牌资本主义国家还沉浸在工业化的美梦当中,以剥削和压榨劳动力、掠夺性开发矿产资源以及大肆破坏自然环境为经济增长原动力,美国已经在科技和经济的双重引擎下开启文化产业的破冰之旅,引领了资本主义下一轮的经济转型。从20世纪20年代开始,广播、电影、电视等产业在美国的相继崛起,意味着人类进入纸媒和电子传播并存的时代,不但为美国经济发展注入强劲动力,而且为美国意识形态的世界性传播提供了重要途径。从美国之音到好莱坞梦工厂,从全球卫星电视到互联网信息产业,美国逐步打造起自己的"文化帝国",让军事强势和文化优势互为表里,成为傲居全球的第一大国。

继美国之后,英、德、法等欧美国家或钦慕美国的文化红利紧随其后,或抵抗美国的意识形态奋而搏之,相继走上文化产业的发展道路。英、法、德等老牌资本主义国家拥有雄厚的工业,但工业化达到一定程度后必然遭遇经济增长、环境负荷和社会发展等各方面的压力,亟须科技、文化的注入,以改变社会发展疲软状态。另外,二战以后世界格局重新洗牌,出现西方话语的多重变奏和东方世界的文化自觉,后殖民主义理论应运而生,反文化霸权、文化多样性的呼声越来越高,也助推第二、第三世界国家文化产业的发展。因此,英、法、德充分发掘本国文化资源,加入科技、创意等元素,既提振经济发展力,又培育国民共同意识,有效地实现文化向经济、传统向现代的华丽转身。1992年英国文化委员会推出"国家文化艺术发展战略",在设计、演艺、艺术品、教育等产业一枝独秀,刮起一阵不小的"英伦风"。法国具有深厚的民族自觉和文化保护意识,是历史遗产、文物保护的先行国,从20世纪八九十年代开始抵制美国文化输出,提出"经济与文化:同样的战斗""生活的艺术,拒绝一种贫乏的标准化的外来模式"等口号,全面振兴法国文化,在文化旅游、电影、音像等产业占有一席之地。德国拥有璀璨的哲学、艺术、神学等方面的文化资源,有黑格尔、马克思、韦伯、尼采、海德格尔、歌德、席勒、贝多芬等众多世界文化巨匠,二战以后经济逐渐复苏,为迎合时代趋势变"德国制造"为"德国创造",将乐观昂扬、精密严谨的日神精神和澎湃浩荡、自由创造的酒神精神融为一体,因此德国创意产业独具一格。

日本和韩国是东亚小国,但它们有两大优点:一是自身定位清晰,很早意识到本国为非资源型国家,只能以科技和创意换发展;二是对局势判断准确,能够紧随国际潮流,抓住每一次经济转型机遇。两国战后借助加工出口业迅速崛起,凭借工业积累加大文化和教育投入,八九十年代后面临出口加工业发展瓶颈,确立"文化立国"国策,加快文化产业发展和经济结构转型。1993年,日本文化产业产值超过汽车产业,成为继制造业之后的第二大产业,以动漫、游戏等独步世界,成为继美国之后的第二大文化产业大国。2000年前后,韩国在亚洲乃至世界刮起强劲"韩流",奠定了在亚洲电视剧领域的垄断地位,使文化产业荣升国家出口创汇第二大产业。

世界文化产业兴起和发展的历史印证了如下规律:

首先,文化产业是经济发展到一定程度的产物,呼应经济和社会转型需求,有助于实现工业化向后工业化过渡。美国、德国、英国、法国、日本、韩国等走在文化产业发展前列,原因在于这些国家拥有较强的经济实力、消费水平和社会受教育程度,容易促成文化创意大军和文化消费热潮,具有较强的文化输出能力和文化消费需求。以美国为例,80年代初,该国三大产业结构比为3∶34∶63,第三产业产值远超第一、二产业,成为垄断性产业,人均GDP

约为 1.5 万美元,且拥有最完备的高等教育体系和人才吸纳政策,具备发展文化产业的诸多客观因素。1990 年美、德、英、日四国占全球文化商品出口总额的 55.4%,美、德、英、法则是文化商品进口大国,占全球文化商品进口额的 47%。①

其次,文化产业是科技发展到一定程度的产物,尤其是科技在文化领域的应用和转化推动了传播媒介的变迁和产业业态的更新。以美国为例,它崇尚"科学至上"的理念,几乎垄断全球半数以上的科学发明,快速实现科技与文化融合。19 世纪 20 年代以后,美国广泛运用无线电、放映机、机器印刷等技术,推动广播、电影、出版业的快速繁荣,90 年代时运用信息化、网络化、数字化技术发展数字内容产业,适时推出《反电子盗版法》《跨世纪数字版权法》,保障数字内容产业的有序发展。美国正是以科技为动力,以法律为后盾,在全球文化产业版图上独占鳌头。

最后,文化产业是资源配置发展到一定程度的产物。人类经济发展史也是资源配置由以农业为主,到以工业为主,再到以第三产业为主的变迁史。机械化改变了刀耕火种的生产方式,解放了农村人口,使之成为产业工人,加入工业化发展队伍;自动化又解放了产业工人,使之投身服务业,促进第三产业的繁荣。资源配置也经历了以劳动力为主、以资源为主、以资本为主以及以科技、智力为主的发展阶段。第一次工业革命时,产业工人匮乏,劳动力是资源配置中最重要的一环,因此出现了资本主义早期圈地运动、贩卖非洲人口大潮、童工现象、劳资矛盾激化等。第二次工业革命时,生产力大幅提升,劳动力因素的重要性下降,生产原料成为影响发展的主导性资源,因此出现19 世纪晚期的殖民热潮和民族矛盾激化问题。资本主义自由竞争阶段,资本成为竞争的第一要素,以资本推动规模经济,降低生产成本。20 世纪以来,越来越多国家意识到创新和科技才是第一动力,因此把智力和科技作为核心资源,从中获取潜在利润。文化产业是第三产业的重要构成,与科技、智力水平密切相关,只有在资源配置的高级阶段才能实现。

二、世界文化产业发展特点

文化产业是人类物质和精神文明发展到一定程度的产物,虽然诞生历史短,但对国民生产总值增加、经济结构调整、跨国文化贸易以及文化话语权争夺产生了深远影响,成为各国经济角逐和文化竞争的重点。世界各国文化产业发展呈现如下特点:

首先,文化产业诞生至今,备受各国政府重视,纷纷将其发展纳入重要国

---

① 花建:《文化产业竞争力》,广东人民出版社 2005 年版,第 5 页。

家发展战略。1998 年，英国布莱尔政府组建"创意产业特别工作组"，力图将英国打造成世界创意中心。1999—2001 年韩国先后出台《文化产业发展五年计划》《文化产业促进法》，重点扶持文化、娱乐、内容产业，并成立各类文化产业基金，如游戏专门投资组合、文化产业振兴基金，提供新创文化企业贷款。日本也颁布《著作权法》《文化艺术振兴基本法》《新增长战略》《知识产权基本法》《信息技术基本法》，为文化产业发展提供强有力的政策支持。美国为发展版权产业，百余年来六次修订版权法，耳熟能详的法规包括 1976 年的《版权法》，1996 年的《博物馆图书馆事业法》《联邦电信法》和 1998 年的《数字千年版权法》，从纸质版权到影像版权再到数字版权，不断夯实版权产业的基石。另外，法国、加拿大、澳大利亚、新加坡等也都采取各种激励措施，加快本国文化产业发展。

其次，文化产业发展速度惊人。约翰·霍金斯认为，创意产业经济每天创造 220 亿美元的产值，以每年 5％的速度递增。事实上，美、英等发达国家文化产业年增长率超过 10％。据《美国经济中的创意产业：2004 年报告》显示，美国文化产业至 2002 年总产值高达 12 540 亿美元，占美国经济的12％，[①]逐渐取代汽车、计算机、航天等成为第一大出口产业。至 2010 年，美国的文化产业总值为 2.784 万亿美元，当年 GDP 为 14.7 万亿美元，约占GDP 总额的 19％。[②] 英国也以整体国民经济两倍增速发展文化产业，使之成为仅次于金融业的第二大产业，尤其在出版、广告、设计、音乐、电视、广播等领域具有国际发言权。韩国文化产业取代汽车产业成为第一大产业，日本文化产业也有望取代汽车产业冲刺第一大产业的宝座。此外，法国在出版业、文化旅游业、设计业上增势明显，澳大利亚在新媒体艺术领域潜力巨大，丹麦重点发展培训、创投等创意服务业，新加坡在传媒、设计领域具有国际影响力。

再次，文化产业发展与科技进步、人才发展成正比。理查德·弗罗里达提出创意经济发展应具备技术、人才和宽容。计算机、现代通信和网络等信息技术的诞生成为文化产业的外在动力，带动文化产业和信息技术产业的深度融合，孕育了网络游戏、互联网广告、手机出版、电子图书杂志、数字印刷等新型数字出版产业。人才培养则是文化产业持续发展的内在动力。2000—2005 年韩国政府投资 2 000 多亿韩元，以电影、卡通、游戏、广播、影像等产业为重点，集中培养亟需的"复合型"高级人才。[③] 澳大利亚设立"国家中学电脑

---

① 福建省信息协会：《福建省创意产业学科发展报告》，《海峡科学》2013 年第 1 期。

② 邓靖：《美国文化产业发展的特点及其启示》，《创新》2012 年第 3 期。

③ 王宝锟、曹世功、洛佳：《国外如何推动和发展创意产业》，http://intl.ce.cn/right/jcbzh/200712/26/t20071226_14041649_1.shtml，2007－12－26/2013－03－01。

基金",在 2011 年年底前投入 24 亿澳元用于为 9～12 岁学生每人配备 1 台上网电脑,为老师和家长使用信息通讯工具与学生沟通提供技术支持;未来 4 年还将继续注资 2 720 万澳元用于发展在线教育。①

最后,文化产业发展模式多样。美国文化产业以科技与时尚为发展动力,走市场主导型的发展道路,以普世价值带动全球化浪潮,以科技创新确立行业地位,其产业链包括版权核心(动漫、游戏、图书或电影等)、授权产业(游戏版权、图书版权、电影版权、形象授权等)以及衍生产业(玩具、主题公园等)。日韩以历史文化资源为产业依据,坚持政府主导型的发展策略,注重文化遗产、民间艺术、传统工艺、信仰习俗的保护与振兴,注重文化资源的合理开发,以文化节事活动拉动旅游产业,结合传统元素和数字技术发展动漫产业。法国也发展政府主导型文化产业,将文化发展视为第一要义,抵抗英语文化的入侵。英国走政府引导和市场调整相结合的道路,政府引导方式包括专门机构扶持、国际彩票投入、政府同比例资金配比等,较好地解决文化产业融资难、发展资金不足的问题;产业运营上则遵循市场规律,发挥本土优势,打通文化旅游、歌舞演艺、时装表演、博物馆等产业壁垒,形成产业联动效应,同时形成以伦敦为中心向周边辐射的创意格局。

第三节　文化产业的内在奥秘

一、源与流:文化资源与文化产业之关系

(一)文化资源是文化层积岩

文化资源是人类历史活动的文化遗存,主要包含三大内容:其一是无形的、精神性的观念和符号,如民俗信仰、神话传说等;其二是实践性、经验性的生产技艺、生活方式,如石雕工艺等;其三是有形的、物态化的,如遗址、建筑、典籍等。这三种形态往往相互渗透,互为表里。

文化资源是彼此层叠、交叉和相互影响的文化系统。其一,文化资源具有多样性。文化资源依族群、地域、自然而生,进而演化出丰富多彩的文化形态,如希腊、希伯来、印度、埃及、中华、印第安等各类文化形态。其二,文化资源具有复杂性。任何地域文化都渗透着主流和非主流、大传统和小传统、雅和俗、官方和民间的博弈关系,既包含主流的、官方的、高雅的文化成分,如儒家正统思想、历代文献典籍等,又包含非主流的、草根的、下里巴人的文化成

---

① 赵立、袁媛:《澳大利亚创意产业发展战略亮点解读》,《中国文化报》2012 年 2 月 10 日。

分,如少数民族文化、民俗表演等。其三,文化资源具有层积性,因历史的发展而不断叠加、渗透,形成丰富的文化地质层,尽显历史的厚重。其四,文化资源具有延续性。文化带有惯性,现代是传统的延伸,而非传统的割裂。文化资源盘根错节,渗透和影响着现代社会的运行轨迹,如新教伦理对资本主义文明的推动作用,又如骑士文化对现代绅士精神的影响。全然背弃传统破旧迎新的举动,既不可取,又不可能。其五,文化资源具有可再生性,自然资源是一次性的、损耗性的资源,而文化资源只要加以适当利用,即可再生循环,无枯竭之忧。

(二)文化资源是创意之源

文化资源的发掘和整合,文化元素的蒙太奇组合,能够产生绚丽奇幻的万千世界。《圣经》里说,太阳底下没有新事物。变旧为新才是真正的创意之道。具体而言,文化资源的创意开发可以表现为:

1. 时空倒错:文化回潮

新与旧、时髦与过时都是相对而言的,新东西流行久了也容易使人产生审美疲劳,成为司空见惯的旧事物,压箱底的旧事物则因远离视线而容易引发陌生化的效果,让人产生新鲜感。传统文化亦是如此。它可能因年代久远或潮流更替而被历史掩埋,容易使人产生虽旧如新的感觉,反而成为新的时尚潮流,如在西装革履的时代,旗袍、唐装等传统服饰反而能够给人耳目一新的感觉,它们的流行都是文化回潮的经典案例。文化回潮还带有浓郁的复古情调和罗曼蒂克氛围,能够满足世人的怀旧情怀和穿越时空的梦想。

2. 移花接木:元素利用

除让传统文化阶段性回潮外,文化创意更多体现为对传统文化元素的分解和重组,包括各种文化元素之间的拼接、文化元素和时尚元素的结合以及文化元素和科技的融合等。

文化元素是能够汇聚和凸显某种文化特质的基础符号,如各种富有寓意或象征意味的实体、图像、文字等,如中国结、龙凤图案、八卦、太极、书法。各种文化元素的合理搭配,能够凸显异域或复古情调,起到出乎意料的创意效果。文化元素和时尚元素的组合,能产生古今交错的蒙太奇效果,既形成审美间离,满足世人求新求异的文化需求,又营造熟悉的文化氛围,满足世人文化认同的需求。文化元素和科学技术的融合,更是让文化创意如虎添翼。文化元素和虚拟、立体、人机交互、人工智能等技术的全面融合,既保存文化深度和内蕴,又以逼真的图像、音效、场景等直接作用于人的视、听、触等感官系统,使观众产生身临其境的真实感、现场感和震撼感,3D 和 IMAX 电影便是这种结合的产物。文化和科技的融合不仅预示感官革命的时代即将到来,而且预示数字创意将成为文化创意的主要方向。

影片《功夫熊猫》恰当运用了上述做法,对文化元素进行了全面融合和提高。首先,它大量采用中国哲学、宗教、建筑、服饰、饮食、音乐、医学等方面的文化元素,充分展现天人合一的哲学思想、以柔克刚的东方智慧以及邪不胜正的道德信仰。其次,它拥有轻松搞笑的场面、迪斯科音乐等时尚元素,强调美国式的幽默,达到中西结合、古今融通的艺术效果。最后,它在制作上投入大量的科技成本,娴熟和广泛地运用 3D 技术,将唯美画面和听觉盛宴相结合,形成强烈的视听冲击力。

3. 潜移默化:观念植入

创意产业对文化资源的利用还体现为传统价值或观念的植入。美国创意的常见做法就是观念植入,借助外国童话故事、民间传说、文学作品等形式书写本国的内容,传播本国的价值理念,推动符号消费和观念消费。日本在发展动漫产业时,也善于将民族精神植入其中,如《毛利元就》《德川家康》《信长野望》《天下一统》等角色扮演游戏均植入武士道精神,游戏玩家在游戏时受到武士道精神潜移默化的影响。

(三)文化资源是资本转化的基础

文化资源是创意产业的源泉和动力。但是光有历史文化资源还不够,要使文化资源转化为文化资本,还需要经济、市场等的助力。只有具备文化原动力和市场转换力,创意产业才能进入高速发展的快车道。历史文化和创意产业的关系譬如源流之关系,无源则无流,但有源无渠也不能汇成浩瀚中流。

二、文而化之:文化资源的创意开发

"资源有限,创意无限",但创意离不开有限的文化资源。世界文化产业大国的发展之路足以证明文化资源是创意的基础跳板。

(一)本土文化主导型——日本、韩国创意之路

本土文化主导型,即以本土文化作为创意产业的主要来源、动力。日本、韩国就是利用本土文化发展创意产业的典范国家。

1. 日本的创意之路

日本地少人多,自然资源相对贫乏,尤为看重历史文化资源的内在价值,明治维新时即有《古器旧物保护方》《古寺社保护法》《国宝保护法》等多部法典出台,更难得的是,它很早就确立了以文化资源为依托的文化产业发展国策。

二战结束后,日本民生凋敝,百业俱废,但却把文化保护作为民族复兴的原动力,即刻实施复兴民族文化战略,对遭战争破坏的历史文物进行抢救性

保护,首次提出"文化财"概念,于1950年颁布《文化财保护法》,保护对象遍及美术工艺品、建筑、史迹名胜、天然纪念物、无形文化财及埋藏文化财,为保护传统资源提供法律依据。"文化财"一词,类似于"文化资本",蕴含日本对文化之经济价值的认同和利用传统资源开发文化产业的基本思路。随后,日本又出台《古都保护法》《城市规划法》等相关法律,保障文化资源免受现代化、工业化和城市化的侵扰,1996年确立"文化立国"战略,明确从经济大国向文化输出大国的转型方向。

日本以文化保护为基础,全面开发文化资源。首先是合理开发有形文化资源,利用实体性建筑、历史遗迹、博物馆及民俗村开发旅游业;其次是有效开发实践性文化资源,依靠"人间国宝"非遗传承人,将工艺流程和艺术产品市场化,带动文化旅游和工艺美术的双向发展;最后是挖掘精神性的无形文化资源,从中提炼动漫开发所需的文学题材、故事原型、人物原型、音乐素材等,以深刻的文化内涵和丰富的艺术内蕴促成动漫的艺术化和国粹化,进而带动动漫产业在世界范围内滚雪球式的增长,直至拥有全球65%左右的动漫市场。目前,对文化资源的整合性开发越来越成为日本文化产业的发展趋势,动漫和旅游、设计、游戏等资源互补,形成更大的内容库,为产业发展提供持续动力。

2. 韩国的创意之路

韩国具有与日本相似的文化产业发展策略、路径和成效。

首先,在政策引导上,国土面积仅是福建80%且自然资源相对匮乏的韩国,也将文化产业确立为国家战略,倾政府之力加以发展。1998年韩国以"文化立国"为方针,将文化产业确立为"最适合韩国未来经济发展的新兴产业",1999年出台《文化产业促进法》,设立文化产业振兴院,协助将创意内容转化为文化产品,并在税收政策、产业融资、技术研发、激励措施等方面给予扶持,推动文化产业发展,2003年又提出"创意韩国"的口号,将文化创意作为未来经济发展的主动力。

其次,在发展路径上,韩国也走先保护后开发,以开发促保护的产业道路。韩国对文化资源的利用不遗余力。韩国各级政府和民间团体举办"文化遗产年""旅游年",设立"泡菜节""假面舞节""电影节"等庆典活动,通过民俗节庆、电影文化拉动旅游产业。韩国传统服饰、饮食、音乐等无形文化资源更是文化产业的制胜法宝,以它们为素材的电视剧、服装、音乐、电子游戏等波及全球,汇成不容小觑的"韩流"。《大长今》汇集韩国饮食、服饰、医学等各类传统文化元素,在亚洲刮起不小的"哈韩"风,拉动观光旅游、服装、食品、玩具、电子产品等巨大产业链,是韩国文化市场化和资本化的经典之作。

最后,在创意成效上,韩国也取得骄人业绩。20 世纪 60 年代,韩国人均年 GDP 不足 100 美元,到 2007 年达到 20 000 美元,经济规模总量全球排名第 11 位。韩国经济高速持续增长的动因,多半源于文化创意。数字内容产业取代汽车产业,成为韩国第一产业,其中,影视、音乐、手机、电子游戏这四大产业常年保持两位数增长势头,成为出口创汇的大宗。

(二)本土与外来文化互补型——法国的创意之路

本土与外来文化互补,即是民族和世界文化的融合,在顺应历史的同时彰显民族个性。法国、英国便属于此种类型的创意国家。

法国是举世公认的文化大国,拥有卢浮宫、凡尔赛宫、枫丹白露宫等世界顶级皇家宫殿,拥有建筑、绘画、雕塑等无数世界艺术珍品。一直以来,法国具有较强的文化优越感,对文化事业的投入高于文化产业,但从 20 世纪末开始屡屡遭遇英语世界的文化侵扰,于是在 1994 年出台《法语使用法》(又称《杜邦法》),保护法语文化圈,着力促成文化市场化转型。

法国文化产业注重对本土和外来文化的资源整合,将民族文化和时尚元素相结合,既凸显法国风情,又不失国际化气度。萨科齐强调:"文化对法国的经济发展具有战略意义。"目前,法国在博物馆、画廊经营、文化旅游、娱乐休闲、创意设计等方面具有世界影响力,把法国浪漫风情和国际时尚风潮融为一体,拥有众多高端奢侈品品牌,如路易·威登(LV)、香奈儿、爱马仕、美爵、卡迪亚、迪奥、鳄鱼、纪梵希、兰蔻等,以其独特的艺术灵感和创意设计引领全球奢侈品消费市场,成为高贵奢华的代名词。

巴黎是法国文化首府,又是世界时尚之都。咖啡、美酒、香水将巴黎的白天熏染得如痴如醉,散发着悠闲慵懒的气息,霓虹彩灯、公共艺术展示、夜间游乐场、足球场等又将巴黎的夜场打造成永不落幕的"白色之夜"。巴黎拥有独特魅力,拥有包容气度,所以能以 2% 的法国国土面积创造 30% 的全国 GDP。

(三)外来文化主导型——美国的创意之路

外来文化主导,即以本民族外的世界文化为主要创意资源,加以熔铸、提炼和升华。美国、澳大利亚等国就秉持这样的创意理念。

美国是政府干预度最低和市场化程度最高的文化产业超级大国,其影视、版权产业影响全球。美国本身却是文化贫国,从移民时代至今不过数百年,历史文化积淀十分有限。可幸的是,美国摒弃故步自封的文化保守主义观念,以西部牛仔的开拓精神、兼容并蓄的开放心态来吸纳全球文化资源,将其熔铸、加工成打上美国商标的文化产品,再将它们像汽车、家电等商品一样包装并推销向全球。美国文化产业的成功经验在于将世界文化和美国精神融合,让世界文化成为美国精神的载体,向全世界反向推销英雄主义、人道主义、冒险主义、个人主义等美国观念,变资源贫国为文化强国。

美国文化产业的翘楚是影视产业。以迪士尼为例,它将世界各国的文学题材纳入美国文化的熔炉中加以改编,制作了《白雪公主和七个小矮人》《睡美人》《小美人鱼》《阿拉丁》等脍炙人口的作品。其中《花木兰》是"中国故事＋美国精神"的经典作品,故事原型取自中国,但却植入美国传统内容,开朗奔放的美国个性、自我实现的强烈愿望、自行选择人生和婚姻的自由意志、探索未知世界的冒险精神、个体拯救民族的超人意志……取代了温良贤淑的个性、代父从军的孝道、自我牺牲的崇高意志、功成身退的淡泊精神。

三、点石成金:从文化到产业的现实意义

世界文化产业大国的发展经验告诉我们,挖掘和利用文化资源是发展文化产业的有效途径。文化贸易之争的根本在于文化,谁越具文化吸引力,谁就占据了文化贸易的优先权。

利用文化资源对我国发展创意产业的现实意义主要体现在如下方面:

（一）三融合

1. 创意和城市的融合

加强本土文化资源利用,还有助于文化产业发展和城市形象塑造一体化。一方面,文化产业成为展示城市底蕴的重要窗口,提高城市文化软实力和品牌影响力,形成城市形象效益;另一方面,急剧上升的城市品牌又拉动了创意产业融资、人才引进等,且对其他产业形成增值和拉动效应。

2. 传统和现代的融合

利用本土文化资源发展创意产业,是古今融合的有益尝试,有助于弘扬传统文化,提炼地域文化精髓,释放历史文化的潜能,融入现代文化建构当中,成为现代社会发展的重要助力。

3. 文化和市场的融合

利用本土文化资源发展文化产业,有助于盘活地方文化资源,使文化创意与文化旅游、民间信仰、民俗表演等形成合力,成为经济发展的新亮点。我国借此变文化资源大国为文化产业大国,加快产业结构调整和转型,实现从工业化到后工业化时代的快速转型;引入市场机制保护文化资源,也能部分解决文化资源保护资金不足的问题,利于文化保护事业。

（二）三突出

1. 突出地域性

利用本土文化资源发展文化产业,有助于展示丰富多彩的地域文化,突

出各地域的文化特点、资源优势,避免文化产业同质化问题,推进文化产业的合理布局,谋求各个地域的差异发展,减少竞争,加强合作,避免文化内耗,塑造各个地域的独特文化品牌和城市名片,避免城市创意同质化问题。

2. 突出创新性

利用本土文化资源发展文化产业,突出创意思维,易旧为新,古为今用,以契合当下人的精神需求和审美习惯,展现文化的持久生命力和更新活力。

3. 突出深刻性

利用本土文化资源发展文化产业,取其精华,去其糟粕,有助于增强文化产业的内涵和底蕴,避免受快餐文化低俗化、浅薄化、浮躁化的影响。

总之,本土文化资源的开掘和利用,能够解决文化创意无源泉、无动力、无特色、无优势、无深度等问题,力促传统与现代、科技与创意的融合,发展特色产业,加快产品升级和完善产业链,逐步与国际接轨,全面提高我国文化的产业核心竞争力。

第三章
生态理念下文化产业发展新思维和新范式

我国将发展文化产业提高到国家战略层面,取得可喜业绩,但同时存在着唯 GDP 导向、文化意识弱、自然观念差等诸多问题。其根本症结在于文化产业发展思维存在经济偏至化、评价显性化、创意形式化的误区。生态理念作为后现代发展思维,可为文化产业发展提供新思维。构建"自然—文化—经济—社会—科技"协调发展的大生态观是文化产业研究领域的一次跨学科实践,能够为文化产业提供发展理念、选择路径和保障机制,促进文化产业生态系统的和谐稳健发展。

第一节　生态理念下文化产业发展新思维

马克思认为,生产力是社会发展的最终决定力量。意识观念对生产方式、经济模式及社会文明形态的影响亦不容忽视。希腊自由精神推动古代城邦文明,奠定了商业契约法则;新教伦理推动资本主义文明,促成了资本原始积累;启蒙主体性推动了现代市民社会的建构,也为高度竞争的自由市场注入合理性。就中国而言,公有制推动计划经济,"发展是硬道理"推动改革开发,前者忽略市场主体的存在,后者忽略生态资本的损耗。当国人的吃饭问题不是根本问题时,当工业化的强国梦想被生态警钟屡屡敲响时,经济发展观念也须改改了。中国要实现从损耗型经济向生态经济、工业社会向后工业社会的成功转型,生态理念的确立必不可少。文化产业被称为 21 世纪的朝阳产业、无烟产业,它对生态理念的支持和呼应不言而喻。生态理念应是发展文化产业的指导原则和评价依据。

生态理念对文化产业提出怎样的指导原则呢?

生态理念思考人与自然的和谐关系问题,有助于生态保护问题的哲学解答;生态理念维护文化的地域性和丰富性,有助于人类文化生态群落的多元建构;生态理念反思人类发展模式,有助于后工业化时代的文化经济发展。生态理念对文化产业提出"自然—文化—经济—社会—科技"五位和谐发展的要求。

首先是自然生态与文化生态的平衡发展。自然生态是生物之间以及生物与环境之间的相互关系与存在状态。文化生态是各地区各民族自然而然的原生性的、祖先传下来的文化生活,[①]即一定区域内具有内部紧密性和外在区分度的独立文化结构。文化生态具有地域性,在一定地域环境中孕育而生并自成一派,具有独特的方言符号、习俗信仰、审美习惯等。它具有原生性,是长期历史融合和积淀的产物,具有历史的厚重感和朴拙感,拥有相对独立的文化共同体。它具有紧密性,系统内语言、艺术、信仰、习俗等文化要素紧密相连,相互依存。它还具有相对稳固性,可称为文化惯性,是地区文化发展、城市品牌塑造的重要依托。自然生态影响文化生成,尤其原生性文化资源多是自然环境长期熏染的产物。文化生态也影响自然生态,使之成为有意味的形式。

其次是文化生态和经济生态的循环发展。文化生态能为经济发展提供内在资源和动力,经济发展也能促进文化生态调适和发展,反对单向型、依赖性和涸泽而渔式的发展态势,维护经济形态的多元性、自足性和互补性,促其构成自相循环的经济生态体系。世人应杜绝经济发展以文化破坏为代价,维护文化和经济的可持续发展,最好能够建立文化生态和经济生态的循环机制,即以经济产出再投入的形式维护文化生态的健康发展。

再次是经济生态和自然生态的和谐发展。自然生态是文化产业的重要助力。20世纪以来自然要素逐渐浮出经济学地表,成为被关注的热点问题。当山秃水涸、霾没天下成为世人的第一忧虑时,宜居的生存环境具有无可估量的经济价值。经济发展首先必须考虑它的生态代价和环境影响,毋因小失大,因短暂的利益失去永恒的福祉。相反,世人应从自然生态中衍生出生态经济。在这方面台湾拥有丰富的经验,台湾近十年来致力于水土治理和新农村建设,为现在的田园度假休闲产业铺垫了良好的基础,也为传统和现代融合提供了成功范例。

最后是自然生态和社会生态的协同发展。普贤罗泰戈拉说,人是万物的尺度,《圣经》说人是万物的主宰,西方人本主义哲学预设了人与自然的二元

---

① 《文化生态》,http://baike.haosou.com/doc/6183922-6397170.html,2013-06-18/
2014-12-10。

对立关系。以此为导向的人类文明史也是对自然的掠夺和侵害史。时至今日，以 GDP 为核心的经济评价体系仍忽略自然付出的沉重代价。加勒尔·哈丁在《生活在极限之内》一书中提到，人类经济增长幅度的高低其实源于对自然剥削的程度，大胆批判现今通行的 GDP 评价体系。另外，西方马克思主义注意到自然生态与社会正义之间存在密切关联，社会不公正或非正义加剧了自然生态危机，社会不正义情况下，自然资源集中或垄断在少数人手中，他们拥有自然裁决权和利益分配权，在利益最大化的驱动下大肆开发，粗放经营，导致自然环境的迅速恶化，而广大底层民众却是环境污染的直接受害者。

　　总之，生态理念是经济变革的思想动力，可为经济发展提供崭新的发展模式。联合国于 2001 年 6 月 5 日世界环境日之际组织重大国际合作项目《生态系统千年评估》(MEA)，该项目专家认为人类社会存在四种资本：生产资本、社会资本、人力资本和自然资本。[①] 该观点强调自然资本和社会资本的重要性，但忽略文化、科技等无形资产的重要性，应补充文化资本和科技资本。生产资本和人力资本主要属于经济领域，其他资本与文化、自然、社会生态体系紧密相连，是评价整个生态系统合理性的重要指标。在自然资本核算方面，美国数理经济学家哈罗德丹尼斯·米都斯霍特林 1931 年发表《耗竭性资源经济学》，探讨自然资源的成本核算问题，提出不可再生资源的市场价格等于边际开采成本和资源的影子价格之和，资源的影子价格的变化率应与市场利率相等，通过征收资源生产或消费税来提高成本，降低资源损耗。美国经济学家戴尔斯则将环境污染纳入生产成本范畴，在《污染、产权、价格》一书中提出污染权税概念和排污交易制度，政府将污染权税收用于环境治理和维护，促进企业节能减排，以此来降低成本或促使不合规企业破产。文化产业在发展过程中应考虑上述指标，促成"文化—自然—社会　经济—科技"的和谐发展。

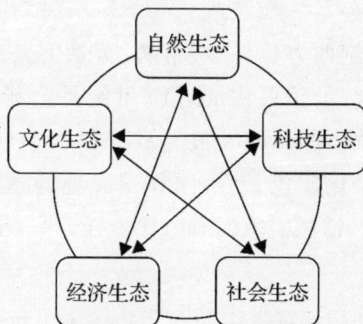

图 3-1　生态理念下文化产业发展结构图

① ［法］让－克洛德·乐伟著，王吉会译：《循环经济》，上海世纪出版集团 2012 年版，第 26 页。

第二节 生态理念下文化产业发展新范式

生态理念不仅为文化产业发展提供了价值规范,把"可持续"作为第一要义植入产业发展思维中,避免自然失衡、文化失落和社会失范等问题,而且为文化产业发展提供了动力机制,即以系统论、循环论为依据,从自然、文化、科技、社会等角度寻求产业发展突破口,催生出田园经济、符号经济、数字经济等诸多发展新范式。

一、田园经济:从前工业时代向后工业时代的跃进

据官方公布的数据,"过去十年,中国总共消失了90万个自然村","比较妥当的说法是每一天消失80~100个村落"。[①] 台湾休闲农业近20年来迅速发展,全台现有上规模的休闲农场1 000余家,居民年平均上休闲农场2.13次。[②] 上述两组数据显示,20世纪90年代以来中国大陆出现了城市化狂潮,城市极速向乡村延伸和渗透,城市人口爆炸、拥堵和乡村经济衰弱、空巢、留守问题并存。西方花费近百年时间重力治理城市病,而今这一问题开始成为中国经济崛起之后的首要问题。与之相比,台湾60年代因发展出口加工业而崛起,成为亚洲四小龙,80年代以后随着世界工厂的地区性转移,台湾一度经历经济衰退的阵痛,加速从劳动力密集型向知识技术密集型、从工业向后工业的经济转型,带动创意产业、休闲产业、数位产业等快速发展。其中,田园休闲是休闲产业的重要构成,田园文化重新崛起,返回乡里和重建田园成为社会新时尚,已形成一定经济效益,显示了后工业时代经济发展的新规律。如何解决大陆诸多城市"千城一面"、污染拥堵等问题,田园经济提供了一条很好的解决路径。

(一)田园经济的产生背景

田园经济是20世纪西方反思"城市病"背景下兴起的新型经济,又叫田园资本主义,是后工业经济的重要构成。19世纪是全球急速工业化和城市化的世纪,工业、制造业在城市的急剧发展导致乡村人口向城市的大迁徙、社会资源按地区和人群的差异化配置、宗主国和殖民地的国际分野以及人类生存方式、价值观念、思维习惯、情感需求的跨时代变迁。"自1800—1900年的100年,

---

① 宋养琰:《城市化与"田园经济学"》,http://www.cet.com.cn/ycpd/sdyd/929289.shtml,2013—12—01/2015—04—01。

② 连锦添:《如何发展休闲产业,台湾专家为大陆同行传诀窍》,《人民日报》(海外版),http://business.sohu.com/20071113/n253218269.shtml,2007—11—13/2013—12—02。

巴黎的人口从 60 万增长到 300 万;伦敦由 80 万增至 700 万;柏林由 18 万增至 350 万;纽约由 6 万增至 450 万。"[①]人类出现了前所未有的精神危机,酗酒、犯罪、精神疾病数量大幅增长,城市经济因拥堵、低效、环境破坏而出现下滑趋势,人文和经济的双重危机引发 20 世纪西方学者的普遍关注和反思。莫顿认为,城市是人种堕落的地方,城市生活是堕落的根源。[②] 沃思认为,城市化导致自我防御反应机制,对周边的事抱怀疑、冷漠的态度……与其周围的人日益疏远。[③] 埃比尼泽·霍华德认为,壮丽的大厦和凄惨的贫民窟是现代城市相辅相成的怪现象。[④] 勒·柯布西耶认为,大城市缺乏严谨的交通规划,"驴行之道变成了习惯,变成了城市中的主要交通干道","城市中心处于一种极度的病体情形,其四周犹如被寄生虫盘踞着一般"。[⑤] 与此同时,西方的生态意识、创新科技、创意思维同步发展,推动工业时代向后工业时代的过渡。丹尼尔·贝尔将后工业经济的特征归纳为五大方面:服务经济的产生、卓越的专业和技术阶层的涌现、理论知识居于中心地位、技术的自主成长和转换、聚焦于信息及信息处理的智能技术出现。田园经济正是融通前工业文明和后工业经济的新兴业态,具有服务经济、高科技渗入、观念先导等特征。

　　埃比尼泽·霍华德是田园经济的首倡者。他于 1898 年 10 月出版《明日:一条通向真正改革的和平道路》,1902 年改名为《明日的田园城市》,在一个多世纪里再版六次,成为城市社会学和经济学的经典读物,而他终其一生主要从事速记工作。霍华德在《明日的田园城市》一书中打破城乡二元对立的思维方式,创造性地提出吸引人口的三大磁铁:城市、乡村和城市—乡村,力图消除城乡对立,建构城乡一体的田园城市发展模型,即促使城市田园化,转变成"没有城市的城市"。他认为,依托田园的小规模城市既拥有乡村的和谐自然和城市的便利快捷,又摒弃乡村的落后闭塞和城市的拥堵低效,能够化解城市化引力,有效解决城市病、千城一面、乡村空巢等问题,是社会结构形态改革的必由之路。霍华德的田园城市思想在西方城市发展史上具有开创意义。首先,它蕴含生态经济理念,如变废为宝,让污水返回和滋养土地;如业态创新,打破工业和农业截然分开的产业形态,促进两者的共融;又如低碳经济,建构布局整饬、结构严谨的田园城市模型,改善交通拥堵,减少城乡交通费用,促进城市朝高效便捷方面发展。其次,它从现实层面化解现代性危机,

---

①　[法]勒·柯布西耶著,李浩译:《明日之城市》,中国建筑工业出版社 2009 年版,第 86 页。

②　[美]布赖恩·贝利著,顾朝林译:《比较城市化》,商务印书馆 2010 年版,第 8 页。

③　[美]布赖恩·贝利著,顾朝林译:《比较城市化》,商务印书馆 2010 年版,第 36 页。

④　[英]埃比尼泽·霍华德著,金经元译:《明日的田园城市》,商务印书馆 2010 年版,第 8 页。

⑤　[法]勒·柯布西耶著,李浩译:《明日之城市》,中国建筑工业出版社 2009 年版,第 82、84 页。

用合乎道德和和平的方式解决资本主义发展过程中的经济衰退、人性异化等问题,试图弥合经济发展和社会和谐之间的矛盾,这样的尝试具有开创意义。最后,它提出"人民城市"的概念,马克思认为劳资矛盾在资本主义体系内无法解决,霍华德却希冀在现有社会体系内协调劳资和城乡矛盾,通过城市地租形式进行市政建设和绿地维护。这一思想在很多人看来带有乌托邦色彩,尤其是"田园城市"的推行难以得到既得利益者的体认。但是霍华德对未来的理想追寻敲响过度城市化的警钟,也激发后来学者的继续探行。

帕特里克·艾伯克隆比、彼得·霍尔、科林·沃德、雷·托马斯等城市规划大师或城市环境作家均受霍华德思想的有益影响。近一个世纪以来,西方花费重力治理城市病,在世界范围内兴起"卫星城"和新城建设,大多基于霍华德的田园城市理念。同时,乡村情调、村落文化、生态美居重新受到专注,乡村升级、改造和经济转型研究也成为经济学研究新方向。罗斯托认为,从农业向工业再向服务业的重点转移是社会经济跃进的重要指标,田园经济则是实现上述转型的有效途径。

(二)田园经济的文化内涵

田园经济是建立在田园及其文化元素之上的经济形态,田园文化是田园经济的价值原点,田园经济依托"田园"提供实体产品、文化产品、服务以及符号消费。

田园文化在中西语境中具有不同的演变历程和文化价值。西方拥有漫长和强势的游牧和海洋文明,影响了西方人的原始聚落形态,逐水草而居的游牧生活和以船为家的商贸生涯一定程度上抑制了乡村社会的定型与完善,也使得"田园"这一农耕文明的产物在西方文化语境下变得可有可无。对于西方初民而言,田园的价值远不如岩洞和墓穴重要。墓穴是祖先的居所,是永恒的死亡之城,是凭吊祖先和寻求精神休憩的地方;岩洞则是祭拜共同神灵或参与公共礼俗活动的地方,具有社会性、宗教性等。后来,墓穴演化为公共墓地,岩洞则演化为神殿、教堂、广场、圣祠、神迹,古希腊、古罗马城市的标志是陵墓或墓碑,中世纪欧洲城市的中心一般是教堂或城堡。"一个旅行者,当他来到一座古希腊或古罗马城市时,他首先见到的便是一排排的陵墓和通往城市的大道两旁的许多墓碑。"①在漫长的历史时间里,西方人在游牧文明的主导下倾向于四海为家、冒险开拓的生活状态,自然田园并未进入西方人的精神世界,成为他们的精神居所。希腊文化看重的是人超拔于自然之上的

———
① [美]刘易斯·芒福德著,宋俊岭译:《城市发展史》,中国建筑工业出版社 2005 年版,第 5 页。

自由意志和人格尊严,希伯来文化看重的是上帝之城的神圣召唤和灵魂救赎,西方古典精神中充满灵与肉、人与自然的二元对立。

直到 18 世纪浪漫主义兴起之时,自然田园才成为西方人艺术审美和哲学思考的对象,才被赋予批判工业文明和城市化的时代意义,文学中的湖畔诗、绘画中的印象画、哲学中的重返自然观等构成浪漫主义的自然派。存在主义哲学将自然、田园维度引入人的存在之思,海德格尔从东方哲学中汲取给养,重新思考人与自然的关系,把"存在"而非"存在者"作为哲学之思的原点,彻底变认识论哲学为本体论哲学。他认为此在是在世界中的存在,应摒弃日常生活对生存本相的遗忘返本溯源,回归与天地人神的共在,实现本真的诗意的栖居。海德格尔的存在论哲学晦涩难懂,但充满阳光、清泉和泥土的芬芳,以梵高"农夫的鞋"巧妙地譬喻人与大地的关系,开启西方回归田园的情感诉求。生态哲学、美学和伦理学的兴起进一步推动西方人重返田园的行动,罗德曼的"生态对抗"理论、米克的"新的自然哲学"、泰勒·米勒的"绿色哲学"、奈斯的"生态智慧"、罗尔斯顿的"生态伦理学"或"环境哲学"从不同角度诠释了生态回归的重要性。在西方世界,"随着收入的增加和休闲时间的增多,城市白人居民的郊区化趋势日益明显,这绝非偶然。拥有较多财富和闲暇时间的人们趋向于在有山、有水、有森林的偏远环境中居住和工作。"①外加现代交通和通信技术的发展,一定程度上消除了空间距离感,"在时间和空间上溶解了向心性的城市,产生了所谓的'没有城市的城市文明'"。②

总之,近现代以来,西方人视田园为灵性、自然、健康、原生态的文化符号,卢梭"回归自然"的呼声得到越来越多人的呼应。田园成为有吸引力的所在,成为可消费的稀缺资源,在吸引力经济盛行的时代,其蕴含的商业价值日益凸显出来。

与之相比,田园文化在中国根深蒂固、源远流长。中国的农耕文明发达得早,原始村落文化很快为封建乡村文化所取代,于商周时期形成完备的户籍制、井田制和重农抑商制度。早熟的农耕文明塑造了中国人勤勉刻苦、乐天知命、持重守成、服从权威、安土重迁的民族个性,以治水、祈雨和修筑防墙为大事,治水以抵御灾害,祈雨以期盼丰收,修筑长城以守护疆土。中国人具有超强的家园和乡土意识,甘心被缚在土地上,敬天礼地,温饱为乐,注重节气,相时而动,悠然地享受着四季的变化和大地的馈赠,"开轩面场圃,把酒话桑麻。待到重阳日,还来就菊花"。班固在《汉书·元帝纪》写道:"安土重迁,

---

① [美]布赖恩·贝利著,顾朝林译:《比较城市化》,商务印书馆 2010 年版,第 62~63 页。
② [美]布赖恩·贝利著,顾朝林译:《比较城市化》,商务印书馆 2010 年版,第 61 页。

黎民之性；骨肉相附，人情所愿也"①，又在《汉书·货殖传序》写道："各安其居而乐其业，甘其食而美其服"②。因此，儒家把"五亩之宅，树之以桑，五十者可以衣帛矣"作为社会理想和施政目标。

田园在中国文化中被赋予许多崇高的意义。首先，田园是道家隐逸文化的重要载体。田园虽不如山林丘壑那么空灵飘逸、远离世嚣，但隐逸其间亦可亲近自然，丰衣足食，从心所欲，悠然闲适，不知有汉，无论魏晋。"性本爱丘山"的陶渊明、"把酒话桑麻"的孟浩然、"怅然吟式微"的王维均以田园为栖身之所，悠然其间，不知老之将至。其次，田园融入儒家进退意识、穷达观念以及求圣情怀。田园是儒家知识分子的人生起点和情感归宿，"朝为田舍郎，暮登天子堂"，从寒窗苦读到出将入相再到告老还乡，儒生们既把田园作为修身养性、颐养天年之所，又把它作为实践孝悌伦理的重要场域。田园又是儒家实现精神退守和抚平心灵创伤的一剂良药，"天下有道则见，无道则隐""达则兼济天下，穷则独善其身""大隐住朝市，小隐入丘樊"，在这一点上似乎儒道二家殊途同归了，只不过道家把它作为人生第一要义，而儒家把它作为退而求其次的选择。田园还体现了儒家的求圣意志，不满时政的儒生们往往清高绝尘，以山林、田园为道德据点，隐乡野，居南山，咏《离骚》，痛饮酒，实现自我求圣和道德批判的目的。最后，田园是禅宗思想的重要依托。禅宗将佛教思想和世俗生活连为一体，不求苦行，但行养心，直指本心，见性成佛，以悟为本，不落言筌，形成农禅、生活禅等多种修行途径，垦土诛茅、砍柴运浆、耕田种菜、听松观云、煮雪烹茶，"此间有真意，欲辩已忘言"。

田园在中国语境中有如此之重的文化分量，乡愁、乡恋、乡情、乡颂、乡怨自然成为中国文学艺术的永恒母题。老庄自然哲学崛起于春秋战国，田园山水诗源起于魏晋南北朝，青绿山水、水墨山水兴盛于唐宋，此后浅绛山水、米氏云山、写意山水、泼墨山水、南北宗合流等风起云涌，各领风骚数百年。李煜梦回江南之恨、柳永羁旅行役之愁、秦观宦游天涯之苦、张九龄望月怀远之思、宋之问近乡情怯之忧、辛弃疾驰骋故国之梦、陆游收复中原之念……汇成了望不到边的乡愁主题。有斜阳墟落、田夫牧童的渭川田家，有玉人吹箫的扬州二十四桥，有玉树琼枝作烟萝的金陵故都，有绿窗朱户、舞榭歌台的岳阳楼，有社戏有外婆有乌篷船的鲁镇老家，有山有水有翠翠的凤凰古城，有花有草有年少回忆的呼兰河畔，古今文学用不同的意象传达了诗人们对梦中乡土的永远怀恋。即使是乡怨主题的文学作品，如五四以后的"鲁迅风"小说，在

---

① 班固：《汉书》，第1册，中华书局2006年版，第292页。
② 班固：《汉书》，第11册，中华书局2006年版，第3680页。

乡土批判和文化反思中也渗入了迷失家园的惆怅心理以及爱之深、恨之切的文化深情。中华文化的根在田园。

（三）田园经济的主要形态

田园经济以田园自然和文化为依托，通过文化创意、科技融合、产业融合等方式促进传统产业的升级、文化资源的转化以及商业盈利模式的转变，具有绿色低碳、多元融合、高附加值、经济提振力强等特征。田园经济的文化诉求与前工业时代一脉相承，但其经济形态却是后工业化的，区别于传统农业。其主要经济形态包含如下：

首先，传统农业和现代科技、规模经济以及商业运作模式相融合，变小农经济为规模化的生态农业，走绿色化、集约化、智能化的发展道路。同时，运用传播学和营销学进行农产品形象设计、包装和推广，树立有机、生态理念，提高它文化附加值，走品牌化发展道路。例如台湾农业经历了从数量增长到质量提高再到产业经营的转变过程，形成大量很有影响力的农产品品牌，如台湾好米、神户牛肉、华盛顿苹果、吉尔罗伊大蒜、IDAHO 土豆、ZESPRI 奇异果等。

其次，农业和加工业相融合，延伸产业链。农业靠天吃饭，对时令气候依赖性强，且处于产业链末端，受供求关系影响，价格波动大。农产品加工能有效解决农村收益率低、产品过剩、产业单一的问题。厦门银鹭集团 20 世纪 90 年代引入国际先进生产线发展农产品加工业，使原先一穷二白的马塘村迅速脱贫，成为远近闻名的智能乡村。

最后，农林渔牧和旅游观光、休闲和创意产业相融合。与城市相比，农村较为落后闭塞，但生态环境和自然景观好，且蕴藏丰富的传统文化资源，是现代人放松身心、休闲养生的好去处，适宜开发旅游观光、休闲娱乐和创意产业。台湾休闲农业依托田园景观、自然生态和环境资源，如山林、田园、果园、菜园、茶园、山溪、鱼塘、牧场、渔场等天然景观，借助农林渔牧生产、农家生活、田园文化等发展休闲农业，提供农耕、游猎、采茶、垂钓、酿酒、森林旅游、渔业风情等品类丰富的体验项目，形成文创农村遍地开花的局面。以台湾南投县梅子梦工厂为例，该工厂依托天然梅子林，衍生出与梅子相关的制造业，分别设立梅子蜜饯、梅子酒、梅子醋等加工工厂，通过品牌塑造、创意设计、情景安排、故事传达等手段将生产加工流程可视化、艺术化和可体验化，厂区分设"忘记回家梅子酒庄""梅子跳舞工坊""梅子醋工坊""山猪迷路游憩区""半路店"等，提供吃、住、娱、行、购一条龙服务，发展文创产业和观光旅游业，延伸田园经济产业链。台湾另一农业品牌"掌声谷粒"充分挖掘中国农耕时代饮食文化加以创意设计和包装，通过文字和影像记录谷物从稻农到田野再到碗底的旅程,传达农耕时代人与土地的亲密关系、以农利国的农业伦理以及天然生态的生产理念,每一份谷物都有出生履历,记录产地、特点,如台梗 2 号的软嫩香甜、高雄 139 的弹牙饱满,带给消费者浓郁的古早文化和食品安全体验。同时,该品牌将产品销售和地域行销连为一体,通过产品传播地域文化,2009 年 5 月,《天下杂志》为它量身定做了一期节目《掌声谷粒——来自土地的呼唤》,为开拓"深度田园体验游"夯实基础。

(四)田园经济的价值评价

目前,我国产业评估体系主要有竞争力评价、影响力评价、品牌评价、发展潜力评价,其主要依据都是各类经济指标,如总量规模、发展水平、经济效益、市场化程度、对 GDP 的贡献等,较多受到迈克尔·波特的竞争战略理论、W. 钱·金的蓝海战略理论、杰恩·巴尼的 VRIO 理论等的影响,对其社会、文化、自然影响缺乏关注,评价内容和指标较为单一。从田园经济涉及的要素而言,其评价同样应该包含经济、社会、文化、自然诸方面的内容。

首先,从经济效益而言,田园经济是融入高新科技、创意理念、时尚文化的新型经济形态,产业效益、增值能力及经济辐射力远甚于传统农业,是传统农业转型发展的目标。台湾大力发展田园经济,促进传统农庄向休闲农场转型,一般农业产值、GDP 贡献率和从业人员逐年减少,但依托于此的休闲农业却呈大幅增长趋势,实践证明,兼营休闲农场的收入是一般农业收入的 4~5 倍。[①]

其次,从社会效益而言,田园经济有助于缓解城乡差异,促进农村现代转型,提高农村就业环境和吸附人口能力,激励青年才俊回乡创业,改变农村经济衰退、落后闭塞、空巢无人、留守孤老等现实问题。同时,休闲农业是社会经济富足和文明发展的副产物,有利于社会和谐和人民幸福。对都市人群来说,职业化、单一化的生存体验远远不能满足心灵需求,开放农村休憩空间和休闲娱乐项目,有助于锻炼体魄、调节心境、增强幸福感。马克思曾构思了共产主义社会里人自由全面发展的幸福图景,"我能今天做一件事而明天做另外一件事,能上午打猎,下午钓鱼,傍晚喂牛,晚饭后进行批判,想做什么就做什么,而又无须成为猎人、渔民、牧民或批判者"[②],阿马蒂亚·森把这种自由作为后资本主义生活水准的重要指标。作为提供自由体验的产业,休闲农业

---

① 《台湾休闲农业产值今年拼 110 亿》,http://news.sina.com.cn/c/2014－02－09/083029419379.shtl,2014－02－09/2015－02－01。

② 马克思、恩格斯著,中共中央马克思恩格斯列宁斯大林著作编译局译:《马克思恩格斯全集》,第 3 卷,人民出版社 1960 年版,第 37 页。

前景不可限量。

再次,从文化传承而言,田园经济有助于盘活地方文化资源,以适度开发带动文化遗产的活态保护。在乡村经济衰退、人口流失严重的区域,传统节庆活动、民间习俗、生产技艺、表演艺术等缺乏依存空间,知音寥落、日渐衰微,而睦友亲邻的乡村伦理、天人合一的生命意识也随之渐去渐远。田园文化的复活不能仅靠政府的财政扶持,而要建立保护与开发相协调的长效机制,促进文化的延续和再生。

最后,从生态保护而言,田园经济取代急功近利的粗放型经济,本身就是对环境的救赎。同时,田园经济融合自然环境和人文生态加以创意开发,自然环境是它实现经济价值的生命线,故而其发展应考虑自然成本和最大承受力,将自然成本纳入成本预算中,最终作为环境保护投入和维护资金改善自然条件,在中国倡导并推广绿色 GDP。

二、符号经济:文化产品向文化符号的消费转型

(一)何谓符号和符号经济

符号是人类创造出来用于传情达意的基本标识,离开符号,人类无法思考和表达。符号是形式和意义、能指与所指的统一体,无形式意义无法附着,无意义则形式形同虚设,正如康德所言"知性无内容则空,直观无概念则盲"[①]。

符号与人类相始终,伏羲画八卦、仓颉造字、文王演周易……都是人类最初的符号生产活动。符号无处不在,无所不包,人类为了表现自我而寻找符号,表现即是符号。符号随着社会进步而演进,由最初的表情和声音传达,发展为文字表意、图形象征,再演化为影像、动画等动态符号,人类构筑意义世界和传达内在讯息的方式越来越丰富。

符号经济,有两种理解:一种是彼得·德鲁克提出的与实体经济相对应的经济形态;另一种则是基于符号生产、交换、传播和消费的经济活动。下文取后者定义。

符号经济是经济、社会发展到一定阶段的产物。当整个社会的经济水平、消费能力较低时,人们主要以物质消费为主,更关心消费品的实用性和耐用性;当社会经济水平和消费能力全面提高时,人们的精神消费需求增多,更关心消费品的审美性和符号价值,于是符号经济应运而生。在消费主义背景下,一切皆可消费,最高的生产是生产消费欲念,最大的消费则是精神娱乐。

---

① [德]康德著,蓝公武译:《纯粹理性批判》,商务印书馆 1960 年版,第 71 页。

符号经济以满足人类精神需求为诉求,自然大有用武之地。

(二)符号经济的文化内涵

从文化深层来看,符号经济本质上满足了世人的欲望投射、身份确证和心理补偿需求,和古代的神话具有类似的功能。神话是远古人类内在世界的重要投射,隐含着人们对低下生产力和现实缺陷的不满情绪;神话是对现实世界的艺术性升华,以满足人们与生俱来的七情六欲,又寄托人们打破时空局限、渴望永生和完美的人生愿景。以希腊神话人物为例,奥斯匹林神族拥有人类无法匹敌的勇力、智慧和永生,但他们大多带有不够完善的人性,宙斯好色、赫拉善妒、阿瑞斯残暴、阿弗罗狄忒滥情……众神之间常因睚眦小事大动干戈,如因金苹果引发的特洛伊灭城之灾;又有无数人间英雄历劫与成功的故事,如帕修斯杀美杜莎,海克力斯完成十一项艰苦卓绝的使命,奥德修斯历经二十载重返故土……希腊神话体现了古希腊人渴望欲望满足、自我实现以及心灵超越的多重心理,在艺术虚构中实现了古希腊人对现实世界的替代性满足。与之相比,现代社会生产力水平远甚于神话时代,人类运用和传播符号的方式也大有变革,但是人类仍未能摆脱时空、生死、性别、身份、地位等诸多客观局限。城市化、工业化、科层化的发展更加剧了人的异化问题,人与自然、社会的疏离问题,人的信仰迷失问题,自我压抑和分裂问题……卢梭说"人生而自由,却无往不在枷锁之中",尼采说"上帝死了",萨特说"他人即是地狱",西方无数先哲从各个层面揭示现代人的精神疾病。对于普通大众而言,他们渐失生活的诗性,容易产生倦怠、无聊、乏味感,需要大众传媒不断创造传奇和神话来消弭平淡的日常生活。大众文化的本质是以大众为目标定位的现代神话,其主要表现形态为欲望书写、成功书写和新理想书写。

不论电影、电视,还是游戏、动漫,抑或是艺术设计、演艺表演,从符号学角度加以阐释,其商业价值最终都附着在人物形象、故事原型、品牌商标等符号上,能够实现世人在现实生活之外的替代性满足。最受大众青睐的荧屏形象大多是平民英雄、专一男神、集美丽善良于一体的"灰姑娘"式女性等,这些大众偶像或承载着普通大众对完美自我、理想配偶的艺术想像和欲望投射,或承载着他们摆脱平庸、渴望超越的强烈梦想。"成长—历险—成功""和平—劫难—化解险境""相爱—挫折—爱的巩固"几乎是好莱坞电影、韩国电视剧共有的叙事结构,既有跌宕起伏的故事波折,以满足大众告别乏味日常生活、寻求刺激的心理需求,又有回旋式上升的大团圆结局,以满足大众渴望安定、完美、有序、平衡的心理诉求。即便是恋爱悲剧也要凸显完美爱情的神圣力量,尤能满足那些渴望爱情却又匮乏爱情之人的心理缺憾。奢侈品、名牌产品、时尚用品之所以让世人趋之若鹜,主要不在于它提供了更好的实用价值和物质满足,而在于它提供了无可替代的精神愉悦,它是华贵身份的象征,能引起由平民向贵族、由屌丝向中产转换的身份幻觉。有人卖肾也要买iphone,就是这个道理。

可以说,符号经济是消费主义时代凭借大众传媒构筑而成的现代神话。因此,有人认为,符号经济的思维是神话思维。

(三)符号经济的主要形态

符号经济具有覆盖面大、渗透性强、产业边界模糊的特点。它主要包括如下两种类型。

一是以符号为核心商品的创意、生产、传播和营销的整个价值链过程,旨在满足人的精神需求,如游戏、消遣娱乐等,区别于以满足人的物质需求为目的的实体经济,可称之为独立型符号经济。电影、电视、游戏、动漫、图书、音乐、演艺等文化产业核心层都属于这种类型,主要以版权、知识产权交易来实现自身价值,故又可称为版权经济。

版权经济具有其他经济形态无可比拟的商业优势。首先,它以符号作为商品,无保质、存储、流通的外在压力,堪称永不过期的商品。其次,它可以做到一次投入,无限收益,不受边际成本变动规律的影响,既可以无限复制版权,又可以向其他产业渗透延伸。再次,低碳环保,体现生态经济理念。最后,它不受时间和空间的限制,尤其是互联网时代,符号的传播和接收可以不受所在时间和地域的局限,可以做到点对点的即时消费。

第二种是用符号提高实体商品附加值的过程,如外在包装、产品理念附着、商标维护、品牌塑造等,一般附着在实体经济上,不能独立存在,可称之为依附型符号经济。它不仅存在于艺术设计、文化会展、文化旅游等文化产业外围层,而且几乎渗透到国民经济的各行各业,极大提高了实体商品的文化附加值,甚而远超实体价值本身。LV、苹果、兰博基尼等国际品牌因能唤起世人与众不同的身份意识而具有很高的商业价值,其材质、做工、设计之优自然毋庸置疑,核心价值还在于品牌本身所附着的文化理念和社会美誉度。

(四)符号经济的价值评估

符号经济有助于实现经济、社会、生态、文化等的多元协调发展,是未来文化产业的努力方向。

首先,从经济效益看,符号经济可为实体经济提供价值延展空间,真正体现文化产业的高渗透性。我国文化产业向其他产业的渗透性和融合度不高,大多数企业以产品生产为主,在服务理念、品牌塑造、文化提高等方面缺乏创意思维,未能发挥符号经济的价值增长效应。符号经济理念的提出,有助于国民经济各大行业走出单纯的产品生产和销售瓶颈,寻求额外的文化红利,也有助于文化产业和其他产业的跨界融合。

其次,从社会效益看,符号经济实质上是以人的精神需求为出发点和归宿的。它通过大众传媒营造现代神话和荧屏乌托邦,为普通大众提供宣泄欲望、批判社会、表达自我以及咏叹理想的合法途径,使之获得情感的满足和内心的平衡,进而有助于缓和矛盾、维护安定,利于社会健康和谐发展。

再次,从文化传承看,符号经济有助于发掘和提炼传统文化资源。它借助创意思维,将大众喜闻乐见的人物原型、传说故事、吉庆纹饰等各类文化元素重新组合,达到古为今用、文化传承的目的,达到文化资源向文化资本合理转型的目的。

最后,从生态保护看,符号经济以创意、艺术为原料,以符号为产品,具有无烟低碳、投入产出比高的特点,有助于促进我国文化产业的绿色转型。我国文化产业应突破文化产品生产的瓶颈,向符号生产的广阔天地发展。国家统计局的数据显示,2013 年我国文化产业增加值为 21 351 亿元,其中文化制造业增加值为 9 166 亿元,占 42.9%,文化批零业增加值为 2 146 亿元,占 10.1%,[①]足见我国文化产业仍以外围的文化产品制造和销售为主,文化创意和设计服务占比较低,未能发挥符号经济的优势。为了改变我国文化产业附加值低、价值链短、产业独立性差、资源损耗大的现状,符号经济的介入和发展势在必行。

(五)符号经济的实现途径

符号经济要实现经济价值的几何式增长,必须满足如下条件。

首先,神话思维首屈一指。符号经济的本质是以符号构建意义世界,满足世人打破生存局限、获得超越性体验的需求。为了达到符号意义世界和现实世界的疏离,符号经济的奉行者必须要有神话思维。传媒和荧屏的"复魅"必不可少,文字、图像、动画、声音所共同构筑的意义世界应源于生活,但更要高于生活,能够唤起大众对意义世界的虚拟想像,引发身份认同感、真实体验感和美的遐思,从而满足大众超越时空、地位、身份、年龄、性别、财富等局限的精神诉求。魔幻小说、电影、游戏的诞生,传统神话故事的影视改编似乎都预示着新神话主义的兴起。《阿凡达》《哈利·波特》《蜘蛛侠》《怪物史莱克》《特洛伊》《达·芬奇密码》《塞莱斯廷预言》《指环王》《木乃伊归来》《黑客帝国》,或重述过去的神话,或续写未来的神话,创造了世界影坛的诸多票房奇迹。

---

① 《2013 年我国文化及相关产业增加值超 2 万亿元》,http://finance.sina.com.cn/chanjing/cyxw/20150123/102921380106.shtml,2015-01-23/2015-01-01。

其次,品牌维护至关重要。品牌是商品或服务的外在象征符号,凝结了产品的品质追求、服务意识乃至生活观念,具有无形的资产价值。顾客对品牌的认可度、忠诚度以及美誉度很大程度上是基于对该品牌符号价值的外在评判,好的品牌会让顾客产生物品或服务之外的精神享受,如自我的价值感和身份感。品牌维护是保障企业经济收益和提高文化附加值的必行之路。

再次,符号更新必不可少。顾城说过,语言就像钞票一样,在流通过程中被使用得又脏又旧。符号也是如此。符号经济要长盛不衰,必须以创意为永动力,促成符号的"陌生化",构筑似旧又新的意义世界,故事原型可以相似,但人物、情节、场景需要有所变化。一味照搬成功经验,只有死路一条。

最后,个性服务保驾护航。符号经济的发展方向是能够因人而异,提供个性化服务。如果符号意义世界能够由受众自行参与编写、加工甚至完全改观,体现受众的能动性和自由度,其经济潜力和发展空间会更大。目前,角色扮演游戏的多重路径设置已经考虑玩家的个性化需求,但电影、动漫等的个性化服务较为欠缺。

三、数字经济:文化产业内容和载体的全面变革

(一)何谓数字经济

数字经济是信息和商务活动都数字化的经济系统,换言之,即是产品内容、生产过程以及销售途径均与数字化密切相关的一切经济形态。因数字经济与互联网密切相关,所以它又被称为互联网经济或网络经济。唐·塔普斯科特 1995 年在《数字经济》一书中畅谈数字化、信息化浪潮下的经济变革,被誉为"数字经济之父"。数字经济是人类信息科技发展到一定程度所引发的经济海啸,具有全渗透性,辐射到国民经济的农、工、制造等各大产业中。但从产业亲密度来看,数字经济与文化产业关系最为紧密。数字经济可为实体产业提供产销服务,但由于数字与实体的天然鸿沟很难融而为一。文化产业与实体产业不同,其构成要素主要是符号,可以与数字经济相伴而生并随之而变。文化产业的数字化发展,是新时代背景下文化产业发展新趋势,也是文化科技深度融合的必然产物。

数字经济对文化产业发展意义重大,尤其在业态更新、产品丰富、服务改善及商业模式优化等方面具有催化作用。数字经济生态系统主要包括信息传播渠道、数字化内容制作、数字服务和终端设备供给等,对文化产业发展影响深远。

首先,它提供了更为流畅便捷的传播媒介,实现跨地域的即时传播,同时把传播成本降到最低程度。

其次,它催生文化产业新业态,如数字音乐、数字图书,极大丰富了文化产业业态,印证了麦克卢汉"媒介即讯息"的经典论断。

又次,它克服传统行业边界成本递增困局,几乎可以做到拷贝和传播成本趋零,实现边界利润的无限累积。

再次,提供精准的客户定位和体验反馈,大数据和云技术的推行有助于文化产业企业从海量数据中获得目标客户的有效讯息,进行精准的产品或服务投放,减少中间环节和营销费用,同时在第一时间追踪和获取受众体验数据,以完善产品和服务。

最后,它启示文化产业发展的多元商业模式。数字化初期以知识和信息服务为盈利点的商业模式比比皆是,微软是 PC 行业的王者,window 操作系统曾经占据全球 PC 市场 90％的份额,主要靠知识产权、版权、专利来盈利,这种商业模式似乎坚不可摧,但随着平板电脑、智能手机的兴起,微软原有市场份额将大幅下滑,"有评论员预测,这份额在不久之后将降至 30％"[①],其商业模式也不能一劳永逸了。大多通信公司也以语音或短信等信息服务为盈利重点,其商业模式建立于通信公司的行业垄断地位之上,但随着 imessege、whatsapp 等替代性应用程序的兴起,它的优势也逐渐减弱。数字经济的最大益处是能不断催生新的商业模式,以谷歌为例,它开创了以用户数量为基点的商业模式,它为全世界提供快速便捷而又免费的搜索引擎,主要靠出售用户信息给供应商来获得收益。目前,不少游戏企业已经意识到"用户即资本"的道理,改变收费游戏的商业模式,开发免费游戏来吸引用户,通过累积用户群来获得逐步提高的广告收益。

(二)数字经济的文化内涵

从文化深层来看,数字经济满足了人类融通技术生存和审美生存的心理需求。技术生存是人类区别于动物的重要标志。马克思认为,人与动物的根本区别在于人能够制造并使用工具。从茹毛饮血的原始自然生存到刀耕火种的农业自然生存,再到依靠机械化、规模化等改善生存境遇的技术生存,人类的文明史也是技术发展史。当然,单纯的技术生存并不能使人满足。人是灵肉合一体的,除了有物质性需求,还有精神性追求。违背人文理性和灵性追求的工具理性备受鞭挞。20 世纪以来,卢卡奇、韦伯、哈贝马斯、霍克海默、马尔库塞等无数哲人参与对工具异化、技术主义、拜物主义、科层制的批判大潮中。因此,数字经济仅仅满足人的技术生存需求是无法赢得恒久商机的,还要满足人的精神休憩和自我完善的需求,实现技术生存和审美生存的统一。

---

① [英]基思·威利茨著,徐俊杰译:《数字经济大趋势》,人民邮电出版社 2013 年版,第 21 页。

20世纪90年代,计算机影响力尚不被普遍洞见之时,尼葛洛庞帝既已预见"数字化生存"将统辖世界,指出"计算不再只和计算机相关,它决定我们的生存"①。如今,数字化、网络化、智能化已然成为现实,现实世界和虚拟世界的联系越来越紧密,网络社交、虚拟体验、人机对话、物联追踪均成为现实,世人的思维、生产、生活、交往、行为方式均离不开数字化环境,然而,智能、虚拟生存仍以便捷化、人性化、美化生活、丰富生命体验、实现自我价值为最高诉求。倘若数字化生存使人心为物役,产生审美缺失感、自由幻灭感,那么它势必难以成为下一轮经济革命的动因。

1999年,卢卡斯导演的《星球大战Ⅰ——幽灵的威胁》投入商业放映,开启数字电影的纪元元年,当年北美票房为4.3亿美元,全球票房更达9.2亿美元。该片的成功不仅在于它大胆运用各种数字特效技术、杜比环绕立体声来营造奇幻而又逼真的外太空情境,带给世人前所未有的观影体验,而且在于影片隐含了正义战胜邪恶的人伦叙事,能用新奇的视觉元素来讲述符合普世价值和大众审美需求的传奇故事。此后《指环王》《阿凡达》的成功大凡如是,借助数字技术让观者获得超现实的视觉体验,又将数字奇幻景观和内在人文叙事、审美诉求合而为一。可见,数字经济只有满足世人技术生存和审美生存合一的需求时,方能实现商业奇迹。

(三)数字经济的主要形态

首先是数字产品,即以数字技术制作和存储,能够通过网络进行传输的各类文化产品,如数字音乐、数字电影、数字报纸、数字图书、数字动漫、数字表演、数字广告等。这些数字产品,大多是文化产业和数字技术跨界融合的产物,是文化产业的新兴业态,具有广阔的产业前景。CNNIC发布的《中国互联网络发展状况统计报告》显示,截至2014年6月,中国网民规模达6.32亿人,其中手机网民规模5.27亿人,互联网普及率达到46.9%。② 随着智能手机、移动终端的普及,新媒体不断侵蚀传统媒体的生存空间,纸媒苦心经营却每况愈下,电视开机率和收视率也逐年下滑,网络媒体点击量则蒸蒸日上。据央视—索福瑞媒介研究有限公司春晚收视率监测结果显示,2011年央视春晚在央视一套的收视率为18.34%,2012年降至17.37%,2013年则仅为11.36%,③电视媒体吸引力之下降足见一斑。在新媒体的威压下,纸媒的危机更胜一筹,知音寥落,业绩惨淡,面临裁员、倒闭等各种危机。2012年上半

---

① [美]尼葛洛庞帝著,胡泳译:《数字化生存》,海南出版社1997年版,前言。
② 程丽仙:《数字动漫:可能是新的动漫生态》,《中国文化报》2014年11月26日。
③ 《电视收视率不断走低,新媒体分流大批年轻受众》,《人民日报》2013年2月22日。

年,谷歌网络广告收入 109 亿美元,超过全美报纸杂志的总和。① 在"纸媒将死"的呼声之下,传统报业转型势在必行。

其次是数字服务,为文化产业价值链提供相应服务,渗透在文化产品传播、提升、销售等各个阶段,包括数字分析系统、数字交易平台、数字交流中心等。其一,数字分析系统在信息爆炸时代意义重大。数字化时代里,娱乐无处不在,信息触手可及,但也容易导致信息爆炸和快餐文化。阅读和欣赏变成即时性、延宕性消费,超文本和全媒体固然给人以打破线性局限的自由和快感,但也导致知识碎片化、体验片段化、娱乐过度化等诸多问题。由此,信息过滤、知识提炼、数据深度分析、节目遴选和推荐等延伸性数字服务显得尤为必要,不仅能够提高时间利用率,而且能够提高文化娱乐质量,蕴含无线商机,而这正是大数据的优势。AMD 公司在其主办的 IDC 白皮书 *Big Data: What Is and Why You Should Care* 中强调:"大数据技术指的是新一代的技术和架构,用来从海量数据中高效地提取价值,使高速的采集、发现、分析数据成为可能。"②其二,数字交易平台使得文化交易更加通畅便利,能够同时完成海量数字文化交易,点对点签售数字门票、数字许可证等,大幅降低交易成本。同时,该交易平台能针对顾客文化背景、消费记录、兴趣爱好、关系网络等海量数据进行消费偏好分析,适时发送消费推介,进行有效营销。其三,数字交流平台如社交网站、官方微博、微信公众平台等有助于文化公司了解用户或受众的心理需求、产品体验、影视观感,适时调整文化产品定位、影视故事走向等,使文化销售更为成功。

(四)数字经济的价值评估

数字经济是全球经济发展新趋势,对人类社会发展、文化繁荣和科技进步等将发挥重要作用。

首先,在经济层面上,数字经济能够克服实体经济的诸多弊端和局限,有望成为实体经济的升级替代或有益补充,对国民经济增长发挥积极作用。实体经济有边际成本激增、商品相对过剩、销售运营费用高等诸多问题,抑制了自身的发展。数字经济是实体经济的润滑剂,可以缓解实体经济的商品相对过剩、商品利润分配不公、营销费用过多等难题,另辟新的盈利模式和经济增长空间,做到微成本、薄利润、量大为王,这是真正的薄利多销。埃森哲在2015 年发布的《寻找中国经济的数字化红利——数字化密度指数报告》中指

---

① 邱小敏:《纸媒的账本:业绩下滑进一步恶化》,http://news.xinhuanet.com/fortune/ 2014—01/07/c_125967125.htm,2014—01—07/2015—02—01。

② [英]基思·威利茨著,徐俊杰译:《数字经济大趋势》,人民邮电出版社 2013 年版,第 9 页。

出,2014 年中国网购规模高达 4 508 亿美元,数字化可为中国经济增长带来超过 4 000 亿美元的红利。[①]

其次,在社会层面上,数字经济有助于平衡供求关系,缓和劳资矛盾,真正做到还利于民。数字经济减少批发商、经销商、零售商等销售中间环节,最大限度地降低销售成本,也使产品价格更为公开化、透明化,顾客可以在同类商品报价中自由选择,无形中压低了生产者的利润空间并提高了普通大众的购买力,是真正惠利于民的经济形态。同时,数字经济注重公众话语权,开辟各种对话空间,有助于培育公众在虚拟空间的自由交往精神,在潜移默化中树立起平等、自由价值观。

再次,在文化层面上,数字经济能够增加文化传播途径,丰富文化呈现形态,进而促进文化的发展与繁荣。文字发明、造纸术发明、印刷术普及、无线电波应用、影音合成流行等都曾开拓了文化的二维、三维在场,带动它的飞跃发展。数字化更是文化发展史上的重要里程碑,它开拓了文化的虚拟在场,使得文化无处不在,同时为文化"祛魅",使之融入普通百姓的日常生活,加速了文化的平民化进程,也增添了电子图书、手机游戏、网络表演等文化家族新成员,促进了文化的多样化。

最后,在生态层面上,数字经济是信息科技和文化产业融合的产物,以科技和文化为增长点,对自然资源依赖性小,对生态环境损耗低,具有低碳环保、可持续发展的特点,是后工业时代最主要的经济形态。摩尔曾发现数字经济的"摩尔定律",即电脑性能每隔 18 个月增加 1 倍而价格不变的数字发展逻辑,足见数字经济的成本递减规律和美好发展前景。

---

① 《数字化将给中国经济带来 4000 亿美元红利》,http://iiiti.cn/?　p＝11766,2015－06－04/2015－09－10。

第四章
中国文化产业发展现状

近十年来,中国文化产业发展迅速,持续保持两位数年增长势头,不仅为中国经济发展提供强劲动力,也为中华民族复兴和文化崛起提供重要机遇。但与文化产业大国相比,中国文化产业存在文化资源利用面窄、原创能力差、附加值低、对外输出能力弱、优势产业少、融资困难等诸多问题,亟待全方位的变革。

第一节　中国文化产业发展概况

一、政策环境

1998 年,文化部设立文化产业司,扶持文化产业建设与发展。2000 年,十五届五中全会将文化产业认定为国民经济和社会发展战略的重要组成部分。2003 年,文化产业体制改革有序进行,北京、上海等 9 处成为文化体制改革试点,2 000 余家报纸和 8 000 余家杂志失去政府机构保护伞,被推入市场,成为文化产业的试点企业。2005 年,我国十一五规划将文化产业作为调整经济结构的重要举措,《关于深化文化体制改革的若干意见》《国家"十一五"时期文化发展规划纲要》《文化产业振兴规划》等细化了文化产业的未来发展方向,上海等地的文化产业园区相继挂牌成立,文化产业发展进入快车道。《中华人民共和国国民经济和社会发展第十二个五年规划纲要》更把推动文化产业成为国民经济支柱产业作为规划目标,重点发展创意产业、数字出版产业等。

二、发展态势

文化产业与国民经济、产业结构、人均 GDP 等发展水平密切相关。根据国际惯例,人均 GDP 超过 3 000 美元时,吃穿消费比重下降,住房类消费不变,而文化精神消费将大幅上升,另外,第三产业超过 GDP 总量的 40%,文化产业产值将大幅上升。随着中国国民经济的快速增长,中国文化产业呈现出蓬勃发展的态势。国家统计局发布的《2014 年国民经济和社会发展统计公报》显示,2013 年全国 GDP 为 56.88 万亿,同比增长 7.7%,其中第一、第二及第三产业增加值占 GDP 比重分别为 10%、43.9% 和 46.1%,第三产业占比首次超过第二产业。

受上述因素影响,文化产业进入发展快车道,2007—2011 年平均年增长26%,增速远高于 GDP 的增长率,也高于电子信息产业的同期增长率,具体见图 4-1 和表 4-1。

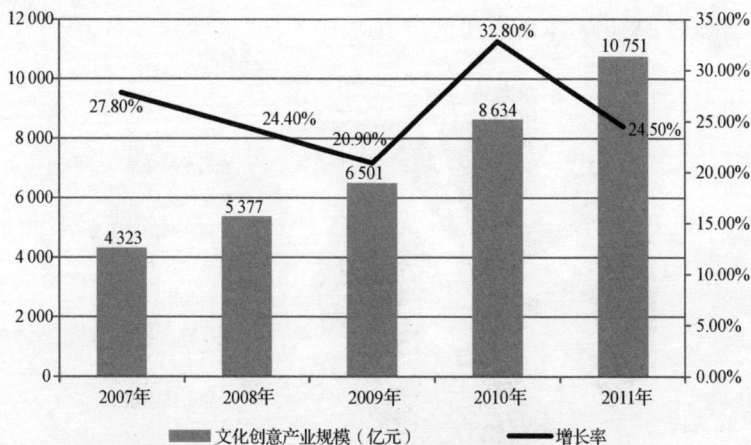

图 4-1　2007—2011 年中国文化创意产业规模和增长率

《2011—2012 年中国文化创意产业发展研究分析》,http://www.doc88.com/p－584429761666.html,2012－08－07/2014－12－08。

表 4-1　2007—2011 年中国文化创意产业与 GDP 增速对比[①]

年度	文化创意产业	GDP	电子信息产业
2007 年	27.8%	13.0%	18.2%
2008 年	24.4%	9.6%	14.6%
2009 年	20.9%	8.7%	4.5%
2010 年	32.8%	10.1%	25.2%
2011 年	24.5%	9.2%	21.4%

---

① 《2011－2012 年中国文化创意产业发展研究分析》,http://www.doc88.com/p－584429761666.html,2012－08－07/2014－12－08。

另外,第一次和第二次全国经济普查数据对比显示,2004 年 12 月,文化、体育和娱乐业营业收入为 917.61 亿元,营业利润为 45.82 亿元,从业人员为 59.51 万人。[①] 2008 年 12 月,文化、体育和娱乐业营业收入为 1 956.0 亿元,营业利润为 234.3 亿元,从业人员为 92.6 万人[②],四年间增长率分别为 123.2%、411.3%和 55.6%。

随着互联网、信息、三网融合等技术和平台的完善,中国文化产业的产业布态将发生结构调整,趋向动漫、网游、数字媒体、电子图书等数字出版业。

三、产业结构

中国文化产业的主打产业是广播电视电影、新闻出版和互联网信息服务,这三大产业占据整个文化产业的 69.8%,会展、旅游休闲娱乐、艺术品交易、设计服务、文化艺术所占比例均不达 10%。

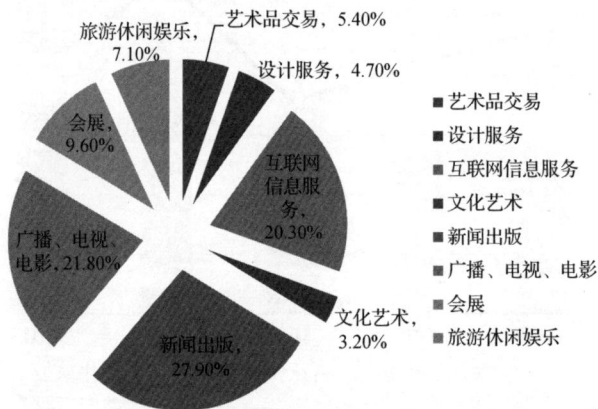

图 4-2　2011 年中国文化创意产业结构图

《2011—2012 年中国文化创意产业发展研究分析》,http://www.doc88.com/p－584429761666.html,2012－08－07/2014－12－08。

四、区域分布

中国文化产业是各省、市、自治区十一五、十二五规划的重点项目。截至 2012 年,包括江苏、湖南在内的 22 个省、市、自治区制定文化产业发展规划纲要,23 个设立了文化产业发展专项基金,14 个成立了文化产业协会或促进

---

① 中华人民共和国国家统计局:《中国经济普查年鉴——2004》,http://www.stats.gov.cn/tjsj/pcsj/jjpc/1jp/indexch.htm,2005－12－27/2014－01－01。

② 国务院第二次全国经济普查领导小组办公室:《中国经济普查年鉴——2008》,http://www.stats.gov.cn/tjsj/pcsj/jjpc/2jp/indexch.htm,2010－01－30/2014－01－20。

会,广东、江苏、浙江、湖南、安徽、辽宁等地还制定了"文化大省"或"文化强省"的发展目标。①

中国文化产业空间分布呈现出如下三大特征:

首先,中国文化产业呈现出由东向西逐渐递减的产业格局。2008 年东部地区文化产业法人单位数量占全国的 59.2%,从业人员数占 67.3%,拥有资产占 75.2%,营业收入占 77.7%,增加值占 68.7%,远高于中西部地区。② 2011 年全国 204 家文化产业基地中,东部沿海共有 84 家,占总数的 41.17%,东北地区 21 家,占 10.29%,中部 44 家,占 21.56%,西部 55 家,占 26.96%。③ 当然,在中部崛起和西部大开发的政策扶持下,中西部呈现出强劲增势。

其次,中国文化产业形成以环渤海湾、长三角、珠三角为核心的空间布局。环渤海湾由辽东半岛、山东半岛和京津冀地区组成,具有良好的政治环境、产业基础、人才优势,因此发展势头强劲,其中北京更是中国的创意之都。长三角是以上海为龙头,由浙江的嘉兴、杭州、绍兴、宁波、舟山和江苏的苏州、无锡、镇江、南京等 16 个城市所组成的城市带,具备区位、经济、资金、信息、人才等多方面优势,成为引领中国产业发展的另一中心。珠三角以香港、澳门和广州、深圳为中心,向珠海市、佛山市、惠州市、肇庆市、江门市、中山市和东莞等地辐射,是中国文化产业的第三个中心区域。2014 年,中国省市文化产业发展指数显示,综合指数排名前十位者大多位于上述三大区域。

表 4-2　2014 年中国省市文化产业发展指数④

中国省市文化产业发展指数(2014)得分及排名情况

排名	综合指数		生产力指数		影响力指数		驱动力指数	
1	北京	82.1	广东	83.9	上海	84.7	北京	83.5
2	江苏	81.1	江苏	80.8	江苏	84.6	辽宁	81.5
3	浙江	79.7	山东	80.8	北京	83.6	青海	80.3
4	广东	79.6	北京	79.1	浙江	83.6	宁夏	80.1
5	上海	78.8	浙江	78.3	广东	79.7	西藏	78.9

① 《2012 中国文化创意产业发展概况》,http://wenku. baidu. com/view/05b8c21f5527072192ef7c3.html,2012−11−22/2014−02−01。

② 揭志强:《我国地区文化产业全要素生产率增长状况研究》,《统计与决策》2013 年第 1 期。

③ 王建:《以规划为引领,推动区域文化创意产业战略崛起》,http://www.chinacomic.cn/Pages/moban.aspx? ID=43405,2011−11−03/2014−01−02。

④ 中国人民大学文化产业研究院:《2014 年中国文化产业指数发布》,http://cul. china.com.cn/cswh/2014−12/31/content_7565391.htm,2014−12−31/2015−01−01。

续表

中国省市文化产业发展指数(2014)得分及排名情况

排名	综合指数		生产力指数		影响力指数		驱动力指数	
6	山东	77.7	四川	76.8	湖南	79.0	江苏	78.0
7	辽宁	77.2	上海	76.1	山东	78.1	浙江	77.1
8	河北	75.2	河北	75.7	江西	77.6	山西	76.5
9	湖南	75.1	河南	74.9	辽宁	76.5	河北	76.5
10	江西	74.2	辽宁	73.8	安徽	76.3	上海	75.4

最后,中国文化产业形成以中心城市向周边辐射的产业格局。由于北京、上海、深圳、广州等地较早成为文化产业发展试点,产业基础较好,发展速度相对较快。北京拥有中关村文化产业先导基地、"798"艺术区、东城区文化产业园、德胜园工业设计创意产业基地、数码娱乐示范基地、国家新媒体产业基地等大型创意园区,形成产业集聚效应。"十一五"期间北京文化产业增加值平均增长 20.3%,2011 年实现文化产业增加值 1 938.6 亿元,占全市 GDP的 12.1%,[1]2012 年实现创意产业增加值 2 189.2 亿元,比 2011 年增加 10%,占全市 GDP 的 12.3%。[2] 上海也汇聚了田子坊、8 号桥、创意仓库等 48 个创意园区,2011 年实现增值 1 923.75 亿元,比上年增长 13%,占全市 GDP 的10.02%,吸纳创意人员 118.02 万人,[3]2012 年实现增值 2 269.76 亿元,比上年增长 11.3%,就业人员达 129.16 万人。[4]

据 2012 年深圳大学文化产业研究院发布的中国城市创意指数排行榜(主要依据要素推动力、需求拉动力、相关支撑力和产业影响力四大指数),国内20 个创意城市前后排名如下:北京、上海、广州、深圳、成都、大连、天津、济南、武汉、长沙、沈阳、宁波、青岛、重庆、福州、贵阳、厦门、郑州、合肥、南宁。

五、国际地位

首先,从产业规模上看,中国文化产业规模与发达国家相比仍有较大差距。文化产业大国的创意产值一般占 GDP 总额的 10% 以上,美国甚至具有25%GDP 的庞大规模。2002 年美国版权产业增加值为 12 540 亿美元,就业

---

① 马北北:《北京文化创意产业蓬勃发展》,《中国青年报》2012 年 6 月 28 日。
② 《2012 年北京文化创意产业实现增加值 2189.2 亿》,http://www.askci.com/news/201302/12/1218362660175.shtml,2013—03—12/2014—01—21。
③ 曹玲娟:《沪文化产业年增超一成》,《人民日报(海外版)》,2012 年 8 月 24 日。
④ 鲁哲:《去年上海文化创意产业同比增 10.8%》,http://xmwb.news365.com.cn/yw_101/201306/t20130628_1277408.html,2013—06—28/2014—12—20。

人员达 1 147.6 万人,占就业总人口的 8.41%。同时,美国控制了世界 75% 的电视节目和 60% 以上广播节目的生产和制作。[①] 与之相比,2011 年中国文化创意产业增加值为 13 479 亿元,占全国 GDP 的 2.85%,比 2010 年增长 2 427 亿元,不及美国零头。[②] 2014 年中国文化产业增加值为 2.39 万亿元,增幅可观,但与文化产业大国仍有较大差距。有学者认为,中国文化创意产业规模仅为美国的 5.46%,英国的 26.35%。[③]

其次,从创新能力上看,中国文化产业创新能力不足。2009 年《商业周刊》据波士顿咨询公司的研究公布全球国家创新能力排行榜。[④] 其中,新加坡创新能力居全球首位,韩国第二,瑞士第三,美国因移民政策难留他国人才,创新能力降至第八,中国的创新能力居全球第 27 位,在马来西亚、爱沙尼亚、新西兰等之后。

最后,从消费水平上看,2011 年中国城镇居民家庭平均每人年消费 15 160.89 元,其中,文教娱乐支出 1 851.74 元(约折合 285 美元),低于食品消费的 5 506.33 元、交通通讯的 2 149.69 元、衣着的 1 674.70 元,说明衣食住行仍是普通居民的消费主体。国际经验显示,人均 GDP 达 3 000 美元时,文化消费将占总消费的 23% 左右。而中国 2011 年人均 GDP 是 35 181 元,但文化消费仅占总消费的 12.2%。可见,中国人均文化消费水平仍然较低。但是随着中国经济的稳步发展,文化消费市场前景广阔。中国拥有 4 亿多青少年,是全球最大的动漫游戏消费市场,预计每年消费量可达 1 000 亿元,为文化产业发展提供了市场前提。

第二节　中国文化产业存在问题

一、文化资源利用率不高

历史文化资源是民族记忆的神圣宝库,也是发展文化产业的内容宝库,对文化资源的挖掘、保护和适度开发不仅能够彰显民族文化,让传统文化与现代生活融为一体,而且能够显示文化对生产力的巨大推动作用,让文化资

① 赵海均:《以体制改革推进文化产业发展》,http://finance.sina.com.cn/roll/20100816/08448486805.shtml,2010—08—16/2014—05—01。
② 张贺:《2011 年文化产业增加值达 13 479 亿元》,http:theory.people.com.cn/2012/1114/c40531—19573305.html,2012—11—14/2014—05—01。
③ 白远:《从文化创意产品的国际贸易看我国文化创意产品消费市场》,《商业现代化》2009 年第 7 期。
④ 宁弦:《全球国家创新能力排名,新加坡第 1 中国 27》,http://www.kmcenter.org/html/s2/200903/17—7786_2.html,2009—03—17/2014—12—09。

源成为文化资本,真正实现无烟、绿色和循环经济。欧美、日韩等国在发展文化产业时,不仅重视自身的文化资源,将其作为文化财宝加以守护,也将目光投入全人类的文化资源宝库,将其纳入自己的价值体系和商业模式中加以利用,催生出庞大的经济价值。其中,中国元素的开发和利用不乏其数,如迪士尼影片《花木兰》《功夫熊猫》大胆采用中国故事原型、道家文化元素等进行现代演绎;日本动漫更是大量化用中国文学名著、历史演义、神话传说等,开发出《三国志》《水浒传》《最游记》《封神演义》《龙狼传》《苍天航路》《不可思议游戏》《十二国记》等经典动漫游戏;国际时装设计也广泛运用景泰蓝、蜡染、青花瓷、龙凤等中国元素凸显神秘、温婉的东方神韵。

与之相比,中国文化产业在利用文化资源开发创意产品时存在诸多问题:一是深度、广度不足;二是拘泥原著;三是无法与时尚、科技完美结合,《宝莲灯》《三国演义》《美猴王》《铁扇公主》等国产动画片均取材于传统故事、名著,但在画面、人物、情节等设计上缺乏创新,未能将传统元素、普世价值、流行文化、数码科技融合为一体,打造真正打动世人的动画世界。

二、文化原创性不足

中国文化产业原创性不足,创意产品缺乏国际竞争力。

以电视节目、音像和电子出版物进出口及版权输出输入情况为例,2011年电视节目总进口 54 099 万元,总出口 25 657 万元,音像和电子出版物总进口 14 134.78 万美元,总出口 35.17 万美元,版权输入 16 639 项,输出 7 783 项,文化贸易出现严重逆差。[①]

图 4-3 显示,2003—2011 年中国动漫产量直线上升,日本动漫产量却有精缩趋势,至 2011 年中国动漫产量达到 26 万分钟,是日本动漫制作总量的 2.5 倍,堪称世界之最。但是,中国动漫存在粗制滥造、水平低下、市场转化率低、输出能力弱等问题,无法企及日本动漫的国际影响力,其从动漫大国到动漫强国的发展道路漫长而遥远。

三、产业亮点不突出

世界各国在发展文化产业时均有自己的主打方向和优势产业,如美国的电影产业、英国的音乐产业、日本的动漫产业、韩国的电视剧、法国的文化旅游、新加坡的数字媒体等。中国的文化产业仍处于起步阶段,文化制造远甚于文化创造,缺乏支撑性产业和特色优势产业,不管是电视、电影,还是动漫、游戏,抑或是设计、出版,均难取得国际行业领先地位,文化输出能力弱小。

---

① 国家统计局:《中国统计年鉴 2012》,http://www.stats.gov.cn/tjsj/ndsj/2012/indexch.htm,2013－12－30/2014－05－10。

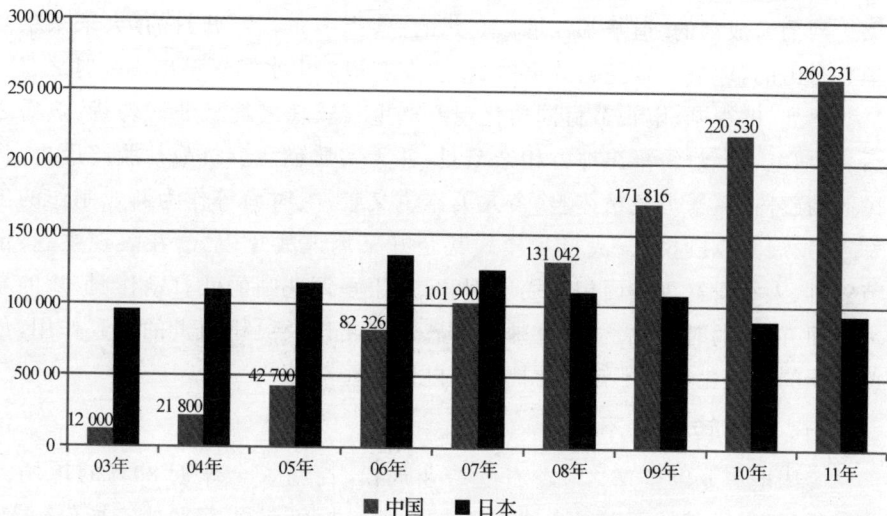

图 4-3　2003—2011 年中日动漫制作数量对比图

《中国动漫迅猛发展，动画制作数量超日本 2.5 倍》，http://www.crystaledu.bj.cn/ show.php? contentid＝14593，2012－10－18/2014－05－01。

四、同质化现象严重

创意模仿、城市复制、文化跟风现象司空见惯，中国文化产业陷入无创意的尴尬局面，大到产业方向、发展途径、商业模式上的刻意模仿，小到内容创意、广告策划、展台布置、产品包装上的变相抄袭。产品的刻意模仿、创意的盲目跟风、产业的因循思路、城市的趋同发展，可能会造成一时的红火假象，但终将因缺乏持续动力而断送前景。

如，有些城市忽略自身的经济水平、产业基础、资源优势、人才条件和消费水平，刻意建设影视城、创意园、动漫基地等，以数量定输赢，冲刺文化GDP，结果产业效益差，根本无法形成产业链，所谓的园区、基地成为变相商铺或房地产业。

又如，全国各地均发展文化旅游，但在项目开发、场景设置、体验活动、表演节目、配套服务、特产礼品等方面相互模仿创意，缺乏地域特色，地域文化、旅游体验的趋同化，非但不能让人产生新鲜、放松、愉悦和意犹未尽之感，反而容易使人产生麻木、倦怠、审美疲劳等负面感受，不利于文化旅游的长期发展。

以旅游景区的演艺节目为例，自从《宋城千古情》《印象刘三姐》大获成功后，"主题公园＋文化演艺"的文化旅游模式被大量复制，先后出现登封的《禅宗少林·音乐大典》、山东的《封禅大典》、承德的《鼎盛王朝·康熙大典》、拉萨的《文成公主》、井冈山的《井冈山》、张家界的《梯玛神歌》、宏村的《印象·阿菊》、成都的《道解都江堰》、兖州的《菩提·东行》、开封的《大宋东京梦华》、舟山的《印象·普陀》、武夷的《印象大红袍》，山水实景演出成一时之盛。

再如，电视剧、电视节目同质化现象严重，《玫瑰之约》《非诚勿扰》热播之后，各地电视台纷纷推出地方相亲节目，并无实质创意。抗战片脱离历史，将民族情感需求、暴力色情体验、个人英雄主义崇拜、时尚等作为商业制作的出发点，发展穿越剧模式、武打片模式甚至好莱坞谍战片模式，在表现主题、情节安排、人物设置等方面相互模仿创意，过于强调花哨的武打动作、惊险的暴力场面、靓丽的时尚元素、美女帅哥的感情纠葛以及英雄救世的个人作用，如此雷同的商业化运作不知能让抗战片再走多远？

五、市场转化率不高

美国电影业以全球 8% 左右的产业规模，控制了全球近 80% 的市场。[1] 换句话说，世界其他国家以全球 92% 的产业规模仅获得 20% 的市场份额，足见美国电影成品率、市场占有率之高。面对美国全球化、霸权文化之强势，文化弱势国家除了以强制进口加以抵抗之外，难道不应思考美国电影商业创意的秘诀是什么呢？

与之相比，中国电影制作数量仅次于美国和印度，排名全球第三，但上映率极低，制作出来的影片约三分之二遭遇雪藏，具体可参照图 4-4 和图 4-5。

图 4-4 2003—2011 年中国国产电影产量变化情况[2]

① 《美国版权产业市场竞争力强》，http://news.china.com.cn/rollnews/2012－06－26/content_14834793.htm,2012－06－26/2015－01－10。
② 《2012 年中国影视制作与发行行业投资研究报告》，http://www.docin.com/p－411577438.html,2012－05－28/2014－02－20。

其次,中国电影盈利模式单一,票房收入占 90% 左右,其他收入微乎其微,而欧美票房收入仅为 50% 左右,其他为衍生产品收入。中国电影海外票房收入不理想,出口能力低,海外市场未打开,具体见图 4-6。最后,中国电影投资存在大小年现象,总收入波动较大,具体见图 4-7 和图 4-8。以 2011 年为例,全年制作电影 791 部,仅放映 154 部,上映率为 19.5%,全年投资 136.37 亿元,收入 173 亿元,其中 132 亿元来源于国内影院票房,海外票房收入 20 亿元,总票房占全年收入的 87.9%,而版权等其他收入微乎其微,其中,电视版权销售被禁,网络视频版权交易也才刚刚起步。

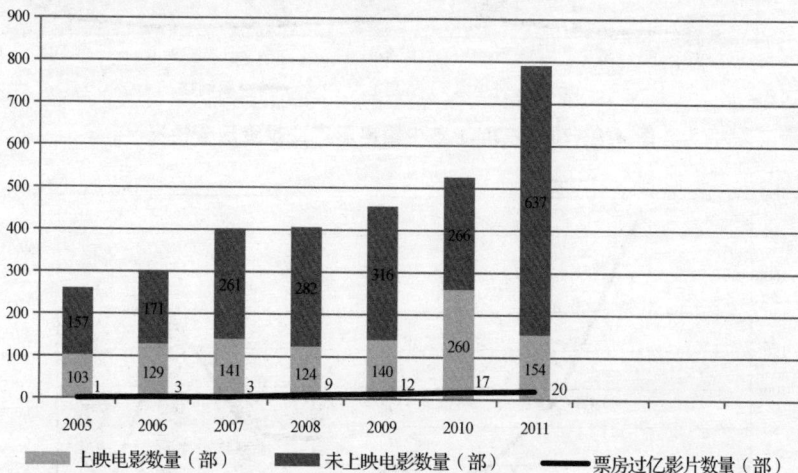

图 4-5 2005—2011 年上映国产影片数量及票房过亿数量变化情况[①]

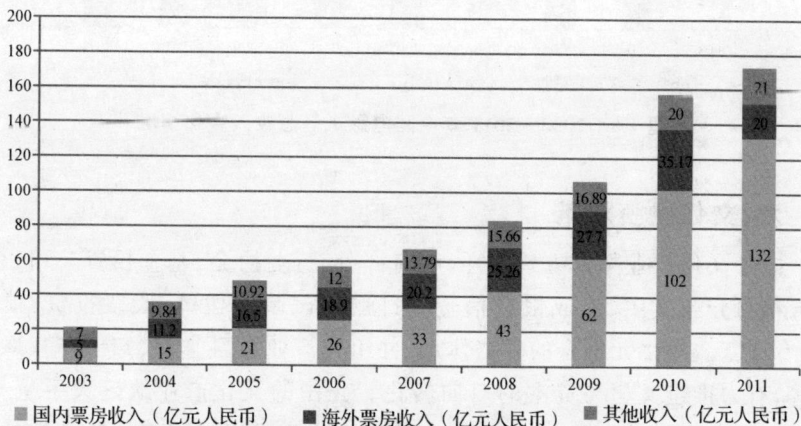

图 4-6 2003—2011 年中国电影市场收入构成情况[②]

①② 《2012 年中国影视制作与发行行业投资研究报告》,http://www.docin.com/p-411577438.html,2012—05—28/2014—02—20。

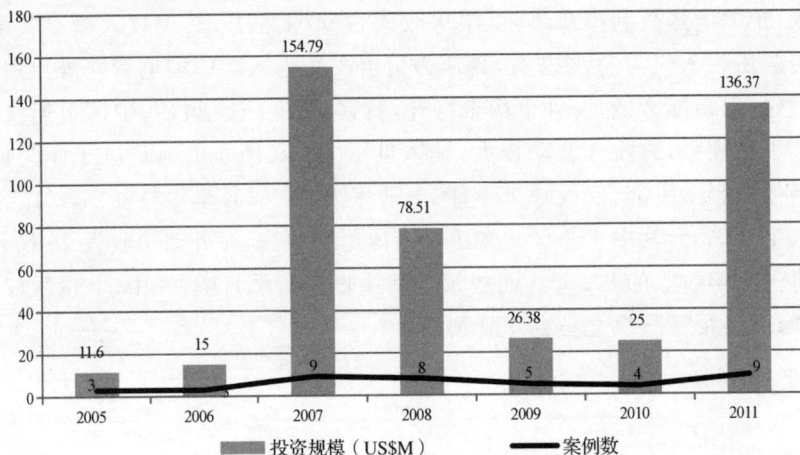

图 4-7　2005—2011 年中国电影产业投资规模情况①

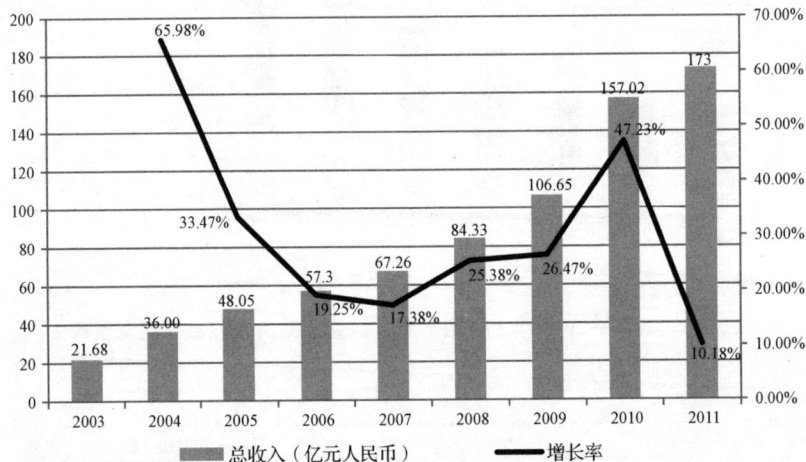

图 4-8　2003—2011 年中国电影市场总收入变化情况②

六、文化融资艰难

国外文化产业融资方式多样，政府部分、行业协会、基金投资公司、企业、个人都可介入其中，形成银行信贷、风险投资、政府拨款、股票投资、债权融资、专项基金等多元融合的融资体系，并组建产业金融平台、知识产权融资平台等，有力推进文化与资本的双向转化。我国的文化产业缺乏大手笔、大制作的重要原因是融资瓶颈，文化产业的核心价值是以知识产权为主体的无形

①② 《2012 年中国影视制作与发行行业投资研究报告》，http://www.docin.com/p—411577438.html，2012—05—28/2014—02—20。

资产,难以量化评估,且多数文化创意企业规模不大,缺乏资产抵押和担保,因此银行贷款口径较小。同时,我国文化体制改革虽已起步,适度放低了文化产业的资金准入门槛和银行信贷条件,允许部分非公有资金进入文化产业领域,但与国外相比,融资机制还不够灵活,融资面还不够广,融资方式还不够多样化,融资平台还不够健全,因此融资能力较弱,难以适应文化产业的迫切需求。

第五章

福建文化产业 SWOT 分析

福建拥有沿海和对台区域优势,社会经济快速发展,生态环境舒适宜人,文化资源蕴含丰富,文化产业前景广阔。但是福建地偏一隅,与周边省份的产业合作少,难抵长三角、珠三角等经济体的强劲增势,且省内各市因地理、交通、文化等因素缺乏产业联动,产业业态主要集中于福州、厦门等地,文化资源利用率相对较低,产业人才供不应求,创意水平有待提升。因此,福建应发挥自身优势,扬长避短,促进文化产业协调有序发展。

第一节 福建文化产业的发展优势

一、闽台合作优势

福建省位居海峡西岸经济区前沿,与台湾隔水相望,闽台之间存在"地缘相近、血缘相亲、文缘相承、商缘相连、法缘相循"的紧密联系。闽台合作基础扎实,条件成熟,前景广阔,应加快两岸文化交流和产业对接,整合台湾现有的产业资源、人才资源和大陆的文化优势、政策优势,使之成为拉动福建文化产业发展的重要动力。2012 年福建省人民政府印发《关于进一步促进台资企业发展的若干意见》,对台资企业实施税收减免和奖励、专项扶持基金、科研资助、信贷支持等优惠政策,加大闽台合作力度。厦门市也于 2011 年 12 月出台《厦门市深化两岸交流合作综合配套改革试验总体方案》,对厦漳泉同城化、信息服务体系、公共服务体系、"三通"机制等进行全面部署,为两岸文化交流与合作奠定良好的社会文化环境。

截至 2012 年,福建省累计批准台资项目(含第三地转投)1.3 万项,合同台资 292 亿美元,实际到资 210 亿美元,其中,投资千万美元以上的台资企业已达 415 家,投资上亿美元的达 11 家。福建省实际利用台资居大陆省份第 3 位。台湾成为福建第二大境外资金来源地。① 仅厦门就拥有台资文化企业 173 家,厦台文化创意产业合作拥有良好基础,既可借鉴台湾创意理念、市场营销手段、资本运作方法,又可直接进行产业对接,借台湾的资本、技术、人才优势充分发掘闽地的资源要素和文化市场空间,将闽台文化创意合作项目做强做大。

二、文化资源优势

福建是文化资源大省,文化形态多样,艺术类型丰富,历史名人辈出,在客家文化、妈祖文化、闽南文化、侨乡文化等方面一枝独秀,拥有武夷山世界自然和文化遗产、福建土楼世界文化遗产、妈祖信俗、中国南音等 6 项世界非物质文化遗产,组织厦门鼓浪屿、泉州"海上丝绸之路"、三坊七巷、闽系红砖建筑和福建船政建筑群等申报世界文化遗产预备名录,推进"中国乌龙茶制作技艺""莆仙戏""泉州提线木偶"申报人类非物质文化遗产代表作名录。丰富多样的文化资源是发展文化产业的重要源泉,能够起到凸显地域特色和塑造地域品牌的作用。黄小晶在《2011 年福建省政府工作报告》中特别突出发展文化产业的重要性,强调要"挖掘八闽特色文化资源"作为文化产业发展的持续动力。

三、经济条件优势

近年来,福建贯彻实施海西战略,经济实力稳步上升,2007—2013 年 GDP 增长率分别为 17.0%、13.1%、20.1%、19.2%、12.2%和10.4%,远高于全国 GDP 的增长速度,其中,2011 年人均 GDP 达到 47 377 元,比全国人均 GDP (35 181 元)超出 34.7%。

表 5-1 福建省第一、二、三产业发展情况 亿元②

年份	地区生产总值	第一产业	第二产业	第三产业	人均 GDP(元)
2007 年	9 248.53	1 002.11	4 476.42	3 770.00	25 582
2008 年	10 823.01	1 158.17	5 318.44	4 346.40	29 755
2009 年	12 236.53	1 182.74	6 005.30	5 048.49	33 437
2010 年	14 737.12	1 363.67	7 522.83	5 850.62	40 025

① 《在闽投资千万美元以上台资企业已达 415 家》,http://www.fjsen.com/qywh/2013— 06/13/content_11640993.htm,2013—06—13/2014—12—20。

② 福建省统计局:《福建统计年鉴 2014》,http://www.stats—fj.gov.cn/tongjinianjian/ dz2014/index—cn.htm,2014—12—20/2015—09—08。

续表

年份	地区生产总值	第一产业	第二产业	第三产业	人均 GDP(元)
2011 年	17 560.18	1 612.24	9 069.20	6 878.74	47 377
2012 年	19 701.78	1 776.71	10 187.94	7 737.13	52 763
2013 年	21 759.64	1 936.31	11 315.30	8 508.03	57 856

产业结构稳步调整,第一产业比例逐渐下降,从 1991 年的 27.2% 降至 2011 年的 9.2%,第二、三产业比例上升,目前占 GDP 总值的 90% 以上,表明福建基本完成从农业社会向工业社会的过渡,在个别地域出现向后工业时代转型的趋势,有利于文化产业的发展。以厦门为例,2012 年三大产业结构为 0.9:48.8:50.3[①],第三产业产值超过第二产业,其中文化产业超过房地产业,趋近金融业,占全市 GDP 的 8% 以上[②],成为不折不扣的支柱产业,可见厦门开始向无烟智能型城市转型。又如,福州 2011 年三大产业结构为 8.7:45.8:45.5[③],第三产业和第二产业几乎持平,文化产业有较好的生长空间。

但是,从全省三大产业的 GDP 比值、贡献率、拉动效应及就业比例上看,第二产业占主体地位,其 GDP 比值和产业贡献率高于全国平均水平,第三产业位居其次,未能快速凸显产业优势,其 GDP 比值和产业贡献率均低于全国平均水平。如,2011 年第二产业占 GDP 总量的 51.6%,高于全国的 46.6%,对 GDP 的贡献率达 67.2%,拉动 GDP 提升 8.3%,就业人员占总就业人口的 37.8%;第一产业的 GDP 比值、贡献率、拉动百分比和就业比例分别是 9.2%、3.3%、0.4% 和 26.3%,第三产业的相应数据是 39.2%、29.5%、3.6% 和 35.9%。这说明,福建仍处于以工业为主的产业格局,第三产业发展较为迟缓,总产值不足 GDP 总量的 40%,而全国至 2001 年已超过 GDP 的 40%,2011 年已达 43.4%。

---

① 《2012 年厦门市国民经济和社会发展统计公报》,http://www.stats-xm.gov.cn/tjzl/tjgb/ndgb/201303/t20130322_22082.htm,2013-03-22/2014-01-01。

② 厦门市委宣传部:《在全省 2013 年上半年文化产业形势分析会上的发言》,2013 年 7 月 30 日。

③ 福建省统计局:《福州统计年鉴 2012》,http://www.doc88.com/p-1167382574317.html,2013-02-28/2014-08-15。

表 5-2　福建省第一、二、三产业结构表① 　　　　　　　%

年份	地区生产总值	第一产业	第二产业	第三产业
2005 年	100.0	12.6	48.5	38.9
2006 年	100.0	11.4	48.7	39.9
2007 年	100.0	10.8	48.4	40.8
2008 年	100.0	10.7	49.1	40.2
2009 年	100.0	9.7	49.1	41.2
2010 年	100.0	9.3	51.0	39.7
2011 年	100.0	9.2	51.6	39.2
2012 年	100.0	9.0	51.7	39.3
2013 年	100.0	8.9	52	39.1

　　福建城镇居民消费能力呈现稳步增长趋势,消费水平高于全国平均水平。人均年可支配收入从 2005 年到 2013 年大约翻 2.5 番,年均增长率超过 12%。而人均消费性支出至 2011 年已达 16 661 元,高于同期全国人均 12 272元的年消费水平。

表 5-3　2001—2011 福建省城镇居民年人均可支配收入及消费性支出②

年份	平均每人全年可支配收入(元)	平均每人消费性支出(元)
2005 年	12 321	8 794
2006 年	13 753	9 808
2007 年	15 505	11 055
2008 年	17 961	12 501
2009 年	19 577	13 451
2010 年	21 781	14 750
2011 年	24 907	16 661
2012 年	28 055	18 593
2013 年	30 816	20 093

四、产业基础优势

　　福建文化产业稳步增长,产业增加值占 GDP 比率高于全国水平。2006—

①② 　福建省统计局:《福建统计年鉴 2014》,http://www.stats－fj.gov.cn/tongjinianjian/dz2014/index－cn.htm,2014－12－20/2015－09－08。

2010 年,全省文化及相关产业增加值年均递增 30％,增幅高于地区生产总值平均增长水平。2010 年文化产业增加值达 601.66 亿元,占 GDP 的 4.2％,2011 年实现增加值 802.32 亿元,同比增长 33.3％,占 GDP 的 4.6％,[①]吸纳就业人员 75.82 万人。

福建省动漫游戏、数字出版等产业初具规模,有望成为福建文化产业的重要业态。2010 年,福建信息产业总体规模为 4 135 亿元,就业人数超过 60 万人,居全国领先地位。2011 年,福州基地入驻企业共创作 20 部原创动画,产量共计 10 028 分钟,在全国名列第 9 位。[②] 厦门 2012 年新增认定动漫企业 19 家,累计达到 78 家。[③] 截止到 2012 年,福建共有 10 亿以上的动漫游戏企业 2 家,超亿元企业 13 家,超千万元企业 20 多家。[④]

福建文化产业形成以福州、厦门、泉州为主的产业格局。其中,福州积极打造海西动漫创意之都,据《福州市文化创意产业发展"十二五"专项规划》数据显示,福州市 2010 年文化创意产业增加值为 192.3 亿元,约占全市 GDP 的 6.2％,十一五期间文化创意产业年均增长 29.8％。厦门市积极发展数字内容产业,文化及相关产业实现年均增长 11.2％。[⑤] 其中,2011 年文化产业主营收入 739.49 亿元,从业人员 13.82 万人,产业增加值为 180.72 亿元,占全市 GDP 的 7.1％,[⑥]2012 年主营收入 859.48 亿元,从业人员 20.23 万人,实现增加值 217.03 亿元,比上一年增长 20.1％,占全市 GDP 的 7.7％。[⑦]

---

① 《福建文化产业占 GDP 比重 5％以上》,http://www.askci.com/news/201211/26/114911_36.shtml,2012－11－26/2014－09－09。

② 新闻出版总署:《福建积极规划数字出版产业发展蓝图》,http://news.163.com/12/1116/18/8GF02K6V00014JB5.html,2012－11－16/2014－05－10。

③ 《2012 年厦门市国民经济和社会发展统计公报》,http://www.stats－xm.gov.cn/tjzl/tjgb/ndgb/201303/t20130322_22082.htm,2013－03－20/2014－09－08。

④ 《福建省动漫游戏产业规模正快速扩张》,http://www.qianzhan.com/regieconomy/detail/142/140106－40926956.html,2014－01－06/2015－04－01。

⑤ 厦门市文化发展改革工作办公室:《"十二五"文化改革发展规划汇编》,2012 年 2 月,内参。

⑥ 厦门市统计局:《厦门经济特区年鉴 2012》,http://www.stats－xm.gov.cn/2012/2012/main0.htm,2012－07－15/2014－08－15。

⑦ 厦门市统计局:《2012 年厦门市创意及设计产业分析》,http://www.stats－xm.gov.cn/tjzl/tjfx/201307/t20130705_22603.htm,2013－07－05/2014－05－15。

第二节　福建文化产业的发展劣势

一、资源开发少

福建拥有丰富的自然和人文历史资源,但是开发时间晚,产业发展少,利用程度低,没有打通多种资源和产业间的联系,形成自然资源和人文资源并行开发、产业资源相互倚借的发展态势,因而未能凝聚地方资源,形成文化合力和地域特色。

目前,福建工艺类、生产类非物质文化遗产产业化程度较高,如寿山石雕、漆线雕、惠安石雕、莆田木雕、德化陶瓷、大红袍制作等已形成生产性保护与产业开发的良性互动,只是尚未进行资源整合做大做强而已。但是,福建对音乐戏曲、曲艺表演、民间文学等非遗资源则缺乏市场挖掘和培育,不仅难以发挥文化的经济杠杆作用,而且任其衰微也不利于非物质文化遗产的长期保护和良性发展。更有一些历史遗迹、建筑、景观处于无人监管、保护无力的自然风化过程中,甚至成为房地产业觊觎和侵吞的重要对象,使经济价值单一化、短期化。倘若对它们加以创意利用和开发,既可保护资源、延长经济链,又能产生社会效益,其价值远高于单纯的房地产开发。

二、优势产业少

福建文化产业逐年增强,但与北京、上海、广东、湖南、四川等省市相比,缺乏明显的优势产业。福建文化产业的主打产业包括工艺美术业、文化休闲旅游业、动漫游戏业、设计创意业、现代传媒业、文化会展业、广告创意业等,但尚未形成绝对优势产业。以动漫制作为例,它是福建省文化产业的一个亮点,但放在全国范围内来看,产业优势微弱。2011 年中国动画十大产地中福建仅有福州入围,而浙江有三座城市入围,广东、辽宁也有两座城市入围,且福州生产动画分钟数不足杭州的三分之一、深圳、无锡的二分之一,更缺乏《喜羊羊与灰太狼》《熊出没》《猪猪侠》《蓝猫》此类的市场力作。(具体见图 5-1)

三、创意水平低

文化创意是提高产品和服务附加值的重要手段,渗透于产品策划、制作、营销、传播等各个环节,包括产品创意、服务创意、营销创意、商业模式创意等方面内容。目前,福建文化产业在创意水平上略显落伍,具体表现为如下两个方面:

其一,创意方式较为单一,主要集中在产品创意方面,而在服务、营销、商业模式等方面缺乏创意尝试。以文化休闲旅游为例,福建旅游主营收入是各大景点门票,缺乏旅游线路个性化、旅游服务人性化、旅游营销全面化、商业盈利多样化等方面的深度挖掘,未能凸显出旅游产业的文化附加值和产业带动效应。

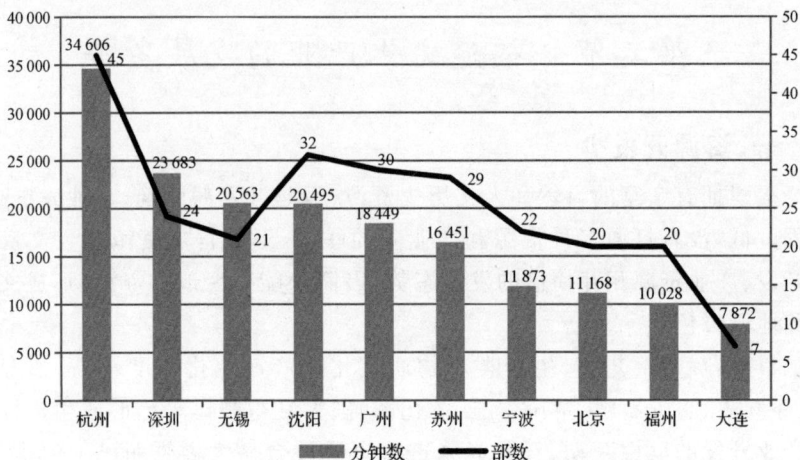

图 5-1　2011 年中国主要城市动漫片生产数量

《2011 年中国原创电视动画片生产十大城市》，http://www.askoi.com/news/201206/05/059383960447.shtml，2012－06－05/2014－06－01。

其二，创意能力不强，产品相似度较高，难以给人耳目一新的感觉。另外，低端创意较为普遍，缺乏科技含金量。福建动漫企业近期推出不少以福建历史人物、传说故事、风俗人情为题材的动画片，如福广的《神晏》、星辰的《堂秀才》、宏柏的《福五鼠》、育港的《三七小福星》、神画的《妈祖》、传立的《陈靖姑系列》《万寿桥传说》、华宏的《少年林则徐》、时代华奥的《乌龙小子》、盛世金尊的《船政传奇》等，但在人物塑造、情节设置、场景安排、画面设计上缺乏独创性和时代感，又缺乏高科技融合，因此难以产生情感穿透力和视觉震撼力。

四、文化消费弱

福建文化消费水平较弱，文化产业的市场动力不足。据 2012 年中国统计年鉴显示，2011 年中国城镇居民家庭平均每人年消费 15 160.89 元，其中，文教娱乐支出 1 851.74 元，上海、北京等地文化消费水平居前，其中，上海人年均支出 3 746.38 元，北京 3 306.82 元，浙江 2 816.12 元，江苏 2 695.52 元，广东 2 647.94 元，远高于全国文教娱乐消费水平。福建仅为 1 879.02 元，刚达全国平均线，文教娱乐支出占总支出比例低于全国水平。2013 年，中国城镇居民家庭平均每人年消费 18 022.6 元，其中，文教娱乐支出 2 294.0 元，占总消费比略有提高。同年，福建城镇居民家庭平均每人年文教娱乐支出 2 448.36 元，占总消费（20 092.72 元）比例仍低于全国水平。[①]

① 国家统计局：《中国统计年鉴 2014》，http://www.stats.gov.cn/tjsj/ndsj/，2014－02－01/2015－10－01。

五、产业联动差

福建文化产业上下游企业联系不紧密,相近产业合力不足。以创意园为例,其最佳构成是上下游产业链合理配比,形成产业集聚效应,如电影产业创意园就需融合电影投资、拍摄、制作、经纪、运营、外包服务、广告等相关企业单位,让其相互协调合作,形成产业一条龙。福建文化创意园虽然遍地开花,但普遍存在分布不合理、产业链不健全、同类恶性竞争等问题,入驻企业彼此游离,未形成相互依托的上下游产业关系,甚至有不少企业仅仅为享受园区廉价租金和优惠条件而已,创意园失去固有功能和效力。

福建文化产业各自为营,产业联动少,未形成相近产业全方位、立体化、交叉式的发展态势。由于动漫产业属于信息产业厅,出版产业属于新闻出版局,旅游产业属于旅游局,工艺美术、艺术表演等则属于文化局,各大产业各有所属,在产业规划、资源配置上难以打通层层壁垒,形成产业间的联动效应。以旅游产业为例,福建省发布了《福建省加快推进文化和旅游融合发展的实施意见》,重点强调创意产业和旅游产业的深度融合问题。但就目前现状来看,福建旅游和创意的融合程度还是不尽人意,如工艺美术与旅游纪念品、民俗活动与旅游体验、生产技艺和旅游活动之间未形成应有的产业联系,而在这方面台湾有很好的经验可供学习。

福建文化产业与信息技术产业、制造业、服务业等相关产业之间的协调合作不够,文化产业未能为相关产业提供足够的内容支持和文化附加值。数字内容创意与信息技术产业缺乏深度融合,通讯网络、信息技术、电子商务、软件服务等飞速发展,但数字内容创意相对滞后,无法为电子图书、网络游戏、手机出版等提供优质内容支撑,产业合力不足,致使数字出版发展受阻。

六、人才缺口大

福建文化产业存在较大的人才缺口,尤其是高端创意、游戏策划、版权交易、数字出版、数字媒体广告、手机出版等方面的人才都相当紧缺,人才的扩容、质量提升及专业细分将成为未来趋势。以数字出版业为例,目前此类人才多数由相关专业或产业转型而来,数量少,尤缺复合型人才,与数字产业的高速发展不匹配,形成产业高地和人才洼地的鲜明对比。以海峡国家数字出版产业基地为例,该基地预计到"十二五"期末,实现入驻数字出版相关企业超过 300 家,从业人员超过 15 000 人,到 2020 年,实现入驻数字出版相关企业 500 家,从业人员达到 30 000 人。[①] 截至 2012 年 11 月,全省互联网出版单

---

① 《海峡国家数字出版产业基地授牌,将打造百亿产业》,http://news. xinhuanet.com/ 2013－06／16/c_116162941.htm,2013－06－16/2014－10－10。

位仅有 13 家,专业从业人员 2 300 多人,[①]人才供求严重失衡,人才紧缺成为扼制数字出版业发展的关键问题。另据《2009—2012 年福建省动漫产业前景预测及投资咨询报告》,2010 年我省动漫游戏产业人才新增需求 17 000 人,到2015 年新增需求将达 43 000 人。[②]

第三节 福建文化产业的发展机遇

一、政府扶持加码

(一)国家海西战略

国家文化产业发展战略和海西先行先试战略,为福建发展文化产业提供有利契机。

福建地处海西前沿,受国家海西战略重点扶持,可凭借政策优势先行先试,争取产业高地。《国务院关于支持福建省加快建设海峡西岸经济区的若干意见》的提出,为福建文化产业发展提供重要助力。

(二)福建省支持政策

福建省贯彻实施中央发展文化产业的国家战略,以《文化产业振兴规划》《国家十二五规划》《海峡西岸经济区发展规划》和《福建省国民经济和社会发展第十二个五年规划纲要》等为宏观指导,先后制定了文化强省发展规划以及各项文化产业发展细则,为文化产业发展提供地方政策支持。

2007 年福建省人民政府印发《关于加快我省创意产业发展指导意见》,确定以制造业设计创意、数字服务创意、文化传媒创意、建筑设计创意、咨询策划创意、休闲消费创意为主的产业发展方向,同年转发信息产业厅等《关于推动我省动漫产业发展的若干意见》的通知,首先启动动漫产业发展计划。2008 年印发的《福建省非公有资本进入文化产业的若干意见》适度引入非公有资本准入机制,解决文化产业融资难的问题。2009 年以后颁布的《福建文化强省建设纲要》《福建省关于加快文化产业发展的意见》《福建省文化创意产业投资指导目录》《关于进一步加快我省创意产业发展的实施意见》《关于进一步加强文化产业园区建设管理的指导意见》等,进一步确立文化产业发展目标,细化产业发展对象,调整文化市场准入条件,鼓励建构产业集群,确

---

① 《福建省:海峡国家数字出版基地拟打造五大产业园》,http://www.chinaacc.com/new/184_900_201211/14so760026294.shtml,2012—11—14/2015—01—01。

② 《2009—2012 年福建省动漫产业前景预测及投资咨询报告》,http://txt.cir.cn/351175.html,2009—09—15/2014—01—01。

定以报刊服务业、出版印刷业、广告影视业、演艺娱乐业、文化旅游业、文化创意业、动漫游戏业、文化会展业、广告业、工艺美术业为大力扶持对象。福建省财政厅统筹 1 亿元，用于扶持文化产业，还专门出台《创意产业发展专项资金管理暂行办法》进行管理。

2011 年和 2013 年福建省分别颁发《福建省新闻出版业"十二五"发展规划》和《福建省加快推进文化和旅游融合发展的实施意见》，从产业细类上确立新闻出版、文化旅游业等行业未来数年内的发展目标和实施办法，包括新闻出版的数字化转型以及文化和旅游的深度融合等。

（三）地方激励措施

福建各地市也积极推动文化产业发展，在政策上下足了功夫。以福州市为例，2009 年出台《福州市鼓励扶持动漫游戏产业发展的若干政策（试行）》，为打造福州动漫产业奠定基础，2010 年又出台《福州市加快文化创意产业发展的意见》，明确现代传媒业、动漫游戏业、设计创意业、工艺美术业、文化休闲旅游业、文化会展业、广告创意业为发展重点，突出城市创意定位。另外还有《福州保护发展传统工艺美术的实施办法》《福州市文化创意产业发展"十二五"专项规划》等。厦门市也于 2007 年以后制定了《关于推动我市动漫产业发展若干意见》《厦门市动漫产业发展资金管理暂行办法》《厦门市动漫企业认定标准及管理办法（试行）》《关于进一步鼓励软件产业发展的若干意见》等有利政策，积极为文化产业保驾护航。

二、产业环境升级

福建省注重培育软件园、产业园区、示范基地等，夯实产业基础，形成重点项目带动制，为福建文化产业规模化、集聚化发展奠定基础。

截至 2013 年，福建省共有 108 家国家级和省级文化产业示范基地，其中国家级 8 家；拥有闽台（福州）文化产业园核心区等十大重点文化产业园区；拥有国家动画产业基地、国家影视动漫实验园、海峡国家数字出版中心、中国移动手机动漫基地、中国数码港海西运营中心、中国电信海峡通讯枢纽中心等，集聚效应日益凸显。其中，福州全力建设 61 个重点文化创意产业项目，建构工艺美术产业聚集区、动漫游戏产业聚集区、温泉文化旅游产业聚集区和榕台产业合作聚集区这四大产业集聚区。厦门也计划建设 20 多个以休闲旅游、文化创意、数字内容等为主题的文化产业集聚区，海峡国家数字出版产业基地 2015 年实现产值 120 亿元，而到 2020 年将突破 340 亿元。泉州、宁德、莆田、漳州、龙岩、南平等地也大力培育各类文化产业园区。

三、对外宣传扩大

福建拥有多个全国乃至世界知名度的节庆展会，能够通过丰富多样的形式展示和传播福建文化创意产品,有助于推进福建对外文化贸易。

福州主要节庆展会包括中国(福州)海峡经贸交易会、中国福州项目成果交易会(2008 年举办创意产业海西论坛)、中国漆文化节、中国动漫消费节、海峡版权(创意)产业精品博览交易会、海峡广告节等。在厦门举办的节庆展会行业知名度也逐年提升,如中国投资贸易洽谈会、台交会、海峡两岸文化产业博览交易会、厦门国际动漫节、海峡两岸图书交易会、海峡两岸民间艺术节、全国青少年钢琴比赛、白海豚音乐节、厦门油画节、海峡印刷技术展览会、中国(厦门)体育休闲用品博览会、中国(厦门)国际医药保健品博览会、汽车博览会、茶博会、艺博会、旅博会等,已成为厦门乃至福建对外文化交流和文化贸易的重要窗口,成为文化产业的重要助推器,如十一五期间,海峡两岸(厦门)文化产业博览交易会累计签约项目 329 项、总金额超过 244 亿元。

第四节　福建文化产业的外在挑战

一、周边文化产业强省的崛起

福建处于长江三角洲和珠江三角洲的交接位置,北有以上海、杭州为主的长江三角洲文化产业圈,其中上海力争 2020 年成为国际文化大都市,南有以香港、深圳为主的珠江三角洲文化产业圈,其中深圳于 2009 年获联合国教科文组织批准,成为继柏林、布宜诺斯艾利斯、蒙特利尔、名古屋、神户之后的第六个"设计之都"。长江三角洲和珠江三角洲与福建地域相邻,地域环境和自然气候相近,但在文化资源、创意人才、企业引进、市场份额等方面对福建文化产业形成较大竞争压力。

首先,福建与长三角、珠三角地缘接近,拥有交叉性文化资源,尤其是闽浙、闽粤交界处文化往往相互渗透和影响。文化资源是发展文化旅游业的先决条件,谁开发得早、全、好并有新意,谁就取得文化旅游业的市场先机。以客家文化为例,福建客家人口、地域分布、文化遗迹都首屈一指,宁化石壁甚至是客家祖地,但在资源开发上却不尽人意。浙江松阳县大东坝镇客家聚居地整合客家文化资源,于 2013 年举办首届客家民俗风情节,操闽语,演闽俗,反而易宾为主。另外,福建拥有 17 个畲族乡,畲族人口全国第一,但保护和开发意识相对迟缓,反而被广东潮州、浙江丽水、景宁等地占了先机。

其次,在创意人才和企业引进上,长三角和珠三角也对福建形成较大威胁。由于长三角、珠三角在经济基础、产业规模、消费能力、社会配套等方面均优于福建,它们对高端人才和企业的吸引力也强于福建。福建只有在人才引进、专项扶持、市政建设、配套服务等方面加大投入和建设,吸引外来人才和企业,尽力培育本土企业,鼓励当地高校培养服务地方的复合型创意人才,方能在竞争中逐渐弥合差距,取得竞争优势。

最后,长三角和珠三角对福建文化市场开拓构成一定威胁。福建地区文化消费观念和实际消费水平均低于长三角和珠三角地区,省内文化市场空间较小,经济拉动效应也相对较低,这可从城镇居民家庭人均年文化教育娱乐消费金额对比上略见一斑。据 2012 中国年鉴数据显示,2011 年福建人均文化教育娱乐消费额是 1 879.02 元,仅为上海的 50.2%、浙江的 66.7%、江苏的 69.7%、广东的 71.0%。同时,福建文化产业在科技应用、创意水平、企业品牌、宣传力度上也存在发展瓶颈,不仅难以向周边地区拓展文化市场,且有可能在长三角、珠三角的产业冲击下失去固有的文化市场空间。福建破解这一危机的关键在于,挖掘特有资源,走差异化发展道路,做到人无我有,人有我优。

二、海外文化产业的冲击

中国文化市场发展迅猛,日益受到海外文化产业的重视。海外文化产业在影视、动漫、影像、图书、表演等领域具有明显产业优势,如影视进出口收入比超过 3 倍,每场演出进出口收入比约为10:1,逐步扩大对华贸易顺差,对发展中的国内同类产业构成较大威胁。

以电影产业为例,2000—2011 年,中国电影票房总额由原先的不足 10 亿元涨至 131.15 亿元,年涨幅超过 35%。海外文化产业对中国日益繁荣的文化市场垂涎欲滴。2011 年中国电影总票房中,国产电影分得 70.31 亿元,约占 53.6%,进口影片占 60.84 亿元,约占 46.4%,其中美国在华分账大片仅 20 部,但票房总额达到 49.1 亿元,约占进口电影票房的 80.7%和中国总票房的 37.4%,[①]可见,国内电影票房近半壁江山落入以美国为首的海外电影军团手中。2012 年迫于 WTO 关于中国放宽外媒限制的压力,中美达成电影新协议,同意将原有的每年 20 部 3D 或 IMAX 海外分账电影增至 34 部,并将票房分账比例由原来的 13%增至 25%,这意味着国内电影公司将面临更强劲的进口影片冲击,电影发行方、影院、院线等也面临利润被摊薄的境遇。该年电影总票房达 168 亿元,中国超过日本成为仅次于美国的全球第二大电影市场。但令人担忧的是,进口影片票房超过国内影片票房,取得 88 亿的佳绩,约占总票房的 52.4%,当年中国电影对外输出 75 部影片,对外销售收入仅为 10.63 亿元,文化贸易逆差十分严重。(见图 5-2)

对福建而言,对外文化贸易算是福建对外经贸的一大亮点,文化产品出

① 《引进美国大片份额增 14 部,促进中国电影进步》,http://money.163.com/12/0220/09/7QMQUIQH00253B0H_all.html,2012—02—20/2015—01—01。

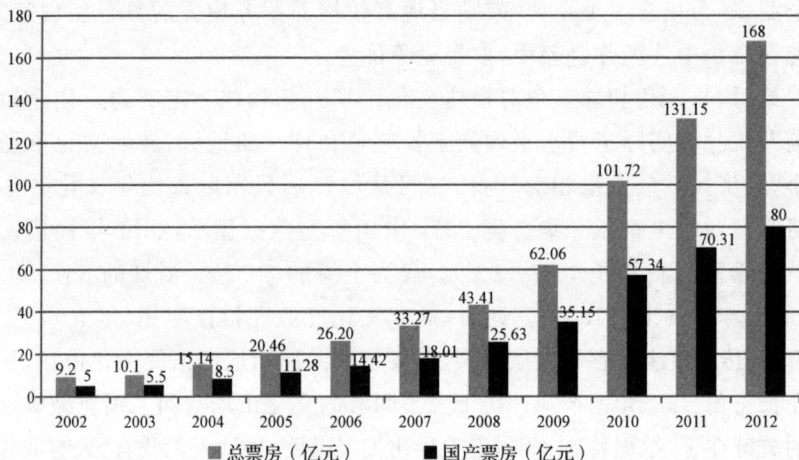

图 5-2　2002—2012 年中国电影国产票房及总票房走势图①

口规模居全国前列,排名仅次于广东。据福建省对外经贸合作厅统计数据,2011 年,福建省文化产品进出口额为 20.42 亿美元,其中出口为 20.28 亿美元;2012 年 1—7 月,文化产品进出口额为 7.9 亿美元,其中出口为 7.85 亿美元。② 但是,福建文化产品出口结构较为单一,90%以上为绘画、油画、工艺品等视觉艺术产品,动漫网游、图书报刊、音像制品等出口量十分微弱,网龙公司的游戏产品已成功打入全球六大语言区域,成为全国第二大网络游戏出口商,海外市场份额仍然较低;福建出口文化产品原创性不足,文化附加值不高,仍未完全脱离劳动密集型产业特征。

和全国其他地域相同的是,福建也面临国际文化产业竞争压力大、文化市场被分割的问题。据金逸影院介绍,2012 年《碟中谍 4》《泰坦尼克号 3D》《复仇者联盟》和《黑衣人 3》等国外进口大片热映,推动福建票房出现新高,《泰坦尼克号》IMAX 版票价贵达 150 元,年轻人依然蜂拥抢票,以至零点场全线开放仍供不应求。与之相比,国内影片普遍票房低迷,《一九四二》影院遇冷,若无《泰囧》突围救市,2012 年中国电影在国内市场一片惨淡。

---

① 《2012 中国电影总票房 168 亿,国产电影彰显潜力希望》,http://media.people.com.cn/n/2012/1231/c40606—20061167.html,2012—12—31/2015—01—01。

② 《福建省文化贸易发展有关情况介绍》,http://wenku.baidu.com/link? url＝LwlCysz7Ewm9q ＿ YXKJy8rhf5oBN73tOXy3DC4VEqJc9SMQGQgoDWtJwhWrf — MNcR46uWuGOCAgYDavg3KXfp5K3IwYnp89U3pMJRTZTtpym,2012—06—02/2014—10—10。

第六章
福建历史文化与
产业路径研究

福建拥有自然环境、台海区位和文化资源优势,尤其是海丝文化、妈祖文化寰宇之内颇具影响,工艺类非物质文化遗产数量众多、传承有序,产业开发空间大。福建文化产业发展应结合地理、自然、人文优势,加大文化科技融合投入,积极培育田园经济、创意经济和数字经济,促进福建文化产业大发展。

第一节 福建历史文化发展概述

一、福建历史文化特点

(一)开化较晚

闽越文化形成较晚,在文明程度、开化时间、文化地位、历史影响上均落伍于北方的河洛、齐鲁、秦晋等文化,甚至难与吴越、巴蜀等其他南蛮文化相抗衡。

历史考古研究显示,北方诸文化体系均有 5 000～7 000 年的文明,各种文化体系间的碰撞和融合加速了自身的发展,即便是长江流域的河姆渡文明,也有 7 000 年历史。福建为古闽越人生存故地,但可考据的先秦信史较少,大约在 5 000 年前的新时期时代出现了原始农业,但生产力水平和文化昌明程度均低于周边地域。公元前 306 年越国被楚国打败后,部分越人逃入福建,和当地土著融合,形成后来的闽越人。公元前 222 年,秦统一天下,于福建设立闽中郡,正式将其纳入中华版图。公元前 202 年,闽越王无诸因助汉灭秦于故地封王,开始于武夷山下建闽越王城,逐渐与华夏正统文化接轨。

（二）发展较快

闽越人是福建文化的奠基人，但真正促动福建文化发展的还是中原移民。从三国两晋南北朝起，北方异族入侵，烽烟四起，中原士族接连不断举族南迁，落户福建。衣冠南迁带来先进的生产技术和昌明的礼乐文化，将昔日的瘴疠之地迅速改造成万顷良田，带动福建经济、文化的快速发展。从唐五代王审知的大闽国到两宋的经济文化重镇，从元代海外贸易的重要港口到明代的抗倭前沿，从清代的赋税大省到近代新文化的重要策源地，福建的发展应验了后来居上的道理。今天，福建更扮演着闽台合作前沿、海峡西岸经济区的重要角色，将有更大的经济、文化作为。

（三）稳固性强

福建是传统文化黏着力很强的地域。从五胡乱华开始，华夏文化因民族融合出现多次改制，形成融合各少数民族的新汉族和汇集少数民族语汇和发音的新汉语。辛亥革命后，华夏文化又历经了中西碰撞之后的古今之变。福建多山，自古交通不便，虽偏安一隅，但却逃过了历次文化洗劫，未曾经历翻天覆地的语言变革和衣冠改制，因此至今保留唐诗宋词的遗韵、杂耍百技的招式、梨园的旧曲、南音的古调、儒家的礼乐诗教……闽各地方言大量保留唐音，甚至是唐以前中原古音及百越语言，为历史学、人类学研究提供可靠依据。另外，在祭祀、信仰、节庆、戏曲、歌舞、工艺等方面，福建许多地域都保留了较为完整的传统仪式、形态、技艺和价值观念。

（四）形态多样

福建历史文化纷繁复杂，既有华夏文化的主色调，两晋始开化，唐宋渐昌明，又有地域文化的独特面貌，蛇种蛮语，常被视作化外之地、蛮夷之邦。《史记》称闽越始祖勾践为"长颈鸟喙"，许慎在《说文解字》中亦称"闽，东南越，蛇种"。福建既有雅文化、庙堂文化、正统文化的旷世遗音，程朱理学、同光派一脉相承，据《闽书》《福建通志》等文献记载，明代泉州、漳州两地共有 34 所书院，177 所学社；又有俗文化、民间文化、非主流文化的源远流长，杂技、雕刻、剪纸、陶瓷、年画等民间艺术一枝独秀。福建既有汉民族文化的纯正质朴，历代衣冠南迁奠定了福建以汉族为主的人口结构，其人口比例高达 98.33%，居全国前列，又有蛮瑶僚畲等百越民族文化的绚丽多姿，畲族人断发文身，刀耕火种，以母为贵，疍民以船为家，傍水而居，来去自如。

（五）名人辈出

福建钟灵毓秀，人才辈出。历代或祖居或客居、或宦游或云游于此的名人数不胜数，书写了大量的游闽诗文，如《明诗话》《榕城诗话》《闽游诗话》《徐霞客游记》等,记录了福建山川之佳、风土之异、人情之美。

唐宋以来,福建文教发达,是士子之乡。据美国学者贾志扬统计,两宋合计 28 933 名进士,福建占 7 144 名,排名全国第一,其进士数竟占全国进士总数的 24%。[①] 其中,状元 19 位,占全国总状元数 108 人的 18%。

从唐至清,福建不乏满腹才情的画家词人,不乏义正词严的理学巨子,不乏打破世俗的狂狷之士,不乏刚正不阿的忠臣烈士,亦不乏颠倒乾坤的奸臣贼子,出现了柳永、蔡襄、蔡京、李纲、朱熹、陈淳、刘克庄、严羽、王慎中、李贽、谢肇制、黄道周、洪承畴、郑芝龙、郑成功、李光地、华喦、施琅、伊秉绶等无数历史名人。近现代,福建更是精英荟萃,涌现了无数时代潮流引领者,如林则徐、沈葆桢、严复、林纾、陈宝琛、陈衍、林旭、林觉民、辜鸿铭、许地山、林语堂、郑振铎、庐隐、冰心、林徽因、林巧稚、陈嘉庚、陈景润、邓拓、卢嘉锡……

(六)远播海外

福建虽然远离华夏文化中心,但却是对外文化交流的重要窗口。

首先,福建带动了中华文化的国际化。海丝文化是中外打破海洋屏障进行文化交流的历史见证。海上丝绸之路、郑和下西洋均从这里开始,启动了中国国际贸易和文化交流的跨海航线。更有无数福建人跨越重洋,远迁新加坡、印尼等地,成为无数海外华人的祖辈,带动了中华文化的国际传播。妈祖文化从这里远播全球,全世界共有 5 000 多座妈祖庙,信徒有 2.5 亿之众,仅中国台湾就有 1 000 多座妈祖庙,信众 1 600 多万。另外,临水夫人、保生大帝、开漳圣王、清水祖师、法主公、青山王、显应祖师、广泽尊王、霞海城隍、张圣君、王爷、风狮爷等文化信仰远播中国台湾、东南亚等地。

其次,福建带动了世界文化的中国化。泉州号称"世界宗教博物馆",从唐至元都是万国都会,西亚、南亚等国的经商贸易者、文化朝圣者络绎不绝,促成了福建经济的富庶繁荣和文化的多元格局。如今,那些定居下来的阿拉伯人、波斯人后裔形成福建本土回族,无数镌刻着阿拉伯文、古叙利亚文、拉丁文、八思巴文等的石刻作品依旧静静躺在宗教石刻陈列馆里,记载着福建在中外文化交流史上的辉煌地位。

二、福建历史文化与自然环境的关系

福建历史文化形态与自然地理环境紧密相连。自然地理环境深刻影响着福建历史文化的形态和特征。

首先,福建位于中国版图的东南一隅,距离华夏中原上千公里,大高皇帝

---

① 福建省人民政府新闻办公室主编:《福建:山海交辉的文化福地》,外文出版社 2006 年版,第 54 页。

远,中央政权鞭长莫及,中原文化到此已是强弩之末,因此,福建在宋以前处于中国政治和文化的边缘位置,虽然秦已设立闽中郡,但中央行政效力和教化功能都较弱,福建文化自成一体。宋以后,闽中儒学蔚然成风,成为南方理学的重要据点,但在俗文化层面仍保留地域特色,巫风盛行,淫祀不断,南方一带受海洋文明影响,滋生重商主义文化,形成南北交融、雅俗并存的文化格局。

　　其次,福建三面环山,一面朝海,自古交通不便,中原人出入福建,多走武夷山阙,羊肠鸟道、急湍飞流阻挡了北方铁蹄的入侵,延缓了文明进化的步伐,但也保护了福建的生态、社会和文化系统。福建雨量充沛、植被丰茂,现今森林覆盖率仍达 65.28%,仅次于台湾,居中国大陆第一位,龙岩、三明、南平、宁德等地均超过 75%。福建共有 24 个水系,663 条河流,总长度达 12 850千米,河网纵横交错,全国少见。[①] 福建社会相对安定,除抗倭、鸦片、马尾海战等对外海防战争之外,福建较少受到历代改朝换代战争的影响,社会结构较为稳定。辽阔的海岸线却为福建敞开了对外交往的大门,促使古代海丝文化从这里诞生,又促使福建在近现代中外文化交流史上扮演重要角色,林则徐"开眼看世界",严复引入科学民主价值观,林纾翻译外国名著,林旭、林觉民、林徽因、冰心、郑振铎等都用自己的方式来探求中国的现代转型道路。

　　最后,福建地貌复杂,90%为山地丘陵。崇山密林将福建人的生存空间切割成大大小小的山村田寨,村寨间鸡犬相闻,却因道路不畅少有往来,以致过条河、翻座山、隔个村语言就不通,更甭提风俗人情之异了。可见,福建文化系统因地域空间的相对封闭性而形成无数独立生长的小系统,从而具有多样性。同时也因为生存空间的自足封闭,导致山居者稳重守成、安土重迁,升官晋爵、发财致富了仍不忘回归故里,大兴土木、颐养天年。

第二节　福建文化资源开发优势

一、文化资源蕴藏丰富

　　福建历史文化是蕴藏丰富的宝库,拥有无数可资利用的文化资源。

　　首先,福建拥有众多的物质性的有形文化资源。福建拥有武夷山世界双遗,中国丹霞世界自然遗产,福建土楼世界文化遗产,另有三坊七巷、鼓浪屿、海上丝绸之路、闽南红砖建筑、木拱廊桥入选世界文化遗产预备名录。福建拥有中国历史文化名城 4 座、历史文化名镇 7 座,历史文化名村 16 座,历史文

----

① 林开明:《福建航运史古近代部分》,人民交通出版社 1994 年版,第 61 页。

化街区 5 座。福建保留了从新时期时代至今数量众多的文化遗迹,如古遗址、古墓葬、古建筑、壁画、石窟寺及石刻、红色遗址等。截至目前,福建省共有137 家国家级文物保护单位,879 家省级文物保护单位,登记涉台文物 1 515 处,占全国总数的 80%。

其次,福建拥有丰富的精神性文化资源,包括戏曲、音乐、语言、曲艺表演、传说故事、习俗信仰等众多品类,很多艺术形式保留了华夏古风、唐宋遗韵。其中,南音、妈祖信俗被列入世界非物质文化遗产,歌仔戏、高甲戏、布袋木偶戏、答嘴鼓、锦歌、伬艺、评话、十番、闽南童谣、畲族小说歌、畲族民歌、邵武傩舞、大道公信俗、送王船习俗等被列入国际非物质文化遗产,客家山歌、高山族舞蹈、诏安铁枝戏、邵武三角戏等被列入省级非物质文化遗产。

最后,福建还拥有数量可观的实践性、生产性文化资源,材质特殊,技艺精湛,富有地域和民族特色。其中,传统木结构营造技艺(含"闽南传统民居营造技艺")、中国剪纸(其中含"漳浦剪纸""柘荣剪纸")、木拱桥传统营造技艺、水密隔舱福船制造技艺被列入世界非物质文化遗产,软木画、脱胎漆器、寿山石雕、漆线雕、惠安石雕、木版年画、纸织画、武夷岩茶制作技艺、福鼎白茶制作技艺、安溪乌龙茶铁观音制作技艺、德化瓷烧制技艺、客家土楼营造技艺等被列入国家非物质文化遗产,另有客家擂茶制作、东山黄金漆画、畲族苎布织染缝纫技艺等被列入省级非物质文化遗产。

二、文化资源地域特色鲜明

福建山海交辉的地理环境促成了文化的二元性。福建也因山海差异形成闽西北与闽东南两大自然和文化区域。其中,西北依山,丘壑连绵,植被繁茂,为客家人的发祥祖地,孕育了丰富多彩的山地文化;而东南傍海,海岸曲折,物阜民丰,是海外华侨远航的重要起点,孕育了开拓进取的海洋文化。

具体而言,闽西北生态环境优势突出,森林覆盖率达 75% 以上,自然地貌富有特色,汇集了武夷山和泰宁丹霞两大世界级文化和自然遗产。闽西北是客家人居住和活动的主要区域,拥有以土楼为代表的享誉全球的客家文化。另外,闽西北是红色老区,红色文化资源也是一大亮点。闽东南则在精神性和实践性文化资源上具有优势,福建共有国家非物质文化遗产保护 113 项,闽南分得 56 项,其他地域分得 57 项,几乎平分秋色。另外,闽东南也拥有福建绝大多数的涉台文物,能够凸显闽台文化特色。

在文化二分法的基础上,福建还可据民系、方言区的不同划分为闽西龙岩和三明、闽北南平、闽东宁德、闽都福州、闽中兴化、闽南厦漳泉这六大区域。这六大地域的历史文化资源分布情况将在下文中一一展开论述。

三、非物质文化资源一枝独秀

福建物质性文化资源居全国中等水平。世界双遗全国仅有 4 个,福建有 1 个,占比 25%,其他 3 个为山东泰山、安徽黄山、四川峨眉。世界自然遗产全国仅有 8 个,福建有 1 个,占比 12.5%。世界文化遗产全国共有 36 项,福建有 2 项,约占总数的 6%。国家重点文物保护单位共有 4 295 处,福建有 137 处,约占 3.2%。

总体而言,福建物质性文化资源整体超过全国省份平均水平,但在文物数量及规模、历史影响、文化内涵上明显弱于山西、河南、湖南、河北、江苏等文物大省。这与福建开化晚、历史短以及文化边缘化有一定关联。

但是,福建精神性、实践性等非物质文化资源品类众多,数量可观,对外影响力大,居全国领先地位。世界非物质文化遗产全国共有 34 项,福建有 6 项,约占总数的 18%。国家非物质文化遗产 1 218 项,福建有 113 项,约占总数的 9.3%。另外福建还有省级非物质文化遗产 288 项,市级非物质文化遗产 686 项。尤其在工艺美术、手工技艺等方面,福建具有较高发言权,不仅技法多样,而且技艺超群,享誉海内外,如茶叶制作技艺可分为岩茶、铁观音、白茶、花茶,雕刻艺术可分为木雕、石雕、瓷雕、漆线雕,绘画艺术亦可分为木版年画、软木画、纸织画,具有鲜明的地域特色和较强的市场转化能力。

福建拥有丰富多样的非物质文化遗产,其因在于,福建具有山林、海域、平原、湖泊、沼泽等各种地理生态环境,适宜农、林、牧、渔等业的区域性发展,导致不同地域的人在生产方式、生活习惯、文化信仰上形成差异。同时,福建民系丰富,语言多样,长期以来形成相对独立的文化体系,因此在表达方式、欣赏习惯、审美取向等方面形成文化多样性。

四、文化资源的其他优势

与其他省份相比,福建历史文化资源也许不是最多、最丰富的,但它包含了其他省份无法取代的优势。

其一是环境优势。

文化和地理紧密相关,地理环境影响文化形态和历史走向,文化也反向影响或改变着自然地理形态。与许多省份相比,福建具有十分良好的生态环境,包括 5A 景区 6 个、4A 景区近 60 个、A 级景区 110 个,尤其是森林、温泉资源丰富。自然资源和文化资源浑然天成,能够凸显福建地域文化的独特性、唯一性。福建只要对自然文化生态加以妥善保护和适当开发,促进两者的融合、互动和协调发展,就能最大限度发挥福建文化资源优势,起到拉动经济和塑造地域品牌的作用,如福建文化旅游业应主推休闲、养生、长寿、隐逸、绿色、天然、生态等主题,开发"山水情,健康旅""古代隐逸之旅"等全新的旅游项目,增强地域环境对文化产业的推动作用。

其二是对台优势。

福建是距离台湾最近的省份,自古行政一体,唇齿相依,福建也是与台湾血缘关系最紧密、文化相似度最高的省份,自古两地一家,同脉相连。因此,福建文化资源是闽台交流和合作的有力桥梁,是建构"闽台文化圈"的有力基础。我们应大力发挥福建文化资源的对台优势,全面吸纳台湾文化创意理念和产业资本,加强两地创意产业的合作和发展,为两岸文化统一奠定基础。

其三是国际化优势。

从古代的海丝文化、郑和下西洋到现在的妈祖信俗,福建文化随闽人的对外交流和迁徙远播海外,在全球尤其是东南亚华人圈具有一定影响力,能够在一定程度上凸显中国文化的海外形象和国际影响。福建海外华侨华人超过1 100万人,约占全部华侨华人的五分之一强,闽籍海外华人资产存量超过3 000亿美元。"国际华商500"中,闽籍企业占十分之一强,几乎构成东南亚上榜企业的半数以上。① 福建文化资源具有较好的海外传播优势和国际市场开发潜力,能够成为发展福建文化产业的重要助力。

第三节 福建文化资源开发现状

一、开发现状

福建文化资源挖掘深度不足,整体利用程度不高,未能形成自然、人文、科技等联合发展态势;且停留在低层次开发上,以文化旅游和工艺美术为主,未能发挥创意经济、数字经济和符号经济的优势。

首先,文化旅游是福建利用历史文化资源的一大侧向,为旅游业注入文化内涵,成为旅游业发展新动力,形成周边产业拉动效应。生态休闲旅游、民俗旅游、红色旅游、乡村旅游成为福建文化旅游的主打品类,通过民俗村、文化展馆、节庆活动、文艺表演、古镇美食、茶饮养生等文化项目拉动旅游业发展。如武夷山2010年重磅推出福建首个山水实景演出《印象大红袍》,将山水美景、历史文化、现代技术融为一体,通过360°旋转舞台尽情展示武夷山水风光和茶文化精髓,公演以来长盛不衰,成为提升武夷文化的重要项目。福建还积极探索手工技艺和生产技艺的旅游开发项目,逐步打开文化观光旅游的

---

① 福建省直机关工会:《我省海外华侨华人有哪些新发展》,http://www.fujian.gov.cn/ztzl/jkjshxxajjq/hxgl/200708/t20070817_23942.htm,2005—08—25/2014—01—01。

市场。崇武石雕工艺博览园、天福观光茶园、古龙酱文化园、瑞城休闲农庄等相继应运而生,将制作历史、生产工具、工艺流程、技法特征、生产成品作为主要展示对象,突出文化性和体验性,具有较强的旅游吸引力。

因文化旅游的上升趋势,福建旅游业出现良好增长势头。2012 年全省接待旅游总人数 16 703.8 万人次,比前一年增长 17.0%,高于全国旅游人次同期 10%的增长率,文化类景区接待人数明显增长,增幅均在 20%以上,旅游总收入 1 916.94 亿元,增长 17.2%,高于全国旅游同期 14%的增长率。[①] 目前,福建形成武夷山、鼓浪屿、闽西土楼、三坊七巷、大金湖、湄洲岛等几大旅游热点。

表 6-1 2011 年我省主要旅游景区游客接待情况 [②]

主要景区	接待人数(万人次)	同比增长(%)
鼓浪屿	302.38	23.4
武夷山	366.60	20.7
永定、南靖土楼旅游区	360.01	39.4
三坊七巷文化街区景区	812.9	10.2
泰宁风景旅游区	100.6	83.4
福州森林公园	400.50	101.4
古田会议会址	122.79	20.2
湄洲岛	188.46	20.8
平潭岛	82.97	65.0
太姥山	74.97	20.2
船政文化旅游区	83.12	13.8
东山风动石	30.32	25.7
长汀红色旧址群	43.03	53.3
厦门园林植物园	119.40	25.2
白水洋	33.31	38.0

其次,工艺美术是福建历史文化资源利用的另一侧向。福建非遗中利用和开发得最好的是手工技艺类非遗,对它们的生产性保护成为福建非遗保护

① 《2012 年福建旅游总收入 1916.94 亿,同比增长 17.2%》,http://www.fj.xinhuanet.com/news/2013−02/01/c_114587331.htm,2013−02−01/2014−12−08。
② 《2011 年福建省旅游经济指标分析》,http://www.ahta.com.cn/xinxi/html/12/120214113551.shtml,2012−2−14/2014−5−15。

的一大亮点。其中,寿山石雕、惠安石雕、漆线雕、木雕、陶瓷等是市场化程度较高和效果较好的非物质文化遗产,一定程度上拉动艺术品市场和对外文化出口的发展。另外,福建也是全国工艺绘画、商品油画等主要产区之一,形成文化产品出口导向型经济。2011 年,我省文化产品出口额为 20.3 亿美元,其中视觉艺术品出口额为 18.8 亿美元,约占总额的 92.6%。[①]

此外,福建积极利用地域环境优势发展文化会展业,形成文化会展业、工艺美术业和旅游业的联动发展趋势。

二、存在问题

(一)优势不突出

福建文化具有生态资源、对台合作、国际传播等方面的优势,但尚未形成相应的市场优势。资源优势和旅游热度、收入水平不匹配。2014 年人民网记者对全国公开旅游收入数据的 22 个省份进行统计,形成 2013 年全国各省区市旅游总收入排行榜。统计结果显示,福建旅游总收入约为广东的 27.5%、江苏的 31.8%、浙江的 41.3%,年增长幅度居中,接待人数也远低于广东、江苏、湖北等地,具体如表 2 所示。武夷山、湄洲岛、永定土楼等福建著名景区在全国百强景区中排名靠后,无法与深圳华侨城、故宫、颐和园、横店影视城等相提并论。

表 6-2　2013 年全国各省区市旅游总收入排行榜[②]

名次	省区市	旅游总收入 (亿元)	同比增长	接待游客总数 (亿人次)	同比增长
1	广东	8305	12.40%	/	/
2	江苏	7195	14.10%	5.18	10.90%
3	浙江	5536	15.30%	/	/
4	山东	突破 5000	/	/	/
5	四川	超 3800	16.00%	/	/
6	湖北	3206	21.90%	4.09	18.50%
7	贵州	2370	/	2.67	/
8	山西	2305	27.20%	/	/
9	福建	2286	16.10%	2.01	16.90%

---

① 王婧:《2011 年福建文化产品出口总额增长 54.5%》,http://news.xinhua08.com/a/20120121/892481.shtml,2012−01−21/2014−01−10。

② 《2013 全国各省份旅游总收入排行榜出炉,广东继续领跑》,http://travel.people.com.cn/n/2014/0123/c41570−24205979.html,2014−01−23/2014−01−24。

（二）资源利用窄

福建历史文化资源丰富，但市场利用率仍不理想。其中，利用较广的是实体性文化资源，主要用于旅游开发，其次是部分手工技艺类非遗，主要用于工艺生产，还有部分民俗节庆活动被整合入旅游产品内，但与福建历史文化资源总量相比，所利用的仅是冰山一角。首先，不少实体性文化资源尚未得以开发或整合，处于自然风化或者城市化危机中；其次，部分手工技艺市场日益萎缩，面临传承危机，如软木画、油纸伞等的市场出路是个十分棘手的问题；最后，大量的精神性文化资源未被很好利用，传说故事、音乐曲艺、表演杂技等得不到合理开发和利用，逐渐淡出世人眼界。

（三）发掘深度浅

目前，福建对历史文化资源的利用主要停留在复原和展示层面，对传统文化的分解、提炼、融合及升华不够，未能释放福建历史文化资源的强大产业推动力。这也造成福建文化产业动力不足、类型单一、创意层次低及文化附加值少的问题。文化旅游、工艺美术、文化会展属于基础创意领域，以文化展示、技艺传承为主体，容易变文化资源为文化资本，目前福建在这些领域已现蒸蒸日上的发展趋势。而动漫游戏、影视传媒、创意设计等属于高难度、高附加值、高回报率的创意领域，是文化产业的上层和主体部分，以文化元素的挖掘、提炼和整合为主体，强调与时尚和科技相融合。但是，目前这些产业因对地域、传统乃至世界文化元素的提炼和整合不够而存在明显的内容创意瓶颈，需要打通传统和现代的壁垒，变文化资源为文化资本。福建在这些方面仍有很长的路要摸索。

（四）联动机制弱

资源融合、产业联动、区域合作是文化产业的发展趋势，目前福建在此方面已有起色，比如大武夷旅游概念的提出，整合了大安源、天成奇峡、云灵山、瀑布林、延平溪源峡谷、顺昌华阳山、建瓯根雕城等周边重点景区，将奇峰怪石、险滩飞瀑、森林氧吧、温泉禅茶、畲族风情、根雕文化等地域自然、人文资源融为一体。但总体而言，福建仍存在资源融合面窄、产业联动弱、区域合作少的问题，比如许多地域单纯利用实体性文化资源开发旅游业，往往忽略传说故事对旅游景点的提升价值，如何通过影视、文学、动漫等方式说故事，赋予地域神奇、神秘、神话色彩，将是打造公众神往之地的重要手段。

（五）品牌价值低

福建文化产业以小型文化企业居多，如小广告公司、小工艺作坊、小动漫企业等，较为缺乏强势文化品牌。以工艺美术业为例，除蔡氏漆线雕等少数知名品牌外,以小作坊生产为主,低端市场竞争激烈,产品价格普遍较低,主要以劳动力成本为主,创意成分少,以复制艺术品为主,利润空间小,量大为王。工艺美术业还存在以大师代品牌的现象,绝大多数从业人员只是以出卖劳动力为主的技艺工人。

第四节　福建文化资源开发路径新探

一、开发路径

福建是个自然生态较好和文化资源丰富的省份。福建发展文化产业,应充分考虑文化资源的地缘因素,因地制宜,发挥自然环境和文化资源优势,促进自然生态、文化生态、经济生态、社会生态和科技生态的循环发展,构建"生态—文化—经济—社会—科技"五位一体的产业发展模式,形成有福建特色的地缘经济。其中,自然生态和文化生态均有明确定义,经济生态指的是拟自然生态的可持续和可循环的经济体或经济运行结构。社会生态、科技生态亦可拟之加以定义。

首先是自然生态和文化生态的协调发展。自然生态是文化生态的物质载体和生成环境。保护自然生态的原生性、多样性是维护文化生态的前提条件,譬如土楼失去青山绿水的环抱,换之以现代化建筑群,土楼的空间之美和文化意义也就荡然无存。而保持传统文化生态也能维系对自然生态的守护,福建自古就有敬天地、重时序、信巫鬼的文化,其多元宗教和敬畏心理对守护自然家园和人伦关系具有一定价值。自然生态和文化生态的和谐统一可以凸显八闽文化的本土性、特殊性。

其次是文化生态和经济生态的循环发展。文化生态能为经济发展提供内在资源和动力,而经济发展也能促进文化生态的调适和发展。我们反对单向型、依赖性和涸泽而渔式的发展态势,维护经济形态的多元性、自足性和互补性,促其构成自相循环的经济生态体系。习近平总书记尤为强调文化遗产保护的重要性,认为它是中华文化复兴的重要依托,"要像爱惜自己的生命一样保护好城市历史文化遗产"[①]。因此,世人应杜绝经济发展以文化破坏为代价,维护文化和经济的可持续发展,最好能够建立文化生态和经济生态的循环机制,即以经济产出再投入的形式维护文化生态的健康发展。

再次是经济生态和自然生态的和谐发展。福建拥有良好的自然生态环

---

① 郑璜:《学习习近平总书记关于文化遗产保护重要讲话精神座谈会举行》,《福建日报》2015年1月22日。

境,森林覆盖率高,水资源丰富,但长期以来并未认识到自然生态的经济潜力。城市的无限膨胀侵蚀了锦绣田园,劳动密集型的出口加工导致空气、水源污染,造成对自然生态的不可逆性损害。近年,自然生态保护成为社会焦点话题,自然生态红利成为政、商、学界共同追求的目标,福建也积极打造生态示范省份。生态经济发展初显成效,福建未来将与台湾加强合作,推动经济生态和自然生态和谐发展。

最后是文化生态和科技生态的互补发展。文化和科技的结合可以产生许多新兴产业业态,尤其是大数据和互联网为文化产业注入发展动力,艺术品电商、网上会展、智能博物馆、智慧旅游等应运而生,能够打破原有产业格局的时空限制,更深入和全面地展现文化魅力,蕴含无限商机。福建应牢牢抓住科技为文化产业洗牌的历史性机遇,以福州、厦门为文化科技融合重点示范城市,尽快实现"智慧福建"的重要使命。

二、具体策略

具体而言,福建推进文化资源开发应注重以下策略:

(一)整合策略

发掘和利用福建文化资源,要做到深、透、全,即深入、透彻、全面地整合福建文化资源,使其发挥合力。

所谓深,即是深挖,将文化内涵和历史精髓挖掘出来,分析地域文化生成的自然经济条件,找寻文化与地理的内在契合点,依托所在地资源发展文化产业,如闽东拥有丰厚的自然地理和历史文化资源,适合发展生态养身和休闲度假产业。所谓透,即是细分,针对各个文化类别进行细分,尽可能地发掘福建文化元素,将其打造成各个城市的文化名片,为文化整合和提升奠定基础,如福州的昙石山文化、莆田的祁梦文化、厦门的疍民文化等均未被充分重视和挖掘,尚未显示出应有的经济价值。所谓全,即是聚集,全面挖掘和利用福建各类历史文化资源,达到跨门类、跨地域的融合,如闽东畲族服饰别具一格,晋江服装设计走在全省前列,畲族服饰元素挖掘和服装创意设计的跨地域结合,有助于展示福建文化元素和镀亮传统价值。

(二)优势策略

发掘和利用福建文化资源,应秉持优势资源优先的原则,加以重点发掘和培育,突出地域优势。以莆田为例,妈祖文化、南少林文化是其主要优势文化,但是目前,妈祖文化开发形式较为单一,以文化旅游、节日庆典为主,旅游客流量与文化影响力难匹配,而南少林文化基本处于未开发状态。基于上述情况,莆田应围绕这两大文化,完善市政交通、餐饮酒店、基础建设等各类配套设施,加强两大文化之间的联动,拓展上下游产业链,以其为文化内核打造莆田特色文化产业,变鞋革等制造业为主的经济结构为文化旅游、工艺创意为主的经济结构。

(三)差异策略

发掘和利用福建文化资源,要坚持差异为本的原则,尽量避免同质化所造成的竞争和内耗,即便是同种产业类型,也应谋求差异化发展道路。以福州和厦门为例,它们是福建对外交流的两大窗口,在动漫游戏、文化会展、文化旅游、广告传媒等方面势均力敌,但福州的闽都文化、船政文化和厦门的闽台文化、侨乡文化各有千秋,我们应依托文化差异来规划和发展文化产业,塑造独具个性的城市形象。

(四)联动策略

发掘和利用福建文化资源,要加强资源融合、产业联动、区域合作,形成物物相依、业业相关、区区相连的产业格局。资源融合包括同类资源、相近资源和相关资源的融合,比如在利用和开发茶文化时,我们可以将福建绿、红、乌龙、白这四大名茶进行同类串联,又可以将中华茶道与日韩茶道、宫廷茶道与民间茶道等进行相近串联,还可以将茶道与禅道、瓷器、奇石、书画等进行相关串联,达到文化资源的多角度、全方位开发。产业联动可包括产业内和产业间的联动,促进会展、影视、动漫、演艺、旅游等的多元融合,如增加旅游景区的 3D、4D 体验场馆,如以旅游景区风土人情、传说故事为题材制作动画片,又如以影视产业或文化会展来拉动旅游业,形成相互影响的产业体系。区域合作是文化产业发展的高级阶段,不同区域间形成上下游产业链,如福州、厦门发展动漫原创制作业,而漳州、泉州负责动漫衍生产品制造业,三明等地则发展动漫旅游业,形成合力关系,增强文化产业的整体竞争力。

(五)循环策略

发掘和利用福建文化资源,要秉持开发和保护并行的策略。文化资源不是取之不尽、用之不竭、可以随意挥霍的免费资产,文化保护应是文化开发的前提。因此,在利用传统文化资源时,我们应注意如下原则:其一,保护在先,开发在后,只有保护好文化源头,才能有产业发展的活水;其二,开发时注重文化的原真性,一切以不破坏文化原生态和真实性为基础,不能把文化资源仅仅看为赚钱的工具;其三,产业利润应部分投放于文化资源保护事业,促进文化开发和文化保护的良性互动,保障文化产业的可持续性发展。

第七章
闽都文化与福州
产业经济定位

福州,寓意"有福之州",因三山环抱,别称"三山",又因遍植榕树,称为"榕城"。福州是福建省的省会和第一大城市,因此福州文化又称闽都文化。福州文化产业年增长值居全省前列,近年来福建加大文化资源的保护与开发力度,形成文化旅游、动漫游戏、文化会展、工艺美术等优势产业业态,但仍存在国内影响力较弱、文化附加值不高、创意水平不强等问题。福建应以闽都文化资源为依托,促进文化和经济的良性互动。

第一节 闽都文化

一、福州地理与闽都文化

福州地处福建东部、闽江下游,和台湾隔海相望。闽江起源于武夷山脉,是福建最大水系,沙溪、富屯溪、建溪均汇入其中。因长期的泥沙冲刷沉积,闽江下游即福州地域形成一片冲积三角洲平原,地势平坦,土地肥沃,物产丰饶,闽江横穿而过,奔流到海,水源丰富,海运发达,很适宜于人类生存。同时,福州外有武夷山脉的阻隔,内有于山、乌石山、屏山的守护,地理上的层层屏障抵挡了北方铁蹄和风沙寒流的肆虐,成为守护这片土地的铜墙铁壁。因此,福州不仅是闽越人世代安居的"有福之州",而且是北方士族追慕的理想家园,于是人口日盛,文教日渐昌明,逐渐发展成中国东南沿海的文化名邦。另外,福州处于福建海岸线的中部,距离吴越文化较近,是闽越文化交流的中心,也是中原文化对闽传播的中转站,具有较强的文化辐射力。因此,福州不仅是闽越文化的起源地之一,而且是福建中原文化的代表地域。还有,福州连江望海,联络八闽,地域优势明显,历来手工业和商业发达,较好地接受海洋文明的洗礼,拥有高超的造船技艺和航海技艺,是郑和下西洋的重要起点之一,鸦片战争后更是中国对外文化交流的重要窗口。

距今 5000～7000 年前已有原始氏族部落定居福州,以渔猎为生,与中原文化交流甚少。勾践六世孙无疆为楚威王所灭,越王族渐次入闽,与闽人融合成为闽越人。公元前 220 年,秦废闽越王无诸之位,设立闽中郡,治所闽侯。后无诸助汉灭秦,公元前 202 年汉高祖复闽越王位,都闽中故地东冶,即今福州,奠定了福州为八闽首府的地位。此后,福州与泉州交替执掌行政首府的位置,逐渐积淀起底蕴深厚的闽都文化,尤其是明清以后,福建逐渐走入中国历史的中心舞台,成为对外文化交流、抗倭、抵御英法外敌的前沿阵地,留下了许多宝贵的文化遗产。

二、闽都文化的历史延宕

作为八闽首府,福州具有开化早、进步快的历史特征,经历了几千年的文化兴替和沉积,形成丰富多样的文化地质层,按时间顺序,大致可分为:

(一)上古文化

福州是闽族、闽越族的重要发祥地之一,其历史可追溯到新石器时代。闽族文化掀开了福州历史的第一页。闽族,《周礼》中称为"七闽",是福建地域最早原住民,蛇种禽呼,顶髻徒跣,适应炎热潮湿的热带雨林生活,悬棺风葬,渔猎为生,擅长制陶、纺织和造船,信巫鬼,重淫祀,其奇风异俗与中原文化大相径庭,甚而异于湘蛮和吴越。《尚书·禹贡》载:"岛夷(应指闽族)卉服,厥筐织贝,厥包橘柚锡贡。沿于江海,达于淮、泗。"可见,闽族世代居于岛夷方国,自成一体,交通阻隔,与中原交流甚少。后,闽族与越、蛮、僚等华夏诸民族融合,尤其是吴越战争、楚越战争期间大批越人举族南迁入闽,和闽人混居,共同缔造了丰富多彩的闽越文化。福州于山即因于越人聚居而闻名,相传勾践后人无诸于公元前 202 年被汉高祖封为闽越王,在福州闽侯县东北冶山之麓建立"冶城",开启福州的城垣时代,留下大庙山、钓龙井等重要文化遗迹。闽族文化、闽越文化是福州上古文化的重要遗存,或以远古遗迹形式再现光华,或融入诸多民间习俗信仰中,如白马王和榕树神信仰、连江一带独木行舟,成为闽都文化不可或缺的组成成分,其中最引人关注的是昙石山文化和黄土仑文化。

1. 昙石山文化

昙石山,位于闽侯县闽江北岸昙石村旁,是先秦闽族文化重要遗址,距今四五千年,拥有丰厚的海洋蛤蛎、贝壳堆积层,属于典型的海洋贝丘文化。该遗址历经 9 次考古发掘,已发掘面积超过 5 000 平方米,出土大量石器、陶器、骨器和贝器,包括造型奇特的陶制"中华第一灯"、体现沿海初民饮食习惯的陶釜和陶簋等,预计还有三分之二遗迹尚未发掘。该遗址的发现将福建历史推前了2 000年,证明了福建文化的独特性,弥补了福建上古史的空白,并使闽族文化和燕赵、齐鲁、吴越、良渚等文化形态一道成为中华文化的重要组成部分。同时,该遗址与台湾凤鼻山、圆山、芝山岩等多处遗址存在诸多相似之处,证实了闽台文化同根同源。目前,昙石山文化遗址已有部分开发,成为福州十大文化名片之一。其中,昙石山博物馆是以文化遗址为中心的融博物馆、考古现场和遗址公园为一体的大型考古遗址博物苑,目前已投放旅游市场,另外,闽都民俗园占地180亩,依昙石山遗址博物馆而建,重点展示福州上古时期闽越农耕文化,将成为福州民俗风情旅游的又一亮点。

2. 黄土仑文化

黄土仑文化晚于昙石山文化,具体考古年代测定为公元前1300年前后,是福州地区殷商时期闽越文化的历史遗存。黄土仑文化既继承了古老的闽族文化,又融合了临近的吴越文化,还部分吸收了中原殷商文化,代表了福州乃至福建地域文化发展的新高峰。与昙石山文化相比,黄土仑文化形态发生变化:首先,出现了以渔猎为主向以农耕为主经济形态的过渡;其次,陶瓷制作技艺更趋精美,仿铜工艺与越窑接近;最后,出现陶鼓、青铜钟等礼器,说明中原殷商文化的南移。黄土仑文化覆盖较广,东抵大海,西连赣东,北达浙南,南至晋江,但其中心区域为闽江下游,遍布闽侯县鸿尾村、闽侯庄边山、闽侯白沙溪头和福清东张等地,与江西清江吴城、绍兴凤凰山等存在渊源关系。黄土仑文化的保护和开发可为福州赢得另一张文化名片。

(二)中古文化

1. 儒学文化

汉晋以后,衣冠南渡使得福州中原文化日隆,尤其是永嘉之乱后中原士族因战乱大量南迁,渐次来到福州,并向周边扩展,加速了中原文化与闽越文化的融合。南朝江淹、顾野王、阮弥之等均曾入闽,传播中原儒学。唐代开元年间,福州出现丽正、集贤等书院,聚众讲学,传播儒教。两宋以来,全国文化经济中心逐渐南移,福州文教日渐昌明,朱熹10次来榕讲学,广收弟子,兴盛书院、书社,其著名者如三山书院、拙斋书院、濂江书院、竹林书院,自此闽学崛起,自成一派。另有官办府学、县学广纳生员,激励士子求学,在社会全面树立科举取士的价值观念,宋人吕祖谦在《登郡城》中写到"路逢十客九青衿""巷南巷北读书声",可见中原儒学在福州蓬勃日上,逐渐上升为社会主流文化。明代福州有书院20所,清代增至23所,其中鳌峰书院、凤池书院、正谊书院、致用书院被称为福州四大书院。①

中原儒学的兴盛使得福州成为远近闻名的"海滨邹鲁，文儒之乡"，历代进士共计 4 000 余名，留下"一榜三鼎甲""三科三状元""三代五尚书"等无数佳话，又有许多好古饱学之才、文韬武略之将、忠义慷慨之士名载史册，如德高望重的黄巷鸿儒黄璞、擅长指画的一代将才甘宝国、精通经史的同光诗人陈衍、尽忠效主的末代帝师陈宝琛等，为福州注入浓郁的诗情、渊博的知识和厚重的人文底蕴。

同时，儒学的兴旺带动福州文庙贡院、山房精舍、笔会诗社、藏书楼等的崛起与发展，出现光禄吟台、石仓园、听雨轩、光福山房等文人精研学问、聚会吟咏的著名场所。另外，儒学的兴旺也促成雕版印刷、制笔、制墨、篆刻、裱褙等的繁荣，推动了福州传统工艺的发展。

2. 坊巷文化

福州坊巷文化是华夏中原城市里坊制度的重要遗存，距今有 1 700 余年的历史。三坊七巷就是福州坊巷文化的物质载体和历史见证，拥有 200 多座明清院落，排列有序，规模宏大，保存完整，意蕴深沉，气势轩昂，素有"城市里坊制度的活化石""明清建筑博物馆"之称。

里坊制度是宋以前中国的基本居住形制。里、坊同义，指的是居所。《郑风·将仲子》中有"将仲子兮，无逾我里"，古代二十五家所居为"里"，可见，从春秋开始，我国已大致形成这种规模一定、秩序谨严的居住形制，以便于统治者的管理。里坊制度的主要特征是里市分离、严格夜禁。但唐宋以后，随着经济的繁盛，夜禁制度被逐渐打破，到宋徽宗时已基本废除。

福州三坊七巷始建于王审知任闽王时，主要仿中原里坊格局。唐昭宗天复元年（901 年）王审知建罗城，以安泰河为界分北城和南城，北城为贵族居所及政治中心，南城为百姓居所，沿中轴线对称分布，分段筑墙，里市分离，形成三坊七巷雏形。此后，三坊七巷虽经历代改扩，但里巷形制基本未变。随着时代变迁，多数里坊已为街巷所取代，消失在历史的尘烟中。三坊七巷仍保留着中古里坊格局融入后来的市井文化，尤显难得。

三坊七巷之美，美在其悠久的历史，它在福州文明史上留下了浓墨重彩的一笔，与晋"子城"、唐"罗城"、宋"西市"休戚相关，这里有唐宋遗迹，如唐名士黄璞故居"小黄楼"、宋郡守程师孟遗迹"光禄吟台"等，这里有明清时期的

---

① 《福州教育》，http://baike.baidu.com/link? url＝abzG0－Gy9pEFTR6kJMStjBHDnDZ4E VW3DD_M－mzImbh7mke8gEbWrFzMd8Uxtykw3ytVwB－EKy_IM69Y8qYmQa，2015－04－20/2015－01－01.

参天古木、幽深书院、坊巷民居、园林建筑、古典家具等,其中已有9处列入国家级文物保护单位,8处列入省级文物保护单位。它是一段凝固的历史、一曲不灭的歌谣、一个不老的传说,能够满足世人追慕传统、回溯历史的美好愿望。三坊七巷之美,美在其高超的艺术,青砖灰瓦马鞍墙,水榭楼台镂花窗,小巷幽深,石路蜿蜒,马鞍墙灵动婉转,外饰彩绘,和雕镂门楼浑然一体,凝重中透着轻盈,浑厚却不失华贵;室内轩昂,别有洞天,即便是方寸之地,亦可凭借倚景、借景和造景,将松石假山、四季花木、小桥流水等自然景观与人文气息一脉相通,门窗、梁栋、斗拱、花座、柱础、台阶、水井连为一体,匠心独运。三坊七巷之美,美在其深厚的人文,这里钟灵毓秀,地灵人杰,虽仅占地38.35公顷,但却是饱学之士、诗礼之族的聚居地,"谁知五柳孤松客,却住三坊七巷内",先后出现100余位彪炳史册的人物。三坊七巷骨子里蕴藏着一种能屈能伸、兼容并蓄、刚柔相济的人文气质,士子在此可进可退,能屈能伸,出则积极进取、锐意开拓,退则优游自在、颐养天年。这里既有儒家的奋发,又有道家的睿智,儒道并蓄,浑融大气。三坊七巷之美,美在优雅的文学,大及林纾的译作,林觉民的家书,冰心、林徽因、庐隐的作品;小及门楼牌匾、厅前楹联,无不为凝重古朴的坊巷文化增添了曼妙诗情与灵动气质。

3. 市井文化

市井是街市、市区之意,《管子·小匡》中写到"处商必就市井",可见,市井应是古代城市的商业中心,一定程度上构成了城市的人文景观。市井文化是产生于街区小巷、带有商业倾向、通俗浅近、充满变幻而杂乱无章的市民文化。[①]

福州位于福建东部沿海的中心位置,交通便利,人口众多,手工业、商业较为发达,繁华处商铺林立,裱褙、纸伞、典当等店铺闪现其中,游人川行,三教九流络绎不绝。福州的市井文化别具一格,它能将生活的审美化和审美的实用化融为一体,在追求美艺、美声、美景、美食中实现艺术与生活的完美结合。即便是一方印章、一个盘盒、一把油纸伞,也能如此美轮美奂,不得不让人叹服福州人对生活的精心经营。

首先,民间工艺前承闽越遗风,力求精湛,融实用性与审美性于一体,其中尤以脱胎漆器、寿山田黄、软木画、角梳、纸伞久负盛名,有"三宝""三绝"之称,构成福州市井文化的靓丽风景线。与中原诸国相比,越国虽开化较晚,但

---

① 《市井文化》,http://baike.baidu.com/link? url=mzmPaTg8TfWNFCJsQd0xCi1 klVfpxR-fZdm0BkgCE − z2YWclI7mFBQu382qMIfHvDQ1Dq9EheMujoBn_kakHKda,2015 − 08 −12/2015−09−10。

在艺术上却有精到之处,尤以铸剑、制瓷为最,越王剑、秘色瓷闻名天下。福州作为闽越故地,承继和发扬了这种精益求精的艺术精神,其寿山石雕、脱胎漆器的制作,马鞍墙的设计,闽剧的演绎无不追求百炼精钢的艺术境界。脱胎漆器鲜亮润泽、轻盈俏丽、不霉不腐,与北京景泰蓝、景德镇瓷器齐名于世,其工艺融塑、雕、画等技法于一体,工序至少四十道,多者达到百余道,让人叹为观止。寿山石雕以寿山石为原料,因材质形体、色泽灵活运用浮雕、透雕、圆雕、镂空雕、薄意雕等技法,能补自然之缺陷,夺造化之神功。软木画、角梳、纸伞在选料、制作上亦是一丝不苟、力求工细,尽显福州人精致细腻的生活态度。

其次,传统戏曲、曲艺品类丰富,别具一格。闽剧、评话、伬唱、十番等都是福州传统艺术,历史悠久,带有鲜明的地域特色。戏台随处可见,可以建在庙宇祠堂前,作为祭祀祖先的重要内容;可以搭在自家院落里,作为养性怡情的重要所在;还可以临时搭在空地里,作为娱神娱人的重要曲目。最妙的是戏台搭在水榭之上,观者隔岸倾听,清音袅袅,悠远而不断,别有"此曲只应天上有"之感。唱戏、说话必用福州方言,也许不够缠绵婉转,但游走于八音之间,使人顿感心境跌宕起伏,唤起你对人生百味的无穷体验。福州传统戏曲是场视听盛宴,让观众能够近距离地感受闽都艺术的魅力。

最后,日常饮食也颇具特色,闽菜是全国八大菜系之一。"佛跳墙"是首屈一指的闽菜名肴,以海参、鲍鱼、鱼翅、鱼唇、干贝、蛏子等入料,外加鸡、鸭、羊肉、猪肚、鸽蛋,放入绍兴酒坛煨制而成,香味浓郁,有诗赞曰"酝启荤香飘四邻,佛闻弃禅跳墙来"。鱼丸、肉燕、鼎边糊、肉松、线面等风味小吃也广受赞誉。永和鱼丸、木金肉丸、同利肉燕、福记鼎边糊、鼎鼎肉松、后屿线面等都是响当当的百年老字号。中国人以食为天,食香四溢的榕城给人实在的诱惑。

(三)近代文化

福州从近代开始真正走入历史前台,成为影响中国文明进程的重要城市。福州近代文化是大陆文化和海洋文化相碰撞的产物。一方面,福州背倚大陆,连接着横亘近千万平方公里并绵延几千年的中国农耕社会,秉承儒家传统文化精髓;另一方面,福州面朝大海,较早接受海洋文明的洗礼,三国时福州(东冶、温麻)即是东吴海军和造船基地,中唐以后福州一度成为中国三大对外贸易港口之一,和台湾、东南亚的往来络绎不绝,郑和三下西洋时选择由福州长乐起航,1842年以后福州列入全国五大通商口岸之一,开眼看世界,逐渐与世界文明接轨,成为中国接受和传播西方思想的重要阵地。

1. 启蒙文化

启蒙文化是建立在西方启蒙价值理念基础上的文化,深刻反思和批判中国王朝国家制度和儒家集体理性,是支撑中国近代历史变革和文化革新的主要精神动力。福州是启蒙文化兴起和推广的重要地域。

福州作为通商口岸开埠,西方传教士、商人、外交使节等纷纷来此传教、经商或从事政治交往活动,英、法、意等共计17个国家相继在福州仓山设立使馆①,修建洋行、医院、教堂、学校等,福州逐渐进入西方文化辐射圈,接受西方科技和文化的渲染,成为晚清中国对外文化交流的重要场域。

首先,教会学堂的兴起和繁荣打破了封建科举制度的一元格局,加速了西方文化观念的传播,为福州启蒙文化的兴起奠定基础。著名的教会学校有保福山学校、格致书院、文山女中、毓英女中、陶淑女中、华南女子大学、鹤龄英华书院、三一书院等,它们招收贫困子弟,不仅免学费,而且提供膳食、生活用具,除传播福音之外,还开设英文课、几何课、化学课、天文课及缝纫、烹饪等生活技能课,开近代平民教育、女子教育、职业技能教育之先河。冰心、林徽因、庐隐等都曾接受教会学校教育,培养了自由、自立、自主的女性意识,成为五四启蒙运动中的重要女将。

其次,洋务运动如火如荼,左宗棠、沈葆桢等有为之士引入西式科技教育,创办新式学堂。如福州船政学堂、电报学堂、电气学塾、福建武备学堂、福建陆军小学、闽口要塞炮科学堂、福建讲武堂、福建全省警察学堂等,变革中国陈腐的教育体制,加速了西方文化在中国的传播。其中,福州船政学堂是与京师大学堂、京师同文馆、天津水师学堂等齐名的西学官办学堂。它一改"八股取士"的套路,传授西方文化和科学技术,开中国近代科技教育之先河,为近现代中国社会变革和发展准备了大批可用之才,如严复、陈季同、许寿山、刘步蟾、邓世昌、詹天佑、萨镇冰、魏瀚等。

最后,西洋刊物和私人书刊的兴起打破封建思想禁锢,传播西方人文思想和民间自由意识,推进有识之士的思想革命。除了《万国公报》《申报》《中国教会新报》等外埠著名刊物在福州流通外,福州还刊行《福州府差报》《郇山使者报》《闽省会报》《华美报》《奋兴报》《福州捷报》《福州每日回声报》等教会报纸,传播西方基督教及科技文化。另外,至1860年,传教士在福州出版各类读物42种,其中宗教读物26种,占61.9%;天文、地理、风俗之类16种,占38.1%。② 随后,私人报刊也应运而生,如黄乃裳的《福报》,林炳章《福建法政杂志》《福建去毒总社季刊》,祁暄《警醒报》《民心》,福州印书局《华字新报》

---

① 陈兆奋:《各国驻福州领事馆追踪》,http://www.fzda.gov.cn/tslmshow.asp? id=5196,2007-07-05/2014-08-15。

② 张仲礼:《东南沿海城市与中国近代化》,上海人民出版社1996年版,第765页。

《闻见录》,同盟会《建言报》等,①传播新思想、新文化。

在此背景下,福州于 19 世纪末 20 世纪初成为中国启蒙文化的策源地之一,涌现了从洋务派到维新派再到革命派的数代知识分子。其中,师夷长技以治夷者有之,振兴实业拯危济困者有之,变革政体力挽狂澜者有之,坚守真理慷慨赴难者有之,著书立说启蒙大众者有之,如禁烟抗英的民族英雄林则徐、革新实业的船政之父沈葆桢、学富五车的西学泰斗严复、不懂外文的译坛怪杰林纾、慷慨就义的戊戌六君子之一林旭、"少年不望万户侯"的林觉民以及走出闺阁的五四文坛女将庐隐、冰心、林徽因等,他们在中国近现代社会和文化转型中扮演重要角色,成为中国近现代史的重要书写者。福州也因此从东南二线城市跃居全国重要文化城市行列,成为和北京、上海、广州、武汉等一样具有深刻历史影响力的文化名城。

2. 船政文化

福建船政坐落于福州马尾,是中国兴办的第一家专业造船厂。1866 年,时任闽浙总督的左宗棠出于强兵富国和守护海防的考虑,提请清政府在福州马尾港设立船厂,组建新式海军,得到清王朝的认可,授名为"总理船政事务衙门",即福州船政。福州船政自创办起即效仿西方工业发展经验,引入西方技术设备,聘请西方贤才,在此后两三年间初见规模,以造船工业、海军建制、科技人才培养为三大目标,力图改变中国落后的工业、军事和教育面貌。

船政文化的核心内涵是实业救国、军事强国和科技兴国。它体现了儒家精英励精图治、发奋图强、百折不回的文化精神,也体现了闽人脚踏实地、务实求真的生活态度,更体现了华夏民族保家卫国、守护疆土的坚强决心。

三、闽都文化细分

文化是一个民族、一个地域区别于其他民族、地域的思想、情感、行为方式,渗透于现实生活的方方面面。文化划分方法一般有物质、精神两分法,物质、精神、制度三分法,物质、精神、制度、行为习惯四分法和物质、精神、艺术、语言符号、风俗习惯、社会关系六分法。闽都文化的价值谱系采用四分法进行分析,如表 7-1 所示。

---

① 《福州晚报社》主编:《福州新闻志·报业志》打印本,福建省图书馆馆藏图书,1992 年 6 月。

表7-1　闽都文化细分略举表

闽都文化	物质	衣	上古:断发文身 中古:百褶裙、围身裙、木屐、戴花、三条簪
		食	清明粿、九重粿、灶糖灶饼、光饼、千叶糕、李干、鱼丸、燕丸、扁肉燕、芋泥、线面、肉松、锅边糊、蛎饼、烰油、春卷、佛跳墙
		住	明清上层建筑:朱紫坊、三坊七巷(青砖灰瓦、风火山墙、园林布局) 底层民居:提脚房、连家船、柴栏厝 近代建筑:领事馆、石厝教堂、西式医院、学校
		行	闽越遗风:驾舟出行;中原遗风:坐轿;近代:人力车
	精神	宗教	原始宗教:蛇崇拜、榕树神、祭灶神、丹霞大圣(猴王)、裴先师(狐仙)、九使爷(蛇神)、五通神(山精木怪,实为瘟神)、土地诞 道教:临水夫人(陈靖姑)、妈祖、张圣君、白马三郎、水部尚书陈文龙、探花府田元帅、五福大帝、照天君、王天君、泗州神、关公诞、迎城隍、魁星诞、鲁班诞 佛教:观音诞、地藏王诞等
		伦理	儒家:合族而居、重母抑妻、长尊幼卑
		语言符号	神话传说:目连救母、丹霞大圣、陈靖姑斩蛇精降猴精、方广岩蛇娘恋书生、鳝溪与白马王、水蛙精水遁招灾 民间故事:郑唐系列、卖姆当大舅、捡茶记、红裙记、双抛桥、孝义巷、油巷、思儿亭、惨恻桥、大庙山、朱熹在亭江、黄乃裳传奇、甘宝国传奇、郑成功收复台湾、贻顺哥烛蒂、林水志买猪母、吴瑶琴金蝉脱壳、柳七娘与罗星塔、许㑇罚添油 俗语谚语:养鼠咬布袋;鸭姆领凤呢飞;吃大猪料叫猪囝声;棺材料做牙签;十八岁见二十四代;贼去了关门;过桥扔拐;乌犬偷吃白犬当罪;含饭等配;有嘴讲别人,毛(没)嘴讲自家;看贼吃毛(没)看贼拍(打);骑马连具(拄)杖;肖蛇多心思;上半暝肖鸡,下半暝肖鸭;有天没日头;死的去远远,生的要吃饭 歇后语:道士收花彩—假客气;金胡蝇—屎腹;婆饲囝—十死九无活;借钱放债—假有钱;粪囤罩头—暗摸摸;鸡母扒粪倒—没事讨事做;大汉做乞食—贪闲 歌谣:盘诗、贺年歌、叫卖调、喝彩诗、民歌、童谣

续表

闽都文化	精神	语言符号	谜语:一个老人七十三,嘴须又长背又弯,昧死先戴孝,死了一身红丹丹(打一动物,虾);远觑一头马,近觑马没头,观音钻进去,小鬼拍拍跑(打一交通工具,花轿);被铺(窝)中放屁一留(刘)着自家备(打一三国人物,刘备)
		艺术	民间工艺:脱胎漆器、角梳、纸伞、软木画、寿山石雕
			曲艺:评话、伬唱、十番
			戏曲:闽剧、肩顶戏
			竞技表演:腰鼓
			民间灯艺:花灯
	行为习惯	生活习俗	饭连粥(饮食习俗)、三夹米(宴客习俗)、避债戏(除夕供穷人看戏)、做半段(村庆习俗)、迎神(做年游神习俗)、太平面(庆生日长寿面)
		生产习俗	农业:男耕女织、换工互助、布田饭、尝新 渔业:造船插青、张网祭大公鸡、出海做福 商业:年后初四营业、初二和二十六"牙祭"、二月十二土地诞 手工业:尊师如父、做福
		节日习俗	做年(春节,扫堂、分年、送年)、上元(元宵,送灯、闹花灯习俗)、拗九节、清明节、五日节(端午)、乞巧节、七月半(盂兰盆节或中元节)、中秋(祭祖)、重阳(登高、饮菊酒、放纸鹞)、冬至(搓丸子)、祭灶(夏代祭火遗风)
		人生礼仪	送定(订婚);送日子(择定婚期);迎娶;婚礼;回门(新娘回娘家);试鼎(考新娘);送三旦、满月酒(迎接新生命的仪式);做七(丧葬);过九(过生日);冥婚;冲喜婚
	制度	人才选拔	科举制度
		社会人伦	宗族制度
		城市管理	坊巷制度

从传统文化谱系来看,闽都文化具有如下特征:

首先,闽都文化具有多元性。由于闽越文化、中原文化、古代文化和近现代文化相互碰撞和交融,闽都呈现出混融多元的特征。以宗教为例,既受闽越族万物有灵论的影响,部分承继了远古图腾崇拜和鬼魂崇拜,对草木精怪、山川河流充满敬畏,如对榕树神、土地神的信仰;又受到中原儒家准宗教、道教求仙问道思想的影响,延续了中古时期的祖宗崇拜、英雄崇拜和神仙崇拜等;也受佛教超脱生死、救苦救厄观念的影响,保留了斋戒礼佛的传统;甚至受到基督教等西洋宗教的影响,引入忏悔意识和博爱精神。

其次,闽都文化具有地域性,在衣、食、住、行、语言、宗教、艺术、习俗等方面别具特色。以饮食为例,福州菜系一长于红糟调味,二长于制汤,三长于使用糖醋,整体口味偏甜,如八宝芋泥、荔枝肉、醉排骨、糖醋鱼等均用糖,区别于闽南菜系的酸辣口味和闽西菜系的咸辣口味。以语言为例,福州话是古越语和古汉语融合的产物,具有七个音调,主要流行于福州、闽侯、长乐、连江、永泰、闽清、罗源、福清、平潭、屏南和古田,是汉语八大方言之一。依托福州方言的谚语、儿歌、戏曲、曲艺更是在抑扬顿挫、依依袅袅间演绎出闽都文化的无限风情。

最后,闽都文化具有发展不平衡性。受现代化、全球化、一体化的冲击和影响,闽都文化呈现两极分化趋势。一方面,民俗、制度、语言类文化因时代变迁、文化转型难以满足现代人的价值观念、思想情感或审美需求,因此日渐衰微,甚而成为濒危的非物质文化遗产;另一方面,传统饮食、民间工艺等文化因能够较好融入现代生活而被保留并发扬光大,成为科技创新和文化创意的重要品类。

第二节　闽都文化产业现状

文化产业是福州十二五规划的发展重点。福州紧紧围绕国家《文化产业振兴规划》和《海峡西岸经济区发展规划》等重大政策,规划建成"引领海西、具有强大辐射力的文化创意产业中心"。

一、产业基础

福州文化产业基地良好,文化创意基地或园区遍地开花,如福州动漫游戏产业基地、三坊七巷文化旅游基地、马尾船政文化街区、福州海峡国际会展中心、福百祥 1958 文化创意园、芍园壹号创意产业园、榕都 318 创意艺术街区、新华文化创意园、白马路文化创意街区、海西动漫创意之都、连江(时代华奥)海峡文化创意产业基地、中国东方漆空间创意园、闽台 A.D 广告文化创意产业园、鼎鑫建筑设计创意园、福州光明港茶文化创意城、海峡(永泰)影视基地等,成为各类文化创意产品的孵化产地,推进福州文化产业的持续发展。截至 2010 年底,福州已拥有国家级文化产业示范基地 1 个,省级文化产业示范基地 16 个,市级文化创意产业基地(企业)19 个。三坊七巷获得文化部、国家文物局授予"中国十大历史文化名街"称号,网龙科技获国家级文化产业示范基地称号,福州动漫游戏产业基地获得国家广电总局授予的"国家动漫实验园"称号,福建金豹动画设计有限公司、福州五彩动漫数字科技有限公司等

7家动漫企业获得国家动漫企业认定。[①]

二、产业规模

"十一五"期间,福州文化创意产业年均增长 29.8％,高于同期全市 GDP 和第三产业 15.57 个百分点和 12.6 个百分点。2010 年福州市文化创意产业实现增加值 192.3 亿元,同比增长 25％,占全市 GDP 的 6.2％,较"十五"期末增长 1.59 倍。[②]"十二五"期间,福州文创产业再创新高,2015 年实现增加值 500 亿元。可见,文化创意产业逐渐成为福州支柱性产业。就全省各市发展情况来看,福州文化创意产业总量较大,具有一定发展优势,2014 年厦门文创产业实现增加值 280 亿元,总量低于福州。但就全国省会级城市发展情况来看,福州文化创意产业处于中等发展水平。2010 年上海文创产业实现增加值 1 673.79 亿元,占 GDP 的 9.75％,[③] 2013 年上海文创产业增加值突破 2 500 亿元大关,占 GDP 的 11.5％,2014 年则提前实现文创产业增加值占 12％的"十二五"规划目标。[④] 2010 年北京文化创意产业实现增加值 1 692.2 亿元,占 GDP 的 12.3％,[④]同期深圳、杭州、天津、长沙、重庆、南京各地增加值分别为 726、702、455、453.84、300、200 亿元,均超过福州。2014 年北京文创产业增加值为 2 794.3 亿元,占 GDP 的 13.1％。[⑤] 福建与北、上、广、深等文化产业领先城市相比仍有较大差距。

目前,福州文化产业已形成现代传媒业、动漫游戏业、设计创意业、工艺美术业、文化休闲旅游业、文化会展业、广告创意业等七大主体产业。2010 年,上述七大领域增加值已占福州文化创意产业增加值的 80.11％,成为福州文化产业发展的重要支柱。其中,现代传媒业实现增加值 45.75 亿元,比 2004 年增长了 1.87 倍;动漫游戏业实现增加值 6.4 亿元,比 2004 年增长了 318.7 倍;设计创意业实现增加值 13.2 亿元,比 2004 年增长了 4.75 倍;工艺美术业实现增加值 45.75 亿元,比 2004 年增长了 4.5 倍;文化休闲旅游业实现增加值 23.08 亿元,比 2004 年增长了 3.0 倍;文化会展业实现增加值 4.43 亿元,比

①②　发改委:《福州市文化创意产业发展"十二五"专项规划》,http://fgw.fuzhou.gov.cn/ztxx/sew/201212/t20121218_644292.htm,2012－11－19/2014－12－30。

③　吴颖、唐漪薇:《上海文化创意产业统计数据发布 世博拉动作用明显》,http://channel.eastday.com/eastday/scci/i/20110923/u1a6120035.html,2011－9－23/2014－12－10。

④　励漪:《2014 年上海文化创意产业增加值占 GDP 比重达 12％》,http://sh.people.com.cn/n/2015/0205/C347221－23807969.html,2015－02－05/2015－10－10。

④　《2010 年北京文化创意产业实现增加值 1692.2 亿元》,http://www.xinhua08.com/news/cyjj/201103/t20110304_355512.html,2011－03－04/2014－04－01。

⑤　李洋:《2014 年北京文化创意产业占 GDP 比重突破 13％》,北京日报,2015 年 3 月 12 日。

2004 年增长了 18.0 倍；广告创意业实现增加值 14.63 亿元，比 2004 年增长了 17.0 倍。[①] 以动漫游戏为例，2012 年全市原创动画企业共创作 26 部 1 185 集作品，合计 14 816 分钟，列全国第 4 位，福州动漫基地在全国 24 家动画基地中列第 3 位。[②] 2013 年，仅神话时代一家企业完成原创动画制作 17 296 分钟，居全国首位。

三、产业布态

福州文化产业为打造本土特色和优势产业，在传统资源利用上下了一番功夫，加强地域传统文化元素和时尚潮流的结合，推进文化休闲旅游、工艺美术、动漫影视、文化会展等的飞速发展。

（一）文化休闲旅游

福州在利用传统资源发展文化休闲旅游产业上形成三大开发思路。其一是优势传统资源的重点开发，倾力打造三坊七巷、马尾船政等文化旅游区，塑造高端文化休闲旅游品牌，形成重大项目带动效应，促使福州从旅游过境地向旅游目的地的转型。其二是历史文化资源和自然资源的整合，大力开发福州江河湖海、山川原野、温泉田园等自然资源，推出闽江游、内河游、温泉游、生态游、乡村田园游等项目，将自然景观游和历史人文游深度结合。其三是历史文化资源的深挖掘、广开发，整合福州周边地域文化资源，形成区域文化旅游网络，如上下杭、烟台山、鼓岭、永泰嵩口镇、马尾闽安村、长乐琴江村等历史文化街区、村镇或遗址的开发，丰富福州的文化旅游项目。

（二）工艺美术

福州工艺美术资源丰富，成为发展工艺美术产业的重要宝库。首先是传统工艺的延续和创新，创建各类生产、研发基地，将寿山石雕、漆艺、木雕、软木画等纳入生产性保护范畴，形成完备产业链和产业集聚效应。其次是工艺美术交易市场的建立或扩大，使福州成为全省乃至全国重要的工艺美术集散地。最后是将工艺美术作为塑造城市文化品牌的重要途径，重点突出福州作为"中国寿山石雕之都""中国漆艺之都"的文化形象，将其打造成海西工艺美术强市。

（三）动漫影视

福州动漫影视产业对地域历史文化题材已有一定挖掘。就动漫产业而

---

① 发改委：《福州市文化创意产业发展"十二五"专项规划》，http://fgw.fuzhou.gov.cn/ztxx/sew/201212/t20121218_644292.htm，2012－11－19/2014－12－30。
② 《福州市文化产业简介》，http://www.fzcci.com/cyzx/zhzx/2013－7－31/201373182N－1P8dYY111218.shtml，2013－07－31/2014－10－10。

言,由福州动漫企业斥资制作的原创动漫作品逐年增多,其中包括历史名人、神话传说、传奇故事等各类题材,重要作品有《堂秀才》《三七小福星》《妈祖》《陈靖姑系列》《甘国宝》《万寿桥传说》《船政传奇》《幼童留洋记》《囧学堂》等,凸显地方历史文化资源潜在经济价值。就影视作品而言,福州名人题材的影视作品诞生已久,1959 年国内拍摄的电影《林则徐》、1980 年由周绍栋与林青霞饰演林觉民与陈意映的电视剧《碧血黄花》,2004 年长篇历史电视剧《严复》以及作为辛亥革命百年献礼的《百年情书》,演绎了福州历史名人的传奇人生。另外,福州民俗文化题材也深受影视青睐,1997 年黄健中执导的电视连续剧《三坊七巷》,2004 年中央电视台拍摄 6 集纪录片《三坊七巷》,2010 年 40 集情景偶像剧《孝子诊所》,2011 年改编自福建著名作家北北同名小说的电影《烽火墙》,都以福州坊巷文化、民间世俗社会为表现对象,将历史叙事、文学虚构和艺术升华融为一体,尽显浓郁的闽都风情。

(四)文化会展

福州文化会展内容丰富,形式多样,与工艺美术、文化旅游、影视动漫等形成联动效应,成为全面展示闽都文化的重要窗口。福州一年四季均有展会,除了海峡经贸交易博览会、海峡项目成果交易会、国际医疗器械博览会、海峡电子信息产业博览会等大型展会外,各类旅游景点、文化园区均设有大小不一的展示空间。如,三坊七巷充分挖掘地域文化要素设置主题馆,拓展旅游文化空间,现共有 1 个中心馆、37 个专题馆和 24 个展示点,设计概念是以"地域+传统+记忆+居民"来重组文化遗产,具体包括民俗博物馆、漆器艺术馆、古典家具馆、雕刻艺术馆、名人字画馆、寿山石馆、当代艺术馆、民间藏品馆、楹联馆等,充分展现福州乃至福建文化,对提升地域文化品格意义深远。不少场馆依托国家级、省级文物单位征收门票,逐步市场化。2011 年三坊七巷和福州软件园投资联合打造的动漫体验馆正式开馆,设有经典动漫展示区、3D 影院、主题展区、动漫制作体验区、漫画吧和衍生品售卖区,标志着三坊七巷向科技型、数字化、体验性的新型场馆迈进。

第三节　福州文化产业发展定位与路径

一、地理分析

闽都拥有较好的地理环境优势。首先,这里气候怡人、四季如春,发展文化产业不受季节性影响。其次,这里拥有山、水、海之美,自然环境得天独厚,地貌呈从西北向东南渐低的马蹄形层状空间结构,东南沿海为福建省第二大冲积平原，便于发展城市文化与经济。最后，这里拥有丰富的自然资源，尤以森林、湿地和地热为重，福州国家森林公园是全国九大森林公园之一，闽江口湿地生态景观也颇有盛名，温泉更是福州的一张烫金名片，福州温泉具有分布广、储量大、温度高、水质优且位于市中心等诸多优点，在全国省会城市中实属少见，这里有望成为"中国温泉之都"，在推崇城市慢生活和休闲养身旅游理念的当下必大有作为。

二、区位分析

闽都区位优势主要有两点。其一，作为八闽首府，它是福建的经济文化中心，对省内其他地市具有较强的文化和经济辐射作用。其二，它和台湾隔海相望，在工艺美术、创意设计、文化会展、动漫游戏、文化旅游等方面具有较好的闽台合作基础。同时，闽都也存在一些区位劣势。其一，它地处东南，交通有所局限，难以融入全国大环境并形成区域产业联盟。福州自古主要依靠四条出省古道，分别为福温古道、福瓯古道、福延古道、福莆古道，皆须翻山越岭、蹚河过江，为古代福建才俊进京求取功名的常经之路，至今留有"状元岭""状元路"的称谓。现在福州交通自然比古时便利得多，由四条古道发展出福延、福厦、福汾、福飞、福古等公路和铁路线，逐渐形成海、陆、空的交通网络，但与其他省会城市相比仍有一定差距。其二，周边地域竞争压力较大，长江三角洲和珠江三角洲在动漫游戏、创意设计、影视、会展等业形成强劲竞争。以动漫为例，2011 年福州动漫产业产值为 15.14 亿元，同期深圳、上海、杭州的动漫产业产值分别为 70 亿元、63 亿元、30.43 亿元，[①]与之相比，福州动漫产业规模较小，且缺乏《喜洋洋与灰太狼》《熊出没》等高知名度和高点播率的作品。以旅游产业为例，2012 年福州旅游产业产值达到 550.12 亿元，累计接待游客 3 192.55 万人次，同期杭州、广州旅游产业产值分别为 1 392.25 亿元、4 809.57 万人次和 1 911.09 亿元、8 236.88 万人次，[②]与之相比，福州旅游产

---

① 《2011 年动漫产业产值 63 亿元，同比增长 23.7%》，http://www.qianzhan.com/regieconomy/detail/143/20120706—1d1308a15740e6f3.html，2012—07—06/2014—01—12。《2011年营收 30.43 亿，杭州动漫产业何以领跑中国？》http://www.fynews.com.cn/html/2012/02/13/162724015.htm，2012—02—13/2014—12—30。

② 《福州：2012 年接待游客 3192.55 万，总收入 550.12 亿元》，http://www.china.com.cn/travel/txt/2013—02/16/content_27963805.htm，2013—02—16 /2014—02—10。《2012 年广州市国民经济和社会发展统计公报》，http://www.gzstats.gov.cn/tjgb/qstjgb/201304/t20130401_32641.htm，2013—3—18/2014—05—15。《2012 年杭州市国民经济和社会发展统计公报》，http://www.hangzhou.gov.cn/main/zjhz/tjsj/tjgb/T431378.shtml，2013—02—06/2014—12—30。

业仍存在旅游目的地吸引力不足和过夜率较低的问题。另外,在创意设计方面,深圳 2008 年产值突破 245 亿元,已经进入国际六大创意之都行列,在文化会展方面,广州和上海等地拥有更好的区位和品牌优势,因此在吸引企业、资本、人才等方面强于福州。

三、文化市场分析

福州经济总量、人口数量、人均收入、消费水平居全省前列,具有较强增势。同时,随着福州文化产业的发展和升级,能够吸引周边地市常住人口的文化消费,文化市场前景较为广阔。

首先,福州经济总量在福建省居显要位置。2012 年福州实现地区生产总值4 218.29亿元,比上年增长 12.1%,增速连续七年达到 12%以上,三次产业结构比例为 8.7∶45.5∶45.8,第三产业略超第二产业。[①] 同期泉州全年生产总值为 4 726.50 亿元,增幅为 12.3%,三大产业结构比例为 3.4∶62.2∶34.4。[②] 厦门全年地区生产总值为 2 817.07 亿元,增幅为 12.1%,三次产业结构为 0.9∶48.8∶50.3。[③] 对比而言,福州目前 GDP 总量居全省第二,仅次于泉州,但泉州属于制造业、工业主导型城市,第三产业整体规模、经济水平及对 GDP 增长的贡献率都较低。福州在第三产业发展规模、经济总量上居全省首位。

其次,福州人口数量和人均收入居全省前列。据福州市 2010 年第六次全国人口普查数据显示,全市常住人口为 7 115 370 人,城镇的人口为 4 408 076 人,占 61.95%;居住在乡村的人口为 2 707 294 人,占 38.05%。[④] 其中,城镇居民人均可支配收入近年增势强劲,2010 年可支配收入为 22 722.78 元,比上年增长 12%,2011 年为 26 050 元,增长 14.6%,2012 年为 29 399 元,增长 12.9%。[⑤]

① 福州市统计局:《2012 年福州市国民经济和社会发展统计公报》,http://tjj.fuzhou.gov.cn /njdtjsj/201304/t20130409_669559.htm,2013－04－03/2014－03－01。
② 泉州市统计局:《2012 年泉州市国民经济和社会发展统计公报》, http://www.qztj.gov.cn / outweb/index.asp,2013－5－24/2015－01－01。
③ 厦门市统计局:《2012 厦门市国民经济和社会发展统计公报》,http://www.stats－xm. gov.cn/tjzl/tjgb/ndgb/201303/t20130322_22082.htm,2013－03－22/2014－12－30。
④ 福州市统计局:《福州市 2010 年第六次全国人口普查主要数据公报》,http://tjj.fuzhou.gov. cn/njdtjsj/201106/t20110616_438162.htm,2011－06－16/2014－08－07。
⑤ 福建省统计局:《历年福州市主要经济指标完成情况》,http://tjj.fuzhou.gov.cn/jdsj/201102/ t20110209_238255.htm,2011－02－09/2014－12－30。http://tjj.fuzhou.gov.cn/jdsj/201201/ t20120119_517261.htm,2012－01－19/2014－12－30。

最后,福州消费水平稳步上升,出现由生活保障品向高档消费品和文化服务消费转型的趋势。2010 年福州城镇人均教育文化娱乐服务支出2 076.85元,比上年增长 29.3%。虽然 2011 年和 2012 年教育文化娱乐服务消费指数略有回落(分别下降 1.1%和 4%),但总体保持良性发展态势。[①]

然而,与广州、杭州等省会城市相比,福州在城市品牌、经济实力、产业结构、收入水平和消费能力上仍有一定差距。以广州为例,2012 年它的三次产业结构比为 1.63:34.78:63.59,第三产业占绝对主导地位,意味着广州进入后工业化发展时代,文化产业引来发展黄金期。另外,广州人均收入和消费水平居全国前列,其中文化娱乐等方面的服务性消费成为新趋向。2012 年城市居民家庭人均可支配收入 38 054 元,增长 11.4%,人均消费性支出 30 490元,增长 9.8%,其中,服务性消费支出 11 314 元,增长 9.4%,占消费性支出的 37.1%。农村居民家庭收入大幅增长,全年农村居民家庭人均纯收入 16 788 元,增长 13.3%,扣除价格因素,实际增长 10.1 %。[③] 可见,广州不仅收入水平高于福州,而且消费观念和消费意识也比较超前。

四、福州文化产业发展策略与具体定位

(一)发展策略

根据福州已有的文化资源、自然资源、经济社会环境、文化产业基础等条件,福州文化产业的未来发展应考虑如下因素:

首先,文化资源和自然资源的广泛结合,既保证文化产业鲜明的地域文化色彩,又凸显本土自然优势。闽都文化结构稳定,历史承继性好。福州方言有七个声调,语汇、语法、语音上都带有中州古汉语遗迹,是地道的古唐音。建筑、艺术、饮食也带有鲜明的地域特色,不容易和其他地域混同。在旅游趋同化的时代,浓郁的地域风情无疑是制胜法宝。若能进一步发掘福州江河湖海、山川丘壑、温泉湿地等自然资源,将其纳入文化资源开发进程中,如以休闲养身为主题,将山水怡情、文化探幽、温泉养身、特色食疗等融为一体,整合自然资源和文化资源,必然推进文化旅游、文化会展等的发展,并推动城市整体形象的上升。

其次,文化资源和科学技术的深度融合,对文化资源保护和产业开发都

① 福建省统计局:《历年福州市主要经济指标完成情况》,http://tjj.fuzhou.gov.cn/jdsj/201102/
t20110209_238255.htm,2011—02—09/2014—12—30。http://tjj.fuzhou.gov.cn/jdsj/201201/
t20120119_517261.htm,2012—01—19/2014—12—30。

③ 广州市统计局:《2012 年广州市国民经济和社会发展统计公报》,http://www.gzstats.gov.
cn/tjgb/qstjgb/201304/t20130401_32641.htm,2013—3—18/2015—01—02。

有裨益。其一,科技创新尤其是信息化、数字化的介入,能够实现文化资源的虚拟在场,拓宽文化资源的保存、呈现和传播方式,利于观赏研究,减少产业化对文化实物的损坏,也利于稀缺性文化资源的永久性保护。其二,资源利用尤其是本土特色资源的开发,能够形成新的产业业态和经济增长点,突出地域文化产业特色,如开发昙石山文化、马尾船政文化等时,可以借助三维成像技术、虚拟技术等增强游客的真实感、新奇感和历史现场感。

最后,各种文化产业的交叉渗透,有助于增强福州文化产业核心竞争力,尤其是围绕一两个核心产业形成产业集群,增强文化品牌和地域影响力,继而产生对周边城市或省份的产业辐射作用,吸纳产业资本、优秀品牌、技术人才等向闽都汇集。

（二）具体定位

经过数年的产业积累,福州已形成现代传媒业、动漫游戏业、设计创意业、工艺美术业、文化休闲旅游业、文化会展业和广告创意业这七个主体产业。但目前,七大产业的相互关系及具体定位尚不明确,应进一步加以落实。笔者基于文化资源优势、产业基础及社会经济情况,提出如下看法:

首先,工艺美术、文化旅游与文化资源关系最为密切,是开发和利用福州历史文化资源的基础层次。就工艺美术而言,福州拥有丰富的工艺美术品类、众多优秀的文化传承人和一定的产业规模,与其相邻的莆田等地亦有良好的产业基础,但也存在创意价值和文化附加值不高的问题。福州在工艺美术方面的未来定位应是艺术品博览交易中心和原创艺术品设计中心,进一步打通艺术与市场、艺术家与产业之间的壁垒,努力发展高端艺术品、文化奢侈品的创意设计行业,向"东方工艺美术之都"迈进。

就文化旅游而言,福州应以当地文化资源为依托发展特色旅游产业。其一,挖掘当地文化资源,针对不同的消费群体设计不同的旅游主题、项目和路线,既能依据福州周边居民消费水平、心理需求、审美趋向等量身定做一日游、自驾游等旅游项目,满足本土居民休闲养身、文化娱乐等需求,营造温馨闽都的文化氛围;又能顺应当下文化旅游消费的个性化、差异化需求,重点建设若干个最具闽都特色的旅游项目,增强特色文化体验,凸显地域个性和文化风情,将其打造成省外和境外游客向往的旅游目的地。其二,注重文化旅游和自然风光旅游的结合,将福州温泉、湿地和森林氧吧等自然资源纳入文化旅游项目中,营造惬意的文化旅游氛围,从而达到提高旅游品质的目的。其三,注重文化旅游和其他产业的融合,丰富文化旅游品类和衍生产品,如开发工艺美术品、工艺美术展和工艺美术生产旅游,将传统工艺、艺术设计等纳入文化体验范畴内,丰富文化旅游项目。

其次,动漫游戏、创意设计具有高附加值、高产出的特征,是开发和利用福州文化资源的高级层次。福州动漫游戏、创意设计产业在福建省首屈一指,但与深圳、广州、杭州等地相比,在产业基础、经济实力、创意人才等方面仍有较大差距。其中,动漫游戏产业应多挖掘神话传说、历史故事等地域性文化元素,寻找地域性和普适性、传统与现代、文化与科技的契合点,走精、专、优的发展路线,避免高投入低产出、重产量不重质量的问题。创意设计则应以服务地方、塑造精品为目的,重点为本土工艺美术、文化旅游、文化会展等提供创意设计,既在产业竞争格局中谋求自身的差异化发展,又能和其他产业形成合力,完善福州创意产业的价值链和产业链。

最后,文化会展、现代传媒、广告创意既是福州文化产业的重要构成,又是推介其他文化产业的重要手段和文化载体,起着塑造地域文化形象的作用。因此,它们的发展定位应是服务地方产业和辐射周边城市,而非自我孤立发展,一方面为福州其他创意产业提供加工、展示和传播的文化平台,另一方面也为周边城市提供整合文化资源和凸显产业优势的文化服务,突出福州在福建省的产业中心地位及对周边城市的文化辐射力和影响力。

第四节 三坊七巷:文化品牌的整合提升

美国现代哲学家路易斯·芒福德和加拿大城市规划批评家均认为,城市是文化的容器,它以独特而精密的构造保存并流传着人类的文明,城市研究是关于人类过去、现在及未来的思考。城市中的地标性区域或建筑是城市文化的重要构成,它记录着城市的辉煌历史,承载着城市的文化精神,蕴藏着城市发展的巨大动力。

三坊七巷方圆不过40余公顷,以南后街为中轴,西三坊,东七巷,成鱼骨状排列,是座有1700年历史的闽越古城区,与成都宽窄巷子、南京夫子庙、苏州平江路、平遥古城老街、丽江古城老街等齐名于世,在高楼林立、信息爆炸的现代社会依然保留着幽深曲巷、石子板路、流线山墙、雕镂门窗……流散着不曾走远的唐风宋韵。这座名人荟萃的"乌衣巷陌",因流芳古韵、人文气度成为福州这座城市通往过去与未来的精神坐标。

1. 三坊七巷的品牌业绩

2008年起,福建省、福州市先后斥资近40亿元用于三坊七巷的居民安置、民居修缮及配套设施等,保护力度在全国屈指可数,共修复159座明清古建筑,使之成为福州的文化地标和烫金名片,带动周边旅游、商业、餐饮、休闲、娱乐等的发展,初现其文化品牌效应。

（1）客流量

三坊七巷 2011 年日均客流量为 2.2 万人，其中 2 月、10 月是全年客流高峰期，月客流量突破百万，尤其是 2 月春节前后共接待游客 2 185 626 人，同比增长近 16%。其他月份分布较为平均，6、7、8 月为相对淡季。2010 年和 2011 年对比数据显示，三坊七巷 2011 年的客流量并未受到实行门票制的明显影响，呈稳步增长态势，见表 7-2 所示。

表 7-2　2010—2011 年三坊七巷景区客流量对比表

（据三坊七巷管委会统计）　　　　　　　　　　　　　　　　人次

时间	1 月	2 月	3 月	4 月	5 月	6 月	7 月	8 月	9 月	10 月	11 月	12 月	合计
2010 年	270000	1887000	478000	314000	465802	398041	441431	443727	480820	1676489	635484	601087	8091881
2012 年	556300	2185626	476940	368735	493714	325480	300000	266146	428811	1730355	556919	440035	8129061

随着时间的推移，三坊七巷的品牌有增无减，2012 年共接待游客 825.56 万人次，约占福州全年接待游客数的 51%，[①]远超过以 431.63 万人次排在第二位的森林公园，成为福州首屈一指的文化名片。2013 年三坊七巷接待游客 925.49 万人次，比增 12.19%。[②]

（二）旅游收入

三坊七巷旅游收入较难估算，据不完全统计，2011 年三坊七巷保护开发有限公司收入、旅游商业收入、景点门票收入总额已超过 1 亿元。[③]

门票收入颇为可观。2011 年 3 月起，三坊七巷管委会对其中 10 处景点试行门票制，分别为严复故居、二梅书屋、水榭戏台、小黄楼、林聪彝故居、谢家祠、王麒故居、郭柏荫故居、刘家大院、周哲文艺术馆，通票价是 120 元，两天内有效，为三坊七巷带来可观的门票收入。据三坊七巷管委会统计，2011 年门票收入为 277.7 万元。

商业收入也十分可观。南后街共有 155 间商铺，除出售的 46 间外，仍有大量商铺掌握在三坊七巷管委会手中，吸纳了许多百年老字号进驻其中，包括同利肉燕、木金鱼丸、鼎鼎肉松、百饼园、桐口粉干、瑞来春堂国医国药馆等老字号，又包括星巴克咖啡屋、如家快捷酒店等现代商铺，大多商铺人潮不断，生意红火，是名副其实的吸金旺铺，商铺一楼的平均租金为 160 元/月/平

---

① 祁正华：《福州去年旅游总收入 550 亿，3 大景区游客接待量较多》，http://fj.sina.com.cn/news/m/2013－02－17/105323928.html，2013－02－17/2014－12－20。

② 《福建发布 2013 年旅游经济指标分析超全国平均水平》，http://tralvel.people.om.cn/2014/0210/c41570－24314528.html，2014－02－10/2015－07－10。

③ 《文化旅游品牌效益凸显，三坊七巷旅游收入超亿元》，《福州日报》，2011 年 10 月 26 日。

方米,二楼的平均租金为 80 元/月/平方米,每年递增 15%,租金收入可观。除此之外,三坊七巷管委会还有不少院落出租,院落业态分为文化、商业两类,文化竞标底价为 30 元/月/平方米,商业竞标底价为 40 元/月/平方米,合同期限为 5 年,每年递增 20%。据三坊七巷管委会透露,2011 年他们的商铺租金收入为 3 309 万元,场地使用费收入 18 万元。

(三)产业效益

三坊七巷倾力打造文化旅游品牌,对旅游产业及其他周边产业产生明显的产业辐射作用,近及餐饮、住宿、交通、商贸、娱乐等与旅游相关行业,远及会展、影视、医疗保健、传统工艺、创意产业等,一环紧扣一环,形成良性“多米诺骨牌”效应。

1. 旅游产业

整修后的三坊七巷以丰富的历史内涵和人文内蕴展现在世人面前,为福州乃至福建旅游业发展注入活力,势必拉动旅游产业的快速发展。它不仅能够提高福州旅游的文化品格,延长游客在福州的滞留时间,拉动地方餐饮、住宿、交通、购物、娱乐业的发展,带来可观的经济效益;而且有助于宣扬闽都文化,无形中提高了福州地域形象和世人对它的关注度,那么福州未来的游客量也势必随之水涨船高。故有识之士认为,“随着三坊七巷的改造、闽江游的提升、温泉游品牌的打响,这个‘温泉古都,有福之州’已逐渐地从客流过境地向旅游目的地转型”。[①]

2. 会展产业

三坊七巷主打民俗文化旅游的牌子,在民俗文化展会和节事活动上下足功夫,但也兼顾都市青年人的文化需求,适时揉入现代文化元素,活跃文化氛围。2011 年,三坊七巷所举办的展事活动既包括在传统节日举办的民俗活动,又包括在特殊纪念日上举行的纪念活动,还包括在重大节日推出的社会活动,内容丰富,形式多样,对促进福州会展业的发展大有裨益。

---

① 《福州打造自然和文化旅游中心城市,温泉旅游升温》,http://travel.ce.cn/subject/2011/lwfz/fz/mtbd/201112/08/t20111208_22900143.shtml,2011-12-8/2014-12-30。

表 7-3　**2011 年三坊七巷所举办的各类展会及节事活动概举**

名称\时间	传统节日	特殊纪念日	重大节日
元旦 （1月1日 —3日）			节事活动:服装 DIY、走秀、非遗表演（布袋戏、提线木偶戏、古琴）、戏曲表演、传统婚礼展示、越剧演唱、杂技表演、民乐表演 展会:动漫文化展、家具字画展、嘉德书画展、福州楹联展、传统老行当体验馆
春节 （2月3日 —8日）	节事活动:福文化春节庙会、闽剧互动、千人书"福"、戏剧擂台赛、福州话歌曲比赛、民俗手工擂台赛、杂技表演、民间乐器演奏、故居民俗活动、折子戏、"梦回坊巷"实景演绎情景剧、民间艺人表演 展会:家具展、古典车展、福州三宝艺术展		
元宵 （2月12日 —17日）	元宵灯会		
拗九节 （3月2日）	节事活动:拗九节三坊七巷闽都"孝"文化活动		
林觉民诞辰 （4月10日）		节事活动:祭祀革命烈士林觉民活动	
妈祖诞辰 （4月25日，农历三月二十三）		节事活动:天后宫"妈祖开光人典"	
五一 （4月末至5月）			节事活动:"坊巷·纪念"明信片展览签名会、京剧戏迷票友表演、闽剧折子戏《珍珠塔》、"坊巷·童画"儿童涂鸦、"坊巷·记忆"书法纸伞表演、越剧戏迷票友表演、十番音乐演奏、"玉尺·孟夏"吟诗会、纸伞展示现场制作、闽剧折子戏、民族乐器表演、"茶花女"读书周 展会:"摇荡花间雨"石桥花鸟画展、龙泉窑特展、省书协名书画展、龙宝欧洲古董名字画展

续表

名称\ 时间	传统节日	特殊纪念日	重大节日
中国旅游日（5月19日）		节事活动:全日免费\ 展会:三坊七巷保护修复成果展	
端午（6月4日—6日）	节事活动:"文明之旅,你我共享"签名活动、"儒雅吟诗,品味端午"、端午民俗文化体验活动、"粽香坊巷"包粽子比赛、趣味演奏会、传统音乐戏剧荟萃、十番音乐\ 展会:民间彩粽艺术展		
文化遗产日（6月11日）		节事活动:福州市非遗项目传承人师徒同台技艺展示	
七一（7月1日）		节事活动:红色露天电影展播、"永远跟党走"唱响红歌活动、传统戏曲歌颂党	
七夕（8月6日）	节事活动:"三坊七巷七夕情、安泰河畔茉莉香"七夕传统民俗活动、3D地画展示		
中秋（9月10—12日）	节事活动:非遗闽剧梅花奖得主周虹专场、中秋祭月、放河灯、摆塔、抓周礼等民俗活动,中秋诗会、"爱心帮帮团"中秋晚会,"月满·三坊七巷"3D地画展示、戏剧荟萃		
国庆（10月1日—7日）			节事活动:"同庆华诞"现场书画、红歌晚会等,"梦影霓裳"传统服饰走秀、"时尚活力"魔术表演、达人秀、街舞PARTY、拉丁派对、"时尚青春"动漫DIY涂鸦、创意集市
重阳（10月7日）	节事活动:"重阳古韵"系列活动,包括"携蔗登高"民俗游戏、传统纸鸢制作技艺展示表演		
11月11日		节事活动:"纪念孙中山诞辰"主题吉他表演	

3. 创意产业

创意产业是福州十二五规划的发展重点,具体包括现代传媒业、动漫游戏业、设计创意业、工艺美术业、文化休闲旅游业、文化会展业、广告创意业等七大类,而三坊七巷正是福州打造创意梦工厂的四张王牌之一。

三坊七巷善于将传统元素与现代元素融为一体,在营造浓郁的老福州坊巷氛围中凸显创意思维,让游客有时空交错的感觉,既可以感悟历史,又可以娱乐体验。其中,动漫产业是三坊七巷的主打方面。2009 年,原创国产动画片《三七小福星》在其生产地福州三坊七巷首映,拉开了三坊七巷发展动漫产业的序幕。2010 年,三坊七巷和福州软件园斥资 500 万元兴建动漫体验馆,该馆于 2011 年元旦正式开馆,既是动漫爱好者体验动漫情景的理想去处,又是开发动漫作品和衍生产品的重要基地。除此之外,三坊七巷在元旦、国庆等节假日推出各类创意活动,如服装 DIY、古典服装走秀、动漫 DIY、创意集市、街头绘画嘉年华等,赚足人气。2013 年,三坊七巷承办"福州海峡创意设计周",将其发展成每年的常规项目,逐步成为福州创意产业集聚地。

当然,三坊七巷的创意产业还处于起步阶段。三坊七巷拥有丰富的历史文化资源,如角梳、寿山石雕、软木画、油纸伞等传统工艺,又如评话、伬唱等传统曲艺,它们将是创意产业的重要资源。三坊七巷创意产业的广阔前景值得期待。

4. 影视产业

三坊七巷与影视有着久远而深厚的不解缘。其中,名人故事题材占有很大比重,如《林则徐》《碧血黄花》《严复》等,演绎三坊七巷名人的传奇人生,给观众留下深刻印象。同时,三坊七巷平凡人物的传奇故事也颇受影视作品的青睐。1997 年黄健中执导拍摄了 20 集电视连续剧《三坊七巷》,以三坊七巷的幽深坊巷为背景,讲述抗战前后商贾大户罗家两代人家仇国恨、情战商战的故事,人物上及官宦、巨贾、名流,下及妓女、老鸨、说评话的、卖肉丸的,三教九流无不充满坊巷气息,全剧既有史诗般的宏阔背景,又有人物心理的细腻刻画,歌颂坊巷人生生不息的善良天性和质朴追求。除此之外,2004 年中央电视台拍摄 6 集纪录片《三坊七巷》,真实描绘三坊七巷的历史变迁、建筑风格、民俗民风以及名垂史册的风流人物,在央视多个频道滚动热播且售出欧美版权,体现了福州三坊七巷在世人心目中的独特地位。该纪录片于 2009 年 4 月重现央视 4 套,再度引起收视热潮。

2011 年更是三坊七巷与影视携手共进的一年,除了电视剧、电影、广告片、公益宣传片取景于此外,直接以三坊七巷为题材的作品也不少,共有一部电影和一部电视剧献映,另有一部电影正在拍摄中。三坊七巷为影视发展提供了丰富的历史和现实素材,影视作品又无形中宣传和推广了三坊七巷,两者之间建立了良性互动关系。

电影《百年情书》作为辛亥革命的百年献礼,将缠绵悱恻、动人心扉的《与妻书》再度搬入银屏,在英雄史诗般的壮阔历史图卷上表现少年英雄的儿女情怀,让无数人为这位慷慨就义的风流才子感佩折服,亦为这位温婉贤淑的多情苦命女唏嘘感叹,更为三坊七巷深厚的人文底蕴和鲜明的时代精神所倾倒。

40集情景偶像剧《孝子诊所》选择三坊七巷作为拍摄地点,以平常老百姓的日常生活为主线,讲述了开社区诊所的一家人的温情及幽默故事。该剧秉持着一贯的轻松、诙谐、搞笑风格,以明星偶像为主要看点,2011年在福建东南卫视热播。

《烽火墙》改编自福建著名作家北北的同名小说《烽火墙》,2011年由杭州福地影视制作有限公司投资拍摄。该影片主要演绎发生在福州三坊七巷内因烽火墙内的鱼肠古剑而引发的儿女情仇,悬念迭生,扣人心弦,该剧的热播再次推高三坊七巷的人气。

5. 博物馆产业

博物馆是历史的见证和文化的载体,是地域、民族乃至国家的宝贵精神财富。因其特殊身份和地位,多数博物馆属于公益性事业单位,由国家或地方财政全额拨款,私人博物馆屈指可数,因此不重视产业发展,与国外情形相差甚远。博物馆产业是个有巨大潜力的朝阳产业,倘加以合理利用和开发,不仅有助于改善许多博物馆现存的责权不明、人员涣散、缺乏社会舆论监督的问题,而且有助于提高博物馆知名度、普及历史知识和提升世人的文化认同感。在这一点上,三坊七巷无疑有先见之明,并依靠自身特色发展博物馆产业。

首先,三坊七巷主打地域文化品牌,充分挖掘地域文化要素设置主题馆,彰显地域文化魅力,现共有1个中心馆、37个专题馆和24个展示点,设计概念以"地域+传统+记忆+居民"来重组文化遗产,具体包括民俗博物馆、漆器艺术馆、古典家具馆、雕刻艺术馆、名人字画馆、寿山石馆、当代艺术馆、民间藏品馆、楹联馆等,充分展现福州乃至福建文化,对提高地域文化品格意义深远。不少场馆依托国家级、省级文物单位征收门票,逐步市场化。

其次,三坊七巷善于因地制宜,根据不同坊巷院落特点设置藏馆。社区博物馆选址刘家大院,这座三坊七巷最大的单姓宅邸占地4 000余平方米,历史上有"刘半街"之称,因其巨大规模和豪华气派而作为中国首家社区博物馆再合适不过了。民俗博物馆选址二梅书院,该书院占地2 937平方米,是福州最著名的古书屋,其中曲径通幽、别有洞天,其雅致悠远的书卷气为民俗展示增色不少,该馆现收藏上千件明清家具、字画作品、福建各窑口瓷器、漆器等,可以让观众大饱眼福。

最后,三坊七巷紧随时代步伐,不断开发新型场馆。2011年三坊七巷和福州软件园投资联合打造的动漫体验馆正式开馆,设有经典动漫展示区、3D影院、主题展区、动漫制作体验区、漫画吧和衍生品售卖区,标志着三坊七巷向科技型、数字化、体验性的新型场馆迈进,且与创意产业联手,市场前景良好。

二、三坊七巷的品牌缺陷

近年来,三坊七巷品牌塑造取得很大成功,但仍有美中不足之处,以待今后改进。

(一)保存不够完整

三坊七巷历经沧桑变迁,有几处坊巷在历次城市改建中遭到破坏,十分可惜。光禄坊历来是诗人、书画家、考古学家、博物学家的聚居之所,藏砚大家黄任、琉球国册封使齐鲲、博物学家郭柏苍、翻译家林纾都曾定居于此,古迹众多。然而20世纪30年代,此处建马路,被削去半边巷子,90年代城市改容,除保留光禄吟台等重要历史遗迹外,其他部分改建楼房。吉庇巷、杨桥巷也遭遇相似命运。杨桥巷于民国时期已扩建成杨桥路,吉庇巷也于改革开放后改制,成为贯通东西的城市主干道,两旁古建筑大多不存。三坊七巷在品牌打造过程中虽对破坏的历史建筑进行修复,但也只是新旧结合的"百衲衣"。

(二)挖掘不够深入

三坊七巷拥有灿如繁星的历史文化元素,为三坊七巷品牌塑造提供丰厚的品牌资源。然而,三坊七巷品牌打造尚处于起步阶段,对现有资源的挖掘不够全面,也不够深入,未能充分展现三坊七巷作为闽都文化中心的历史美、人文美、文学美和艺术美。譬如,林旭和林觉民年岁相仿,经历相似,遭遇也相近,都能体现三坊七巷至刚至柔的人文气质,同时,林旭与其妻沈鹊应之间的缠绵爱情故事具有丰富的故事性、文学性和人文性,这里对他的挖掘却很少。又如,油纸伞、灯笼、软木画、书画裱褙等传统工艺别具一格,能够展现地域艺术风貌,但目前坊巷内尚无一定规模的民间工艺作坊以展示传统工艺并吸引游客。

(三)优势不够凸显

三坊七巷的品牌优势是历史建筑密、文化名人多、人文底蕴深,应尽量展示,以凸显其文化品牌的特殊性。然而,三坊七巷在品牌打造过程中,创意很多，但涉猎太广，种类庞杂，难以突出重点。以南后街为例，它是三坊七巷倾力打造的文化商业街，然而因不少商铺早已售出，经营权在业主手中，因此无法统一规划和重点扶持，麦当劳、星巴克等连锁西餐店"跑马圈地"，不少传统老铺则因无力支付高昂店租而无缘进驻，造成南后街中西风格杂糅、地域特征缺失以及商业意味过浓的问题，优势得不到体现。

三、三坊七巷的品牌发展建言

三坊七巷品牌建立至今业绩喜人，但任何品牌塑造不是一劳永逸之事，三坊七巷也应保持特色，适时发展，才能立于不败之地。

（一）张扬个性，特色立街

特色与个性是所有品牌的生存之道。与其他历史文化名街相比，三坊七巷特色明显，优势显著。三坊七巷应秉持自身特色，充分挖掘历史文化资源，营造浓郁的"历史现场感"，以区别于其他历史文化街区。它不应照搬其他地域发展模式，为了眼前利益过度商业化而丧失地域特征和历史文化韵味。全国不乏前例，如北京国子监街位居天子脚下，以正统儒学扬名于世，然而近年来却改辙易弦，背弃"子不语怪力乱神"的训导，沿街商铺多以看相、起名、看风水、预测命运为生，变相商业化，文化街几成风水街，一度引发媒体热议。又如，包括丽江古城在内的六处世界遗产因其过度商业化和原住民流失而被联合国亮黄牌。这些先例无不警醒着三坊七巷切勿在商业化时代里迷失方向。

（二）扶持弱项，全面开花

三坊七巷品牌发展拉动周边产业发展并已初现产业效益，然而在产业发展过程中也初现一些短板和弱项。旅游、创意、影视等产业与市场关系紧密，容易市场化，借助三坊七巷品牌获得显著效益；传统工艺和艺术等在现代社会面临传承或传播危机，市场化难度大，虽在三坊七巷的文化舞台上有了一定的展示机会，但尚未形成明显的产业效益。三坊七巷在未来品牌发展过程中，应适度调拨旅游、创意、影视等产业的盈利，用于扶持传统工艺、艺术等的发展，对传统工艺和艺术的传承人加以扶助，传承技艺，鼓励创新，适当创造机会，营造商机，帮助传统技艺在现代社会找到自己的生存空间，同时也有助于保持自身文化的多样性。

（三）发展产业，多元收入

目前，三坊七巷门票收入可观，是其经济创收的主要来源之一。三坊七巷实现门票制，且定价较高，实行之初社会便有争议。门票制固然是维护三坊七巷正常运转和控制客流量的有效方法，但不是唯一方法，更非最佳途径。

全国很多历史文化名街皆不收费,但由于三坊七巷前期投入多,可根据社会意愿适度收取门票,或根据盈利情况逐年递减,但不应以高额门票作为其主要收入,这样不仅会使三坊七巷旅游门槛太高,阻碍了二次、三次旅游,使三坊七巷成为遥不可及的文化城堡,也会使得三坊七巷的经济结构过于单一,抗行业风险能力降低。相反,三坊七巷应着重培育自身的产业链,完善服务业、投资影视作品、发展会展业、开发衍生产品等,多向开源,拉动地方产业发展,坚持地域经济的可持续发展。

(四)传承文化,持续发展

三坊七巷的品牌打造应兼顾经济效益和文化效应,不能唯经济马首是瞻。GDP 增长固然重要,但不是衡量品牌优劣的唯一标准。随着三坊七巷的整修改造,原住户大多搬离坊巷,三坊七巷的文化传承与历史延续成为问题。三坊七巷在发展产业的同时应兼顾文化事业,适当成立国学基地、教育机构、艺术展馆和工艺作坊,传播文化,延续文脉,以免三坊七巷文化断源。

第八章
闽东文化与宁德
产业经济定位

　　闽东,顾名思义,为福建东部,广义而言包括宁德市与福州市这两个闽东方言区,其中宁德市主要使用福安话,福州市主要使用福州话。由于福州地区已在闽都文化中详加论述了,此章专论宁德地区文化与创意产业定位问题。

第一节　闽东文化

一、闽东地理与宁德文化

　　以宁德为代表的闽东地域,介于北纬 26°～27°,南连福州、北接浙江,西临武夷、东朝大海,是中国大陆板块与台湾直线距离最近处,"西北屏山,东南枕海",常年受亚热带海洋性季风气候影响。宁德地理地貌丰富多样,集"山、海、川、岛、湖、林、洞"于一体,钟灵毓秀,植被丰茂,其绿化率达 68％以上,位居福建之首。腹地丘陵密布、盆地间杂、溪谷回涧,山清水秀,沿海一线则平原散布、海岛星罗,港湾众多,连成 1 046 公里的海岸线,堪称福建之最。其中,太姥山、白云山、白水洋因奇山异水成为中国国家地质公园,三都澳则为闽东沿海出入门户,水深浪小,可容 50 吨巨轮入港作业,是世界级天然深水不冻港。

　　闽东地理环境的丰富性造就了自然经济形态的多样化。历来,闽东地域农、林、渔、牧并行发展,形成独特的山地农业经济。《福安县志》重修张景祁序言称"入其境土厚而水深",层峦叠嶂,山多田少,曲渚回陂,引水灌溉,虽历代垦荒,日夜劳作,亦不能全部依赖农田产出,因此该地域发展复合型山地农业,以林木、茶叶、食用菌等种植、栽培为重要副业,靠山吃山,补单纯农业经济之不足。另外,濒海之地渔民多于耕夫,从事近海渔业、水产养殖等,以鱼盐为生,取利往往多于农田。

与福州、泉州、厦门等福建其他濒海城市相比,闽东虽然拥有福建最长的海岸线,虽然有中国独一无二的天然良港——三都澳,虽然也于1897年被辟为对外通商口岸,但它却较少受到海洋文明的渲染,未能在中外海上贸易史上写下精彩的篇章。这里充满乐天知命、安土重迁的人文气息,却少了几分不怕输赢、勇闯天下的豪气,有人称之为"中国黄金海岸的断裂带"。但也因此,这里还保存了中国农耕时代的纯净自然、古老村寨、传统习俗和畲族异域风情,全市常住人口中,居住在城镇的人口为135.24万人,占47.92%;居住在乡村的人口为146.96万人,占52.08%,他们依旧延续着祖辈的生活方式。[①] 这样一个有传统气息、地方特色和少数民族风情的地域无疑成为工业化、后工业化时代让人追慕和向往的传统后花园。

二、闽东文化举要

(一)瓯闽文化

闽东与浙南接壤,水陆交通较为便利,为闽瓯文化交流的重镇,故《山海经》称之为"瓯闽"。禹时天下共分九州,闽东隶属扬州,闽浙一体。《尚书·禹贡》记载"淮、海惟扬州",证实淮河以南、东南之滨均属扬州。公元前322年,越国灭,越人自此四散。《史记·越王勾践世家》载曰:"楚威王兴兵而伐之,大败越,杀王无疆,尽取故吴地至浙江,北破齐于徐州。而越以此散,诸族子争立,或为王,或为君,滨于江南海上,服朝于楚。"[②]越灭国后,越王族后裔一支迁往浙江临海地域,渐至闽北一带,后因助汉灭秦封为东瓯国,一支则以无诸为首领迁往福建腹地,成为闽越国,再有一支则迁往闽赣交界处,成为南越国。闽东是越人入闽的重要迁徙地和中转站,见证了闽越民族融合的历史过程。闽东东汉、后汉时属会稽南部,晋至梁时属扬州,与浙南同属一州。陈以后隶属闽州,后归建州、泉州或福州管辖,纳入福建版图。但是,闽浙行政区域的此消彼长并不影响瓯闽文化在闽东地域的共融发展。瓯闽文化是闽东地域的重要原生性文化。

瓯闽文化仍存留部分历史遗迹,作为闽东地域闽越和瓯越交汇、融合的历史见证。考古显示,霞浦沙江镇已发掘出西晋温麻县古城址、小马村后门山古遗址,该地域出土的小方格纹、水波纹、米字纹陶片被证实为汉代闽越先

---

① 宁德市统计局:《宁德市人口发展特征浅析》,http://www.stats-fjnd.gov.cn/tjfx/2012/39.htm,2012-5-24/2015-01-01。

② 司马迁:《史记》(上),岳麓书社2007年版,第382页。

民的生活用器。① 霞浦黄瓜山贝丘文化遗址发掘亦表明,距今 3500～4000 年前后曾有闽越先民群居于此。

瓯闽文化至今在方言、文化信仰、民风民俗、传统技艺等方面留下烙印。就地域方言而言,宁德散布着一些吴方言区,如福安县的上白石乡古岭宅村、寿宁县的犀溪乡武溪村、苄坑村等通用浙江泰顺话,寿宁县的坑底乡和托溪乡大粟、渺洋等村则通用浙江庆元话,寿宁县的芹洋、平溪等乡和周宁县的泗桥乡也受到吴语很深的影响。就民风民俗而言,闽越人擅山居水处,以船为车,以楫为马,如履平地,往若飘风,去则难从,形成独特的舟楫文化。在建筑桥梁艺术上,闽东建筑依山而建,与闽南建筑有较大差异,更趋近于徽派建筑,其廊桥建筑技艺申遗成功,成为闽东和浙南共有的精神遗产。

就文化信仰而言,霞浦、柘荣、福安、寿宁等地马仙信俗较为盛行,《霞浦县志》载,闽地马仙信仰兴于北宋天禧二年(1018 年),元明以后其风益盛。明冯梦龙所著《寿宁待志》载:"马仙者,建安将相里人,俗名马五娘。适人一年而夫亡,誓不嫁……今建中名山,所在有香火,而寿尤盛,凡水旱无不祷焉。六月十六日为马仙诞辰,县官设祭。里中岁聚敛为迎仙社月,置一人谓之仙者。自十二日迎之出宫,一日两斋,午斋则轮家供养,晚斋则架台于街次,鼓吹彻夜,如此三月,城中已遍,则往乡,又二日乃还宫。各乡亦有社首,或于八月收成行之。"②至今这些地方每年农历七月仍举行隆重的"迎仙"活动,通过迎仙、献祭、巡境、醮仪、送仙等仪式寄托农耕社会以来闽东地域人民对禳灾祈福、解旱纾难、保佑农业丰收的真诚愿望,尤以柘荣十三境马仙巡游、献祭等娱神活动为最,堪称闽东最大的信俗盛事。浙南与闽东接壤之地亦流行马仙信俗,《新镌仙媛纪事》载:"马大仙,唐光化间马氏女,青田县人,家贫养姑尤谨。"③《新刻出像增补搜神记大全》亦载:"大仙姓马氏,衢州府景陵县人也,家贫,养姑孝,佣身以资薪米,恒苦不给,艰险倍尝,略无倦息……乡人重之,为立祠,以永其祀。凡祷多应,水旱疾疫如转环然。"④这些不仅认定马仙仙籍是浙南地域,而且备述马仙信俗传播与繁盛的历史。至今苍南、温州等地仍有大量信徒信仰马仙,香火不断。此外,陈靖姑临水夫人信俗也是闽东和浙

---

① 黄亦钊:《闽东首次发现闽越文化遗址》,http://www.66163.com/Fujian_w/news/ mdrb/021104/4_6.html,2012—11—04/2014—12—20。

② [明]冯梦龙:《寿宁待志》,卷上,福建人民出版社 1983 年版,第 12～13 页。

③ 王秋桂、李丰楙:《中国民间信仰资料汇编》第一辑,九册,台湾学生书局 1989 年版,第 490 页。

④ 王秋桂、李丰楙:《中国民间信仰资料汇编》第一辑,四册,台湾学生书局 1989 年版,第 367 页。

南两地所共有的。清同治《丽水县志》载："妇女敬事夫人,即所谓顺懿夫人,护国马夫人也。"[1]

就传统技艺而言,廊桥是闽东浙南民间建筑技艺共同的结晶。闽东地理环境特殊,丘陵密布,溪深岭峻,交通不便,自古多桥,其中全国木拱廊桥仅存100多座,闽东就有60多座。浙江景宁、泰顺、庆元等地亦幽僻险阻,舟车不通,留有不少古老的木拱廊桥,其中庆元有"古廊桥天然博物馆"之称。木拱廊桥是中国古代桥梁艺术史上的瑰宝,往往因地制宜,依山傍水而建,取梁木穿插而成,飞檐翘角,阁桥一体,形如彩虹,无一钉一墩之赘,有浑然天成之趣。廊桥幽居茂林,可通行,可避雨,可观景,可休憩,可叩拜神灵,是闽东浙南山区百姓交通、娱乐、交往和进行信俗活动的重要场所。

(二)中原文化

闽东、闽北是中原入闽首邑,汉武帝时闽越地方政权被逐一摧垮,中央敕令闽越族人举国迁徙至江淮地区,留在闽地者或与中原移民融合,或泛舟湖海成为疍民,闽越人作为特殊族群被逐渐弱化和边缘化,秦汉时闽越文化走向式微,成为文化基因融入福建文化的历史建构中。此后,中原文化变客为主,逐渐渗透、传播和推广,成为福建主流文化形态。

闽东较早进入中原文化辐射圈,受到中原儒教、道教和佛教等各种文化的影响,在福建省内曾名冠一时。在儒教文化上,闽东开化时间早,梁朝光禄大夫薛贺,隋朝谏议大夫黄鞠,开闽第一进士薛令之,理学大家陈晋、谢翱、杨楫等均是中原文化浸染之下涌现的闽东大儒,推动了福建儒学的昌明,尤其推动了朱子理学的繁荣。宋代朱熹所创或讲学的石湖书院、星溪书院、云根书院、蓝田书院、螺峰书院等遗迹存留至今。

在道教文化上,闽东较早接受和传播中原道教,其中太姥山、支提山钟灵毓秀,备受仙家和帝王垂爱,成为中国历史上有名的道教胜山。太姥山北望雁荡山,西眺武夷山,奇石嶙峋、云雾奇幻,是蓝天碧海间的仙山。汉王烈《蟠桃记》载,尧时一老母种蓝山中,遇仙点化,七夕乘九色龙马升天。《福鼎通志》载,汉武帝封太姥山为三十六名山之首,山上留有东方朔"天下第一山"的摩崖石刻。《福宁府志》亦载,唐开元十三年,都督辛子言赴闽上任途中遭遇台风,山神显灵,移舟太姥,幸免于难,事后奏报朝廷并附太姥山揽胜图,唐明皇亲赐"尧封太姥舍利塔"碑,立春秋祀典。支提山又称霍山,是道教三十六小洞天之首,秦汉以来成为道教丹鼎派重要炼丹场所,韩众、茅盈、左慈、葛

---

① 王秋桂,李丰楙:《中国民间信仰资料汇编》第一辑,二十册,台湾学生书局1989年版,第317～318页。

玄、陶弘景、霍桐、司马承祯均曾来此炼丹或授徒过，因此有"未登霍童空对仙"之说。泉州人何乔远的《闽书》、清人所著《闽都别记》等书俱推崇此山，将其与武夷并称。同时，闽东也孕育了诸多土生土长的道教文化，如古田临水夫人信俗。临水夫人原名陈靖姑，是道教文化中的妇幼保护神和海上保护神，其影响力广播闽、浙、赣及台湾等地，寄托了民间保护弱者、纾灾解难的共同心愿。一说临水夫人为闽东古田县临水乡人，《福建通志》《退庵随笔》俱持此说，古田临水宫为临水夫人祖庙，因此有"莆田有妈祖，古田有靖姑"之说。

（三）佛教文化

东汉之后中原佛教兴起，渐及闽东，日趋壮大。南朝以来闽东寺刹林立，佛光普照，僧侣众多，信徒如云，逐渐超过本土道教的影响力，形成颇具特色的地域文化。历史上闽东的国兴寺、支提寺等作为佛国胜界名噪一时。其中，支提寺，原名华严寺，又称华藏寺，为宋开宝四年（971年）吴越王钱弘所建，为天冠菩萨道场，《华严经》载"东南方有山名曰支提，有天冠菩萨与其眷属一千人常住说法"，佛界盛传"不到支提枉为僧"之说。

闽东佛教文化至今兴盛不衰。据统计，宁德地区现存的寺院780座，僧人5 459人，在家居士18 000余人，其寺院之盛、僧侣之众、居士之多，居全省之冠。许多千年古刹历经千年风霜依旧屹立不倒，保存众多佛国圣物，接受人间无数香火膜拜。建善寺初建于南齐永明元年（483年），几经迁徙和修缮存留至今，为闽东最古老的寺院。昭明寺源起于梁昭明太子萧统，相传寺后七层仿木结构楼阁式宝塔为昭明太子于大通元年（527年）所建，为闽东现存最古之佛塔。狮峰寺兴建于唐景福元年（892年），经明代两度修缮而成今日规模，飞檐画栋、斗拱方椽，楼阁连天、气宇轩昂，是了解和研究中国古代佛教建筑艺术的难得所在。吉祥寺、那罗寺等亦有千年以上历史。另有明鎏金毗卢遮那佛像、明御赐《永乐北藏》、如是庵重超三吨的白玉观音像等珍贵佛教文物，彰显着闽东的佛教底蕴。

（四）畬族文化

畬族文化是闽东乃至福建独具一格的少数民族文化。有学者认为，畬族是汉武帝对闽越族施行强制移民政策后未被迁徙转而入山居住的闽越后人，又称山越；又有学者认为，畬族是春秋战国东夷中的徐夷迁居武陵，融合三苗、氐羌等民族而成的新型民族。就畬族的图腾崇拜、民族姓氏、方言音调、人生礼仪、信仰习俗来看，畬族与苗蛮、闽越乃至汉民族俱有一定关系，如畬民的盘瓠崇拜、狗崇拜与苗族相似，畬民的蛇崇拜、死人洞葬、拾骨重葬风俗则与闽越人相似。因此，畬族应由南方武陵蛮、瑶、僚、东夷、苗、闽、越诸部落或民族融合而来,主要分布在粤、闽、赣、浙、皖等地。唐以后闽、粤、赣三省交界的畲人迁徙至闽东,明成化以后汀漳一带畲人也陆续向东北转移,逐渐形成全国最大的畲族聚居区。据 2000 年全国第五次人口普查结果显示,全国共有畲族人口 709 592 人,福建省有畲族人口 37.51 万人,约占全国的 52.86%,闽东有畲族人口 16 万人,约占全省的 42.7%。[①]

畲族文化具有下列文化特征:

首先,畲族文化属于典型的山地文化。畲族人经济上主要依靠刀耕火种发展山地农业,三年一徙;居住上就地取材,画地建舍,茅屋蓬牖,瓦灶绳床;饮食上,取山间芳草,掬石上清泉,调五谷之味,做成清香扑鼻的乌米饭、菅叶粽或糍粑;医药上,草根树皮,皆可入药,紧扣时令,食疗养生;衣着上,椎髻短衣,便于劳作,色彩斑斓,炫目山林;娱乐上喜爱山歌对唱、山地舞蹈和体育竞技,将体育、竞技、娱乐和劳动融为一体,达到生活艺术化和艺术生活化的高度融合,其舞蹈包括劳动生活风俗歌舞、宗教祭祀舞、体育舞等,如《丰收舞》《畲岭迎亲》《赶歌会》《新女婿》《蚯蚓之歌》;家庭伦理上女大母尊,保留母系社会遗迹;民族个性上秉持山里人的坚韧刚强,保守内敛,桀骜不驯。

其次,畲族文化具有独特的地域风情。福建是全国汉族人口比例较高的省份,省内虽有 53 个少数民族,但大多不成气候,其中在人口数量、聚居情况和文化独立性上具有绝对优势的便是畲族。全省共有 18 个民族乡,畲族就占 17 个,还有 1 个是回族乡。畲族文化算是福建少数民族文化的一道亮色。畲族在民间信仰、节庆活动、婚嫁习俗、衣着服饰、语言行为等方面别具一格,能为福建注入难得的异域风情。以民族服饰为例,畲族尚青尚蓝,寒暑皆衣麻,不冠不履,与汉人尚朱尚紫、上衣下裳、冠履为首的衣冠之制相去甚远。因崇拜凤凰神鸟,畲族女性流行凤凰装,又称"凤鸟髻",发顶梳高髻,象征凤首;颈、袖、襟、围裙等处绣红黄色系花纹,勾勒以金丝银线,象征凤翎凤羽;腰后垂金黄色腰带,象征凤尾;周身垂挂耳环、手镯等银饰,叮当作响,象征凤鸣。但不同年龄的畲女头饰略有差异,16 岁前用红绒缠辫盘绕头上,称"布妮头",已婚成年后则梳"山哈娜头"。另外,畲人的吉庆纹饰还有梅花、桃花、牡丹花、莲花、菊花、龙、凤凰、鹿、鹤、喜鹊梅花、凤凰牡丹、鳌鱼龙门、鹿鹤同春、百花争艳、双龙抢珠、龙凤呈祥,表达对美好自然和生活的热爱。《汀州府志》称畲女"椎髻跣足,短衣斑斓","女子结草珠,若璎珞蒙髻上"。[②] 以民间信仰为

---

① 《第五次人口普查数据(2000 年)》,http://www.stats.gov.cn/tjsj/ndsj/renkoupucha/2000pucha/pucha.htm,2000-10-10/2014-01-01。

② 范绍质:《猺民纪略》,《汀州府志》卷 41《艺文三》,方志出版社 2004 年版,第 876 页。

例,畲族的忠勇王和三公主信仰带有图腾崇拜和始祖崇拜的性质。忠勇王即盘瓠,《搜神记》《后汉书·南蛮西南夷列传》《风俗通义》俱有记载,称盘瓠为帝喾时五色神犬,犬戎入侵时助帝喾得敌吴将军头,娶帝喾少女,后遁入山林,后代自相繁衍。盘瓠信仰是畲族文化认同的重要依据。畲族世代祭奠盘瓠,把盘瓠祖图、祖杖、族谱中的《敕书》视为最高圣物,传唱歌颂盘瓠功绩的长篇叙事歌《高皇歌》《麟豹王歌》。畲人一生与犬为友,不食狗肉,认为一狗抵九命。

最后,畲族文化能满足世人文化溯古和回归自然的愿望。"做表姐"斗歌仪式是畲族人独有的婚嫁习俗。未嫁娘到舅、姨等母方亲戚家报婚期,受邀与所在村落或附近村落的众表弟们对歌,少则数日,多则数月,一般在农闲期举行,场面壮观,气氛热烈。"做表姐"仪式是母系社会"从母居""交表优先婚"和"女性地位"等文化的历史遗存,保留了畲族的集体记忆和人类远古文化的基因密码,是畲族对祖先文化信仰、观念意识、行为方式的集体性体验、记忆、认同和传递。畲族的民间表演如"上刀山""过火海""登九重天"等带有古老的神秘氛围,表演者或踏着刀刃阶梯拾级而上,或赤足踏过火塘,或腾跃于九张八仙桌相叠而成的高塔之上,唤起世人对远古少数民族文化的追慕。

三、闽东文化细分

闽东受地理位置、自然环境等因素影响,形成丰富多彩的文化形态,其中,畲族文化璀璨夺目,增添了闽东的异域风情;瓯越文化相生相长,保留了先民遥远的记忆;佛道文化并称于世,赋予山川河流文化意蕴。闽东文化细分情况见表8-1。

表 8-1　闽东文化细分举要

闽东文化	物质	衣	畲族凤凰装、凤凰髻
		食	糍粑、乌米饭、菅叶粽
		住	闽越建筑:廊桥 中原建筑:霍童古镇明清建筑、廉村古建筑、翠郊古民居 海派建筑:三都澳西班牙教堂、英国修道院、德国洋行等
		行	舟楫文化
		医药	畲医
	精神	宗教	原始宗教:猎神 道教:临水夫人(陈靖姑)、文昌帝君、虎马将军、妈祖、关帝爷、马仙姑 佛教:沩仰宗
		伦理	畲族:以女为大,以女为尊

续表

闽东文化	精神	语言符号	神话传说:尧封太姥
			民间故事:三公主下嫁盘瓠、梁山伯与祝英台、钟有为与美姑娘
			俗语谚语:福安好穆阳,寿宁好南阳,宁德好西洋;出门看天色,买卖看行情;无本不生财,无刀莫砍柴;上代无好种,下代无好苗;白云山无雪不过年;上更做财主,下更做乞食;初八二十三,下涂带扁担;六月防初,七月防半,苦斋送下荇;火烧船去画眉井打水;萝卜未食屁先放;蜀家穷店,强九家粗侬;皇帝食寸金鱼—千年那蜀轮 歇后语:虾米蛔泡汤—死活不知;云淡侬请亲家—碗碗都是鱼;白鹤岭头骂知县—自家泄愤;单身哥做五十一自家做贵
			歌谣:《高皇歌》《麟豹王歌》《丰收舞》《畲岭迎亲》《赶歌会》《新女婿》《蚯蚓之歌》
		艺术	民间工艺:柘荣剪纸、霞浦贝雕、软木画
			戏曲:四平戏、北路戏、布袋戏
			竞技表演:搬铁技、线狮舞、上刀山、下火海、登九重天、打尺寸、盘柴槌
	行为习惯	生活习俗	除夕不灭灯,俗称"照年",灶膛放火种,墙上钉钉;正月初七"人胜日"点长明灯;正月十八"龙洗街";端午节"送鱼""送节";七月十五"做半";中秋节"行中秋";冬至拾骨重葬;三月三踏青节;七月七"七夕茶"
		生产习俗	农业:耕火田 林业:风水林、开山礼 渔业:做福、艋艚打桩
		节日习俗	三月三歌会、二月二歌会、四月八歌会
		人生礼仪	诞生礼:洗三旦、满月酒 婚礼:畲女出嫁前"做表姐"斗歌习俗;迎驾日女方设午宴请亲友,称作"出门昼酒";嫁娶不亲迎 寿礼:五十起做寿,庆寿不取生日,均在春节举行 丧礼:送终、停尸、戴孝、守灵、出殡、墓葬

第二节　宁德文化产业现状及问题

闽东宁德具有丰富的自然和历史文化资源,但长期受东海军事定位的影响,经济发展较慢,成为福建"老、少、边、岛、贫"地域。因此,闽东文化产业起步晚,发展慢,与其他省市有较大差距,但也拥有强大的产业发展后劲。

一、产业现状

(一)产业规模

宁德经济整体水平较低,2011 年生产总值为 930.12 亿元,位居福建第 8 位,增幅为 15.2%,居全省首位。[①] 2012 年生产总值为 1 077.73 亿元,[②]三大产业比值为 18.1:46.9:35。[③] 2014 年生产总值为 1 377.65 亿元,三大产业比为 17.3:51.3:31.4。[④] 文化产业基础较为薄弱,但近年发展力度加大,进入产业发展快车道。2012 年文化产业增加值达到 33.92 亿元,增幅达 23.4%,占 GDP 比重达 3.15%,而 2008 年文化产业增加值仅为 8.6 亿元。[⑤] 2014 年上半年文化产业增加值为 20.01 亿元,增加值增幅位居全省第 4,但增加值数量和 GDP 占比均列全省第 8 位。[⑥]可见,宁德近几年文化产业发展态势较好,但 GDP 占比仍不足 5%,与福州、厦门等地有较大的产业差距。

(二)基础建设

宁德紧锣密鼓地加快文化产业基础建设,改善宁德文化产业硬件和软件环境。硬件上,宁德市先后引进了总投资 50 亿元的古田翠屏湖开发、总投资 45 亿元的中国国际(福鼎)田园牛庄、总投资 20 亿元的宁德工艺博览城、总投

---

① 福建省统计局:《福建统计年鉴 2012》,http://www.stats－fj.gov.cn/tongjinianjian/dz2012/index－cn.htm,2012－09－15/2014－12－12。

② 宁德市统计局:《2012 年宁德市国民经济和社会发展统计公报》,http://www.stats－fjnd.gov.cn/xwgb/tjgb2012.htm,2013－03－12/2014－06－30。

③ 宁德市统计局:《宁德统计年鉴 2012》,http://www.stats－fjnd.gov.cn/tjnj/tjnj2012/tjnj2012.htm,2012－08－30/2014－06－20。

④⑥ 宁德市统计局《2014 年宁德市国民经济和社会发展统计公报》,http://www.stats.find.gov.cn/cms/www2/www.ningdetjj.gov.cn/3353F11D9FD5120628408024C,2015－03－18/2015－10－10。

⑤ 《闽东文化产业提速发展,拟加大台港招商》,http://www.chinanews.com/tw/2013/03－28/4685849.shtml,2013－03－28/2015－01－01。

资 12 亿元的宁德（霞浦）国际滩涂摄影基地等大型文化产业项目。[①] 软件上，宁德市大力挖掘在地文化资源，举办各种大型民俗节庆活动，为发展文化产业造势。其中，畲族文化、马仙文化、临水夫人文化首屈一指。就畲族文化而言，宁德从中汲取各类主题举办形式多样的民俗文化节，如 1986 年中国福建首届畲族歌会、1990 年中国闽东首届畲族文化艺术节、1995 年中国闽东畲族风情旅游节、1997 年 12 月的大黄鱼招商暨畲族文化节、2012 年福建省首届三月三畲族文化节等，规模逐年扩大，推动畲族文化传播，为发展文化旅游也奠定了良好基础。另外，古田陈靖姑文化节影响力逐步扩大，2013 年吸引了 17 个台湾临水分宫、26 个大陆临水分宫的 500 多名信众前来祭拜，古田临水宫也成为全球 8 000 余万陈靖姑信徒向往的文化祖地。柘荣于 2008 年和 2012 年举办了两届马仙文化节，推动马仙文化整理研究和对外传播，逐步打造地域文化品牌。

（三）扶持政策

近年来，宁德重视文化产业发展，在土地使用、资金补助、引进人才、投融资等方面给予扶持政策，先后制定《宁德市文化产业发展规划》《宁德市促进文化产业发展若干意见》《宁德市文化产业发展专项资金管理暂行办法》《宁德市加快文化创意产业人才队伍建设的实施意见》及《关于加快发展文化产业的决定》，为宁德文化产业的快速发展保驾护航。

（四）产业布态

宁德文化产业主要分布在文化旅游、工艺美术这两大侧向上。

首先，宁德植被丰茂，气候怡人，地质地貌特殊，遍布"山海川岛湖林冻"等自然奇观。宁德国家地质公园于 2010 年获评世界地质公园，全国获此殊荣的仅有 24 个地质公园，福建省更是仅有两个入选其列，另一个为泰宁地质公园。其中，太姥山历经千万年水流风化，形成夫妻峰、仙人锯板、九鲤朝天等奇峰异石，可谓造化神工，叹为观止；白云山云雾缭绕，溪涧飞瀑，冰白寒潭，钟磬悦耳，让人超脱凡尘，遗世独立；白水洋巨石天然形成，平整宽敞，溪水澄澈，没踝而过，可供两万人同时参与水上运动会，有"天下绝景，宇宙之谜"的称誉。另外，大嵛山岛接海连天，碧野蓝天，岛心天湖清冽，众峰拱璧，水月相望，是离尘脱世的人间天堂，为中国最美十大海岛之一当之无愧。因此，宁德文化旅游资源可谓得天独厚。2007 年，"闽东北亲水游"列入中央电视台评选

---

① 《闽东文化产业提速发展，拟加大台港招商》，http://www.chinanews.com/tw/2013/03 —28/4685849.shtml，2013—03—28/2015—01—01。

的十大完美旅游路线,2011 年,寿宁县犀溪乡西浦村列入"中国最有魅力休闲乡村"。宁德旅游已形成 13 条旅游精品路线,拉动"沿海蓝色黄金旅游带"和"山区绿色山水生态旅游带"的发展,旅游收入逐年提升,2012 年全年共接待国内外游客 1 000 万人次,同比增长 20%,旅游收入 77 亿元,同比增长 22%,①明显高于《天下财经》报道的 2012 年中国全年旅游业 15.1%的增长率,且占全年 GDP 的 7.1%,成为支柱产业。同时,宁德市出台《关于进一步加快旅游产业发展的实施意见》,2015 年全市旅游收入突破 120 亿元大关,依托宁德世界地质公园、畲族文化、鲤鱼文化、木拱桥文化、陈靖姑文化、茶文化等全力打造全国著名的山海生态休闲旅游目的地。

其次,宁德共拥有 14 项国家级非物质文化遗产,民间艺术资源丰富,如畲族银饰、柘荣剪纸、福安木雕根雕、寿宁乌金陶等,发展工艺美术有先天优势。2011 年宁德工艺美术行业实现产值 40 多亿元,创历史新高。②据宁德工艺美术协会统计数据显示,宁德市现有工艺美术企业、个人作坊 300 多家,从业人员 5 000 多人,生产工艺品共 10 大类 31 个品种,行业发展具有良好的产业基础。宁德工艺美术产业园、谷风文化创意园投入运营,初步形成寿宁梦龙陶艺、古田双坑油画、蕉城仿古家具、福鼎郑源茶具等特色产业区。以古田双坑油画村为例,它有人口 4 000 余人,其中 300 多人为职业油画师,力争在数年内成为中国第六大油画村。

最后,宁德凭借优越的自然地理环境向电影、摄影产业渗透发展,2012 年4 月以宁德风土人情为背景的海峡两岸爱情故事片《为你而来》正式上映,获得一片赞誉。2013 年 12 月,宁德首部表现白茶文化的影视作品《茶神》举行首映礼。宁德以自然历史资源为影视依托,又以影片传播地域文化,为影视产业发展掀起帷幕,倾力打造"国际滩涂摄影基地",推动产业联动发展。

二、发展问题

宁德文化产业处于起步阶段,在产业发展过程中仍有诸多不尽人意之处。

首先是产业发展不平衡。宁德文化创意产业形态较为单一,主要集中在文化旅游和工艺美术两大方面,创意设计、文化会展、动漫游戏等方面缺乏行业地位。

其次是在地资源挖掘不够。宁德拥有丰厚的自然地理和人文历史资源,如道教、佛教文化资源,白茶文化资源,乡野农耕文化资源,廊桥文化资源等,

---

① 邱建平:《今年宁德全市旅游收入 77 亿》,《闽东日报》,2012 年 12 月 21 日。

② 王志凌:《福建宁德工艺美术产业春潮涌动》,http://www.ndwww.cn/news/ndxw/201202/243284.html,2012－02－23/2014－03－12。

均未得到充分挖掘和整合开发。将山水情调、人文气息和现代休闲养身理念相结合发展观光休闲旅游业,是文化旅游和自然旅游融合发展的新趋势。目前,宁德文化旅游虽有起色,但文化之间的融合、自然与文化的融合、传统与现代的融合、自然养身与现代配套的融合都还不够,无法满足都市人回归自然和享受现代便捷生活的双重需求。

再次是创意附加值不高。宁德文化产业仍以出售在地自然资源、文化资源和文化劳动力为主,缺乏高创意和高附加值的产业或产品。以文化旅游为例,宁德已有一些创意主题,如亲水游、畲族风情、古村落、地质文化、红色文化、信俗文化等,但还不够丰富多样,不能尽显闽东风土人情之美。目前,宁德游客以观光游览者居多,占 46%,休闲度假游占 22.6%,探亲访友占13.4%,公务出差占 6.5%。[①] 可见,宁德文化旅游仍有较大的发展空间,尚未完成从观光游览到休闲度假的转型,在创意主题、项目和路线设计上可有意识地加以引导,促进旅游形态由观光旅游到休闲旅游再到度假旅游的逐步升级。同样,工艺美术也存在低创意和低附加值的问题,以延续传统技艺为主,相对缺乏现代创意;以文化复制和批量销售为主,缺乏大师创意和品牌价值,因此,工艺品价格较低,尚未完成从劳动盈利向创意盈利的转型。

最后是传播力度和品牌效应不足。宁德文化产业起步晚,地域文化品牌和文化影响力均较弱,这在吸引力经济时代十分不利。以文化旅游为例,宁德旅游实力和对外形象不匹配,公众知名度和美誉度仍有待提高。宁德旅游人次逐年提高,但其省内游客占 74.09%,其中 29.13% 来自宁德本市,23.62% 来自福州和厦门,10.24% 来自泉州,另外 11.1% 来自福建其他地市。省外客源仅为 25.91%,且主要是浙南尤其是温州地区游客。[②]

第三节　闽东文化产业发展定位与路径

一、地理分析

闽东山海兼备,具有海洋文化和山地文化相交汇的特征,形成沿海黄金海岸线和内陆绿色生态圈的地理格局。长期以来,闽东海洋文化被压抑,成为中国黄金海岸线的断裂带。闽东除了固守山地生态旅游的现有战绩之外,还应开拓海洋文化和经济,最大限度发挥闽东山海优势。

---

①②　宁德市旅游局:《宁德市旅游业发展"十一五"规划纲要》,http://www.doc88.com/p－884687069992.html,2012－02－20/2014－12－20。

二、区位分析

闽东宁德地理区位有两大特点。其一,处于福建北部,与浙江交界,在地理环境、人文生态上与浙南相近,尤其是建筑、饮食、信俗等方面与吴越和徽地文化较为接近。因此,宁德可以借助吴越、长江三角洲的产业优势,加强跨省市的产业合作,抓住长江三角洲产业大发展的机遇,加快自身产业升级。其二,它处于海峡西岸的重要位置,与台湾直线距离最近,且自然植被、地形地貌等生态环境也最为相似,可以借鉴台湾观光休闲产业发展经验,加强两岸产业合作。

三、文化市场分析

首先,就文化资源而言,宁德具有得天独厚的自然地理和历史文化资源,山林与海洋、汉族与畲族、闽与越、佛教与道教等多元文化并存,可为文化产业发展提供持续动力,区域竞争力逐年提升。

其次,就文化消费水平而言,宁德人均可支配收入、人均全年消费性支出均低于全省平均水平,当地文化消费水平较低。以 2011 年城镇家庭基本情况为例,宁德人均可支配收入为 19 314 元,居全省末尾,人均全年消费性支出为 12 730 元,居全省倒数第 2 位,略高于南平市的 12 522 元。[①]娱乐文教服务消费支出为 1 496.14 元,其中文化娱乐服务仅为 573.01 元,[②]而同期全省娱乐文教服务平均支出为 1 879 元,文化娱乐平均支出为 733 元。[③]2014 年,宁德城镇居民人均可支配收入为 23 956 元,人均生活消费支出为 13 128 元,同年福建省城镇居民人均可支配收入为 30 722.39 元,人均消费支出为 22 204.06 元。[④]可见,宁德本市文化消费水平低于全省平均水平。宁德发展文化产业,除了要改善本市经济水平和消费能力之外,还要大力发展外向型经济,力争外来消费群体,尤其是吸收福州、厦门、温州等周边经济相对发达地区的消费人群。

最后,就文化竞争而言,宁德文化产业起步较晚,面临省内和省外相关产业的强劲竞争。以工艺美术为例,宁德工艺美术发展迅猛,但产值、业界影响均低于莆田、福州和厦门。以文化旅游为例,宁德旅游收入低于福州、厦门、南平、龙岩等地,也低于温州、丽水等浙江相邻地市。宁德要在竞争重围中凸

---

① 福建省统计局:《各市区城镇家庭基本情况(2011 年)》,《福建统计年鉴 2012》,http://www.stats－fj.gov.cn/tongjinianjian/dz2012/index－cn.htm,2012－05－30/2014－06－20。

②③ 宁德市统计局:《城镇居民人均消费支出》,《宁德统计年鉴 2012》,http://www.stats－fjnd.gov.cn/tjnj/tjnj2012/tjnj2012.htm,2012－08－30/2014－06－20。

④ 福建省统计局:《福建统计年鉴 2015》,http://www.stats－fj.gov.cn/tongjinianjian/dz2015/index－cn.htm,2015－09－30/2015－10－10。

显出来,必须进一步发挥地域优势和塑造地域品牌。

四、产业定位

依据宁德的经济水平、产业基础、地域优势、区位特征、人才、政策等多元因素影响,宁德文化产业未来发展可作如下定位:

第一,巩固文化旅游和工艺美术已有业绩,促进产业转型和升级。首先,推动文化旅游从观光游览主导型向休闲度假主导型转化,丰富文化旅游产品,将自然观光与文化体验相结合,将文化旅游与当地特色农业、种植业、养殖业相结合,如开发白茶生产、食用菌栽培、葡萄种植观光旅游项目,改善文化旅游服务,完善交通、餐饮、住宿、娱乐等基础条件,尤其是星级酒店和旅行社配备,将便利舒适的现代生活与轻松愉悦的自然休闲相结合,既满足现代人回归自然和传统的夙愿,又满足他们的生活需求。其次,推动工艺美术从文化生产主导向艺术原创主导转化,变文化劳动为文化创意,增加文化附加值,逐步扩大行业影响力,走自主创新道路,加强与省内其他区域的合作,取长补短,和谐共进。

第二,积极推进文化会展和影视拍摄的发展,形成宁德文化产业第二大层次。首先,倚借旅游和工艺美术资源,发展特色文化会展,既为文化旅游和工艺美术跨地域传播和合作搭建平台,又能为文化会展提供优越的自然环境、丰富多彩的旅游节事活动和独特的工艺美术资源,形成文化旅游、工艺美术和文化会展的良性互动关系。其次,倚借灵山秀水、奇风异俗发展影视、摄影业,扩大国际滩涂摄影基地的知名度,通过影视作品展现闽东风采,提高城市文化品牌。

第三,大力发展服装设计、歌舞演艺等其他行业,推动宁德文化产业大繁荣。首先,将畲族服饰义化元素融入现代服装设计中,将传统与时尚、汉族与畲族的审美意趣融为一体,通过耳目一新的审美风格打动世人。其次,倚借畲族传统体育竞技、三月三歌会及其他民俗活动,发展歌舞演艺业,打造浓郁的地域文化氛围。

五、发展路径

首先,充分挖掘在地资源,促进其合理有效的开发。宁德拥有独特的自然、经济、历史和文化等在地资源,其自然地貌别具一格,山、海、川、岛、湖、林、洞均有分布,经济形态丰富多样,农、林、渔、牧多元分布,历史文化悠久,古村名落星罗棋布,畲族民俗异彩纷呈。首先,全面开发在地资源,为文化产业提供支撑。以文化旅游为例,宁德可根据不同资源增设新的主题和项目,如以回归农耕文化为主题的乡村休闲游,以回归闽越为主题的舟楫文化游,以山林养生为主题的休闲度假游,以山海经济体验为主题的茶、葡萄等种植、养殖业观光游,以宗教溯源为主题的道教养生游、佛光心灵之旅等。其次,深入挖掘在地资源,为文化产业助力。以畲族文化开发为例,宁德畲族村寨多,分布广,但多数处于未开发状态。著名畲族村落,有宁德蕉城区上金贝村、福安溪塔葡萄沟、福安市康厝乡凤洋村、霞浦县溪南镇白露坑、古田县平湖镇富达村,未来可从中选择交通便利且能融入整体规划的代表村落加以合理开发,促使保护和开发形成良性互动关系。最后,加强不同类型在地资源的融合开发。由于宁德的名山大川、风景秀丽之处多为道观寺院、畲族山寨或古村落密集区,因此自然观光游可和养生休闲、文化体验游相融合。

其次,加强创意升级,增加产业附加值,尤其是促进科技与文化、传统与时尚的融合,变文化资源为文化资本。首先,大力引进或培育艺术原创大师、创意策划人才,举行各类型的创意大赛,让优秀人才脱颖而出,加盟地方创意产业。其次,推行优惠政策,扶持创意人才或创意企业,如廉价供地、免息贷款、税收优惠,为创意者或创意企业保驾护航。最后,建立行业协会或其他交流平台,形成行业互动机制,促进创意产业发展。

再次,加强地区合作,尤其是闽台合作,促进两岸文化产业的接轨。宁德地理生态与台湾很接近,台湾创意产业可为宁德提供经验借鉴。比如,台湾休闲农业经过 30 多年的发展,追求"生产、生活、生态"三位一体,将传统农业与现代休闲业相结合,现有规模以上农场 1 100 余家,每个农场全年接待游客量为 4.5 万人次,2004 年营业总收入已超过 45 亿新台币。[①] 台湾休闲农业为宁德发展乡村休闲旅游提供了成功范例。又如,台湾工艺美术业将文化传承与现代创意相融合,在瓷器、陶器、铜器、皮革等制作上延续传统手工技艺,以艺术原创为发展动力,又能吸收现代科技和时尚元素,使之切合现代人的生活需求和审美习惯,从而深受市场热捧。宁德发展工艺美术,应吸收台湾经验,加强双边交流与合作,推动自身产业升级。

最后,打造文化品牌,改善地域形象。宁德拥有知名文化企业品牌,如梦龙陶艺、郑源茶具、珍华堂银饰、盈盛号金银饰、善钰根艺,但品牌知名度和影响力一般局限于本市。宁德还有一些地域性文化品牌,如古田双坑油画、蕉城仿古家具、柘荣剪纸,但尚未形成有号召力的城市名片。因此,宁德应把品牌塑造和维护作为大事来抓,做大做强一些品牌,为塑造地域形象奠定基础。

---

① 王茜:《台湾休闲农业的发展现状与启示》,《改革与开放》2011 年第 1 期。

第四节　葡萄沟：田园经济的未来空间

一、葡萄沟产业开发现状

葡萄沟位于福安穆云畲族乡溪塔村，峡谷幽深，溪涧潺湲，植被丰茂，气候适宜，沿溪搭棚种植葡萄，绿荫如盖，硕果累累，前后绵延5公里，形成天然的绿色走廊，有"南方吐鲁番"之称。

同时，溪塔葡萄沟远离都市，全村仅有131户、638人，世代延续畲族生活习俗。小桥流水、柳暗花明，白露秋霜、雾霭风岚，有桃源胜境之妙；烟瓦人家、鸡犬相闻，舂米有声、山歌对答，无城市喧嚣之扰。

葡萄沟将自然田园景观和畲族人文景观相结合，发展田园经济，初显成效。

（一）产业环境

1. 自然文化环境

溪塔村背倚白云山麓，傍水而居，拥有独特的自然和人文景观，是福建省著名的少数民族村寨，文化资源丰富，旅游开发潜力巨大。2014年国家民委发布《关于命名首批中国少数民族特色村寨的通知》，全国共计340个村寨入选"中国少数民族特色村寨"。福建省仅有10个村寨榜上有名，溪塔村位列其一。

2. 政策环境

宁德市将文化旅游作为文化产业发展的重点之一，制定了"十二五旅游发展专项规划"，以美丽乡村建设为引擎，加快乡村交通、通讯、餐饮、酒店等基础设施建设，拉动乡村旅游。2014年宁德市颁发《美丽乡村一日游示范村创建工作方案》，鼓励辖内乡村发挥自然或人文优势，打造清新山水型、民俗风情型、休闲农庄型、古村名镇型旅游示范村。福安市将溪塔刺葡萄沟景观带改造工程作为美丽乡村建设的重点项目，树立"围绕一沟一产业一文化、打造十里南国葡萄沟"的规划目标，先后斥资800万元投入相关项目建设，逐步完善葡萄沟旅游环境。

（二）产业形态

1. 葡萄产业

畲族以山林为家，历来匮乏耕地，因此宁德宁充分考虑向阳山坡、山间峡谷的地缘优势，因地制宜，开发山林农业。溪塔村畲民倚靠天然水土和气候优势把野生刺葡萄移植到葡萄沟已有上百年的历史，20世纪80年代起不断扩大种植区域,至今形成十里之长的葡萄种植带,全年可采摘刺葡萄约两万担,计100万余公斤,收入可达800万元,葡萄产业初具规模。2013年1月28日,"溪塔刺葡萄"国家地理标志证明商标荣获国家工商总局认证,足见当地葡萄产业逐渐走上品牌化的发展道路。目前,穆云畲族乡全面推广溪塔村刺葡萄种植经验,全乡栽种刺葡萄面积约6 000亩,遍及溪塔、虎头、隆坪等26个村庄,年产量逾4 000吨,总产值3 000万元,[①]初现规模经济。

同时,溪塔村延长葡萄产业链,鼓励果农酿造刺葡萄酒,先后建成3座葡萄酒保鲜库,存贮量可达80万吨。[②]乡政府也积极推进村企合作,寻求刺葡萄酒的企业化发展道路。

2. 旅游休闲产业

溪塔村拥有得天独厚的自然风光、田园景观以及畲族人文气息,使葡萄产业和旅游观光、运动休闲相结合,带动旅游休闲产业的发展。首先,溪塔葡萄沟于2000年进行旅游规划,2006年"刺葡萄采摘观赏游"正式启动,借葡萄丰收季发展旅游观光、休闲度假产业,逐步将其纳入闽东亲水旅游路线中。据统计,2008—2010年,每年3—9月溪塔葡萄沟景区每天接待游客总人数超过100人次,以周边市民和客商为主。[③]同时,溪塔葡萄沟努力促进旅游观光向休闲度假的升级转型,开发山林度假、休闲农业体验项目,举办刺葡萄采摘节、畲歌邀请赛、葡萄沟摄影展等来推高人气,延长游客驻留时间。2011年,溪塔刺葡萄被评为福建省休闲农业示范点。

二、葡萄沟产业发展问题

葡萄沟是宁德市营造美丽乡村、发展田园经济的典范乡村,取得可喜的业绩,但与国内外田园经济经典案例相比仍存在较大差距。以台湾为例,田园经济日渐繁荣,休闲农场游客有明显增加趋势,总游客数从2008年的959万人次到2013年逾2 000万人次,海外游客也由2008年的63 700人到2013年的260 897人,2014年台湾旅游人数可达2 250万人次,海外游客32万人次,创造110亿元新台币的产值。[④]台湾田园经济的复兴带动了都市向农村的人口回流,尤其是年轻人的返乡创业热潮,2010年前后全台农业从业人数约为54万,其中休闲农业提供近20万个就业岗位。台湾农、林、牧、渔等农业一级

---

① ② 杨洋:《福安溪塔刺葡萄,甜蜜产业福泽一方》,http://www.ndwww.cn/news/xs-news/fanews/fash/201306/396850.html,2013—6—14/2014—04—30。

③ 徐丹:《宁德福安溪塔葡萄沟景区SWOT分析及发展对策探讨》,《海峡科学》2013年第3期,第50页。

④ 《台湾休闲农业产值今年拼110亿》,http://news.sina.com.cn/c/2014—02—09/083029419379.shtml,2014—02—09/2014—01—01。

产业年产值约 4 000 亿新台币,仅占全台 GDP 的 1.5％,但加上农业加工、休闲等二三级产业,农业总产值占全台 GDP 的 11％。[①] 与之相比,葡萄沟仍未步入田园经济正轨。

首先,经济形态较原始。溪塔村仍处在前工业社会,以小农经济为主,当地畲民以刺葡萄、水蜜桃和水稻种植为业,收入结构较为单一,且各自为营,缺乏统一规划和管理,与田园经济的后工业化发展思维不相吻合,产业发展受阻。

其次,产业基础不好。溪塔村远离尘嚣、相对僻远,平均海拔 90 米,天然环境好,生态资源多,传统文化丰厚,但环境交通、住宿、餐饮、卫生等基础设施都极不完善。全村仅有一家容纳 80 人用餐的畲族风味餐厅,一处简陋的游客休憩站、一个百来平方米停放车辆和疏散游客的中心广场,游客接待能力十分有限。再加上农村人口以务农为主,视野较为闭塞,文化程度和创新意识不够高,对发展田园经济十分不利。

再次,挖掘深度不足。溪塔村不仅有山水奇观、田园意趣,而且有文化资源和异域风情,文化产业发展后劲充足。但是,许多资源在当地旅游开发中未被充分挖掘。其一,山水游历、田园体验性项目不够完善,未能满足游客沉浸式体验需求。其二,文化资源介入较少,未将畲族的饮食习惯、服饰文化、婚嫁习俗、四季节庆、祭祀巫舞、情歌对唱等丰富多彩的民俗活动纳入产业发展规划中。其三,创意提炼不够,文化产品相对单调和低端,受季节性因素影响大,葡萄采摘旺季一过即无游客,缺乏完善的产业链架构,也缺乏替代性旅游项目,与田园经济的应有作为相差甚远。

又次,品牌效应不高。近几年中国农产品品牌化发展快速,大多标上"有机""生态""绿色""无公害"等标志,据统计,2008 年我国农产品注册商标总数为 60 万件,2013 年达到 125 万件,4 年时间翻了一番。[②] 但是,很多农产品品牌、休闲农场、农家乐项目等处于草创期,社会知名度不高,品牌建设或维护力度不足,尚未真正形成业内品牌关注度,难以在众多竞争者中脱颖而出,产业效益受到抑制。

最后,业态创新不够。溪塔村葡萄产业链仍然较短,葡萄加工、酿造等延伸加工业不发达,农业和旅游业缺乏深度融合,农业和创意产业、休闲产业、教育产业、影视产业等的融合更难觅踪影,足见其在业态创新上尚缺乏深入

[①] 湖南省现代休闲农业研究院:《对话台湾休闲农业》,《休闲农业周刊》手机周报,第 19 期,第 3 帧。

[②] 《我国农产品注册商标总数达 125 万件》,http://www.sipo.gov.cn/mtjj/2014/201409/t20140910_1007634.html,2014－09－12/2014－12－20。

思考和作为。

三、提炼畲族文化，发展田园经济

葡萄沟发展田园经济前景广阔，但也存在基础薄弱、产业单一、社会知名度不高等诸多问题，今后应发挥自身优势，走出产业发展困境，成为宁德市发展田园经济的示范村落。

首先，古今融合，建构后现代生活理念。

田园经济是实现前工业向后工业时代跨越发展的重要过渡的经济类型。同时，前工业时代的自然氛围、生产方式以及文化形态也是实现田园经济的重要依托。葡萄沟可以传统隐逸、闲适、养生、天人合一等文化为载体，结合现代人的渴望自由、追求幸福、疏导压力、回归自然、回溯传统等现实需求，倡导"乐活""慢生活""宁静""和睦亲情""新田园主义"等后现代生活观，引导社会价值转型和培育新的消费理念。葡萄沟不仅拥有前现代的生态文明，而且拥有区别于汉的畲族风情，能够满足普通市民追慕田园、回归宁静和体验异族文化的愿望，是发展田园经济的重要基础。同时，在产品开发上，注重消费者的"沉浸式体验"，变外在的参观游览为身体力行、身心合一的体验活动，如在田园游览的同时加入荷锄归隐、男耕女织、尝新庆丰、秘制佳酿、山歌对答、巫舞伴唱等别具特色的畲族民俗体验活动，能够把传统生活之美、情韵之美真正带入人心。

其次，创意提炼，促进农村业态创新。

田园经济是个似旧如新的产业，通过传统农业与生态科技、科普教育、休闲娱乐、影视拍摄等相结合，培育出一些新兴业态。传统农业与传统四时节气、五谷杂粮、春耕秋收等教育体验相结合，可创造出田园教育这一新业态，对五谷不分、四体不勤、四时不清的都市人应有一定的吸引力。传统农业也可与影视拍摄产业相结合，制作一系列小成本电影、微电影或者摄影作品，逐渐发展成传播地域文化和推广旅游品牌的自媒体，不仅有利于葡萄沟在省内外知名度的提高，而且也可创造出田园摄影等新兴业态。

再次，数字加盟，加大田园科技含量。

农业和科技的结合是田园经济的必由之路，尤其是大数据时代，新媒体和数字技术的运用能够提高田园经济的产品质量、传播效力、服务水平及文化附加值。如，对农产品进行数字化追踪、物联网呈现以及新媒体营销，能够有效植入"生态""有机"概念，增加农产品的文化附加值，突破葡萄沟原有的传播和销售瓶颈，达到很好的经济效益。又如，农产品加工创意园区可运用声光、数字等技术营造真实的可感的艺术氛围，增强游览者的沉浸式体验。

又次，多元组合，延伸田园产业链。

田园经济的价值链特点是越到后面价值越高,从原始农产品到副产品加工再到生产流程体验、旅游观光、休闲娱乐等,其产业链的长短决定了经济效益的高低。目前,葡萄沟仍未形成规模化的旅游观光业,游客数量少,滞留时间短,有明显淡旺季之分,旅游项目稀缺,未见农家乐以外的体验项目。今后,葡萄沟应深入挖掘自然、文化、社会等各类资源,将民俗表演、生产习俗、传统节庆、民间信仰等作为开发源泉,促进文化和创意、古代和现代、产品生产和服务等的有机融合,延伸产业链和价值链。

然后,生态思维,维护增长持久度。

田园经济的价值原点是生态思维,维护自然和文化生态的多样性是发展田园经济的基础。倘若无视自然负荷和文化本真性一味追求经济产出,那么田园经济就失去了持久发展的动力。因此,葡萄沟发展田园经济,不应只注重经济效益和眼前利益,而应该用做事业的心做产业,引入自然成本、社会成本及文化成本核算,将部分收入所得用于自然保护、社会再分配及文化扶持等方面,形成经济发展的长效机制。

最后,品牌打造,增强核心竞争力。

田园经济的品牌化发展是势在必行的。品牌打造和发展的重点在于凝聚自身的核心优势,即有别于他人的核心竞争力,如形成独特的产品形象、内涵、质量、服务或营销策略等,增加文化附加值。葡萄沟应做好产业发展规划,先夯实产业基础,建成畲族民俗生态体验区,再全方位加大品牌营销,逐步扩大周边影响力,使之成为宁德田园经济的重要试点。

第九章

莆仙文化与莆田产业经济定位

　　莆田位于闽中,包括莆田和仙游两地,在漫长的历史时间中形成相对独立的文化形态,称为"莆仙文化"。莆田地域虽小,但拥有妈祖、南少林、祈梦等享誉海内外的文化资源,利于文化产业发展和城市品牌打造。目前,莆田文化产业处于起步阶段,存在创意水平不高、产业链不完整等问题,应进一步发掘文化资源,凝练产业业态,形成以妈祖文化为核心的产业经济。

第一节　莆仙文化

一、莆田地理与莆仙文化

(一)莆田地理

1. 地质特点

　　莆田,顾名思义,蒲草丛生之地。其名字蕴含先民们对此地沧海桑田变迁的历史记忆。就地质变化而言,莆田是福建版图中年轻又活跃的地质板块,历经多次地壳升降运动,民间盛行"沉七洲,浮莆田"的说法,《山海经》称"闽在海中"亦可为证。地壳上升时,则浅滩变平原,岛屿变峻岭,峰壶公山上的蟹洞和螺壳、下徐的咸味井水、笏石的盐碱农田、埭头的咸味地瓜、宋人柯应东的诗句"峰上今犹蠔带石,穴中时有蟹寻秋"均讲述着不同寻常的地质变迁史,而白沙、大洋、涵江、萩芦、梧塘、江口、筱塘、游洋、横塘、南沟、沙堤、平海、坂洋、三江口、洋尾、秀屿、东海等地名更是对地质原貌的悄然记载。地壳下沉时,则峻岭变岛屿,沙洲变海洋,南日岛、湄洲岛、杯岛、黄瓜岛等百余个岛屿皆是大陆岛,平海嵌头村陆地年年被海潮侵袭,连昔日的嵌头宫也不复存在。

2. 地理区位

莆田地处闽中,西倚戴云山脉,东朝台湾海峡,北连福州,南接闽南,为扼守福州和闽南重镇的战略要塞,历来为兵家必争之地。汉武帝时,朱买臣南征东越王余善,驻军莆田;宋太宗为镇压林居裔农民起义和巩固政权,设置兴化军,成为独立行政区域;明初,朱元璋为巩固边防,在此设两个卫、一个千户所、一个水寨、六个巡检司、五十七座墩台,使之成为抗倭海防重镇。

3. 生态环境

莆田位于北纬 24°～25°,常年受亚热带季风气候影响,陆域面积 4 119 万平方公里,海域面积 1.1 万平方公里,地势由西北向东南倾斜,中东部的南北洋和东西乡冲积平原构成福建第三大平原,望江山、壶公山、九华山、瑞云山、天马山、囊山等山脉点缀其间。莆田海岸曲折,拥有湄洲湾、平海湾、兴化湾三大天然良港,海岸线上星岛密布,江海相连,水系丰茂。木兰溪穿城而过,千百年来一直夹带着高山泥沙流向下游,这"失之东隅,得之桑榆"的举动使得兴化平原不断向大海延伸,它流经仙游、鲤城、华亭、黄石、涵江等地,由三江口注入兴化湾,自宋代钱四娘等修建木兰陂后灌溉千里沃野,孕育出独具特色的莆仙文化。另外,支系河流如九鲤湖溪、莒溪、长岭溪、渔沧溪、延寿溪、中岳溪、大济溪、溪口溪、龙华溪、松板溪、仙水溪、苦溪等纵横交错,河网密布,形成独具一格的江南水乡情致。

(二)莆仙文化

1. 勤勉刻苦的民间精神

莆田在历史上为蒲草丛生的蛮荒之地,地窄土贫,面积约为南平、三明的六分之一,福州、泉州的三分之一,盐碱化现象严重,外加木兰陂修建之前水患连年,曾为镇压叛乱者、战争逃难者、政治避难者、古越遗民、海上盗匪等的流散之地。莆田的开化史是人与自然搏斗并最终达成和谐共处的历史,围海造田,修建河堤,盐碱变良田,滩涂成鱼米之乡,其中浸润着莆仙人民的血汗和智慧,也磨砺了他们的坚强意志,培养了他们勤勉刻苦的民间精神。唐宋后传入的儒学和莆仙文化一拍即合,儒家入世的精神、功名的观念、认真的态度深入人心。千百年来,莆仙人不论为学、为官抑或为商,都恪守着这种独特的地域文化,"地瘦栽松柏,家贫子读书",励志求学、勤劳治家,谨严从商、刻苦学艺,意志坚韧、一丝不苟,涌现出郑樵、刘克庄、黄仲昭这样的学问大家,陈文龙、朱维祚这样的民族英雄,梅妃这样的贞淑才女。南宋莆田名儒方渐如此分析家乡儒风盛行的原因,"闽人无资产,恃以为生者,读书一事耳。"[①]

---

① 《莆仙文化》,http://baike.baidu.com/view/1322198.htm,2015-08-01/2015-10-10。

2. 敬天崇神的民间信仰

民间信仰是从苦难中升腾起的精神寄托。旧时莆仙腹地常受到水患、台风的侵袭,民生艰难,沿海渔民或走海人奔走于海上,更受狂风飓浪之苦,或死于海难,或羁留他乡,留下姑嫂妻女化成望夫石、姑嫂塔。因此,莆仙人对自然天地充满敬畏之心,精神上希冀山川有情、神灵显灵,护佑一方水土和百姓,于是产生自然崇拜、鬼魂崇拜、佛教、道教等各种宗教信仰。莆田现存湄洲妈祖庙、广化寺、三清殿等与民间信仰密切相关的文化遗产。其中,妈祖文化便是莆仙地域极具代表性的民间信俗,寄托着百姓对风调雨顺、太平盛世的渴望,表达了民间对扶危济困、救苦救难的渴盼,也承载着无数海外旅人对亲人和故土的思念。

另外,莆仙地域崇巫尚卜,热衷祈梦,"信巫鬼,重淫祀",据南宋廖鹏飞《圣墩祖庙重建顺济庙记》记载,妈祖"初以巫祝为事,能预知人祸福",莆仙人把对天地鬼神的敬畏之情渗透在日常生活中,如岁末贴春联、钉桃板以驱散百鬼,除夕做"隔岁饭"以示年有余粮,大年初一吃线面以"厌伏邪气",元宵节摆篝火和棕轿、行傩、装阁、游灯以娱神娱人,端午节用五色网袋装蛋、艾叶汤洗澡并送虎符"以禳毒气",婚嫁吃芋仔祈求如芋头般多生,婚礼送灯祈求添丁,另外还有尾牙祈春、腊月祭灶等各种民俗活动,都体现了原始宗教诉求。

3. 封闭保守的思想观念

莆仙位于福州和泉州之间,千百年来受到闽北和闽南两大文化圈的浸染和影响,但始终保持着较鲜明的地域色彩,方言、观念、民俗、信仰等自成一体,这与莆仙文化的保守封闭性有一定关联。

莆仙历来地窄人稠,民生艰难,迁居于此的北方移民为了维护自身或宗族利益,强化了宗派文化和地方本位主义文化,具有一定的保守性和排他性,不善于吸收和融合外来文化。至今一些莆田人仍有小富即安、家族观念强、男尊女卑、谨小慎微、精明却失于大气等人格特征。这也导致莆田在产业发展过程中过于保守,重家族利益和眼前利益,容易因小失大,错失良机。

二、莆仙文化举要

(一)闽越遗风

莆田古属闽越,新石器时代即有先民居住于此。汉时北方汉军讨伐东越国,东越王余善从浦城南退,"南奔五百里",逃窜莆田北部山中,以山为据,设立烽火台,对抗汉军。明代周华的《游洋志》如此记载:"越王,东越王也,姓刘名郢,不奉汉廷正朔。郢死,其弟余善继立,虎据东越之地。时朱买臣为会稽太守,武帝命讨之,乃窜身于此山之上。"后世将此山命名为越王山或越王台,现位于莆田市涵江区白沙镇马洋古院山,三面砌石,山势如斧劈刀削,东临马洋溪,西开城门,"一夫当关,万夫莫开",至今仍留有余善烽火台旧址"三燧峰"、兵败掷剑和钟磬之所"剑池"、"钟湖"、悬头崖"隔瞑头"、大将邹力殉难处"将军潭"以及刻有"越国"篆字的特大石槽。另外,仙游龙穿城、钟山鸣亦为同时期所筑的防御工事或军事要塞,仙游榜头鸡子城则为余善授首殒命之处。东越灭国后,闽越人被徙于江淮之间,《资治通鉴·汉记》称"乃悉徙其民于江淮之间,遂虚其地",莆仙地域自此纳入中央行政管辖范围内,中原人和中原文化后来居上。仅有少数闽越土著隐匿山林,但也在与中原人的民族融合中逐渐退出历史舞台,据《闽都别记》记载,宋代莆田涵江还有少量古越族后裔木客的存在,现在早已不知所终。莆田方言中也保留着一些古老民族的记忆,那独具特色的边擦音和土语十分接近古越后裔的壮侗语,无意中透露了民族变迁的秘密。

(二)文献名邦

历史很快翻开新的一页。继留守汉军成为首代移民之后,莆仙地域经历了多次的中原移民大潮。两晋以后北方战乱不断,永嘉之乱、安史之乱、靖康之难、南宋灭亡等让北方疆土满目疮痍,于是中原衣冠持续入闽,首居闽北、福州之地,继而部分迁居莆仙,促进了中原文化的传播,也推动了莆仙地域的开化昌明。其中最具代表性的是尊师重教、读书为本的儒学文化。

莆田书院教育历史悠久,兴起于南北朝时期,一度与佛教并行发展。南朝陈永定二年(558 年),郑露、郑庄、郑淑在莆田南山(凤凰山)开设湖山书院,后又在仙游设立浔阳书堂、巩桥书堂,开启了莆田书院教育的先河,史称"开莆来学"。唐代以后莆田书院教育迅速发展,"唐代福建有书堂 40 多所,而莆田就占一半"[①],如文昌书院、涵江书院、灵岩精舍、北岩精舍、东山书院等,其中灵岩精舍与南朝时期的湖山书院颇有渊源。湖山书院经郑氏赠予佛寺,改为金仙庵,几经扩建,初唐时为金仙院,中唐后升格为灵岩寺,寺内开设"灵岩精舍",成为当时著名书院。宋明时期,莆田书院教育走向昌盛,宋代有会元书院、双林书院、考亭书院、瑶台书院、水南书院、闽阳书院等知名书院,明代有立诚书院、崇正书院、朝天书院、寿泽书院等知名书院,官学和私学并行发展。至今,仙游文庙依旧保留着绰楔门、泮池、大成门、大天井与庑廊、大成殿、崇圣祠等,古柏苍翠,墨池依旧,是莆仙地域千年文教的历史见证。

莆田聚书、藏书、读书之风十分盛行,"比屋业儒,不废读书""三家两书堂""十室九书屋",宋时兴化人把书作为财富的象征和安身立命的根本。不

---

① 　甘玉连:《莆田文化丛书:兴教育人卷》,福建人民出版社 2003 年版,第 11 页。

仅官办书院设有宏伟的御书阁,民间藏书楼亦规模不小,蔡襄、徐铎、郑桥、郑寅、郑阿复、傅楫等均藏书过万,著名藏书楼有夹漈草堂、富文楼、一经堂、万卷楼、三余斋、经史楼、藏六堂等。因此,甘玉连提出:"宋代莆田民间藏书之多在全省乃至全国都是名列前茅的,堪与当时的国家图书馆比肩而立。"①郑樵作《通志》,蔡襄作《茶录》《荔枝谱》,黄仲昭作《八闽通志》《兴化府志》等,这与他们阅尽天下藏书不无关联。

受崇儒、崇教和崇学之风的影响,莆田唐宋以来士子如云,进士辈出。据考,"自唐贞元七年(791)林藻中进士成为闽人进士之始,至清光绪废科举止的 1 145 年中,莆田一邑中进士者多达 2 000 人,其中状元 11 人,又有武状元11 人。尤其宋、明两代,莆田科甲鼎盛于八闽,总计有 1 941 人,其中状元9 人,榜眼 4 人,探花 5 人"②,其中包括黄滔、徐寅、蔡襄、郑樵、林光朝、刘克庄、黄仲昭、郑纪、柯维骐等著名历史人物,留下"科举蝉联、簪缨鼎盛""一邑半榜""一门五学士""一科两状元""四异同科""六桂联芳""一科两解元""一门八进士""一户六进士""四代联登八进士、八世联第十六进士""龙虎榜头孙嗣祖、凤凰池上北联兄""析榆未三里,魁亚占双标""一门二丞相,九代八太师""中央六部尚书占五部""一家九刺史""兄弟两宰相""父子兄弟同朝为官"等佳话。因此,宋度宗封之"文献名邦",宋真宗敕字"闽越之地,邹鲁之邦",王安石赞"兴化多进士",朱熹称"莆田人物之盛"。

(三)妈祖文化

妈祖,姓林,名默娘,北宋建隆元年(960 年)生于湄洲。据《圣墩祖庙重建顺济庙记》《古今图书集成·神异典》《莆田县志》等多书记载,妈祖天性聪颖,少年悟道,精通药理,善为巫祝,能通天人,知休咎,卜祸福,又性情温良,为人热心,上晓天文,下识水性,常广施仁义、救人困厄,如指引航道、平息海难、教人趋吉避凶之道等,被乡民敬为"神女""龙女"。妈祖在其短暂的一生中行善积德、救苦救难,死后被奉为保驾护航的航海之神、保护农业的司雨之神、扶危济困的正义之神、护国佑民的和平之神。

妈祖信仰肇始于宋,成熟于元,兴盛于明清,因与历代海上交往政治事件相关联,如宋出使高丽、元海运漕运、明郑和下西洋、清郑成功收复台湾等,逐渐从地方性、民间性神祇信仰发展成国家性、官方性的信仰。从宋徽宗宣和四年(1122 年)到清同治十一年(1872 年),妈祖历经朝廷 14 次敕封,在民间信仰和官方褒封语境中由最初的"巫女"逐步被确认为"民间神女",再转化为

---

① 甘玉连:《莆田文化丛书:兴教育人卷》,福建人民出版社 2003 年版,第 42 页。

② 谢如明:《莆田传统文化概论》,厦门大学出版社 1993 年版,第 80 页。

"官方女神"。初时民间称之为"林氏神女""湄洲神女""通天神女";宋时其被朝廷褒封为"崇福夫人""灵惠夫人""昭应夫人""灵惠妃",带上官方色彩;元时其又晋升为"护国明著天妃",完成从地神到天神的身份转换;明时其进入中国道教神仙谱系,如《三教搜神大全·天妃娘娘》《太上老君说天妃救苦灵验经》《天妃灵应之记》将妈祖和西王母、太上老君并称,完成从地方神到全国性神祇的转变;清一代其更被晋封为"天后""天上圣母",作为调风施雨、纾灾解难、保家卫国的最高神祇加以膜拜,康熙五十八年(1719年),妈祖和孔子、关帝一并进入国家祀典,享春秋大祭。如今,"妈祖祭典"与陕西省黄陵县的"黄帝陵祭典"、山东省曲阜市的"祭孔大典"并称为"中华三大祭典"。

妈祖信仰历经千年岁月的传承与传播,早已不再局限于莆仙地域,而成为近水而居之人、客居他乡之子、远离故土之商共同的精神寄托和文化信仰。妈祖之所以能够成为中国道教神仙谱系中最为重要的海神,是因为妈祖自身的神格特征和外在的历史需求。

从内在因素看,妈祖具有卓尔不群的神格特征。首先,妈祖是女性神,区别于道教或民间信仰中众多的男性神祇。她不像太上老君那样道行深、法力强,不像城隍爷、钟馗那样铁面无私,更不像瘟神、太岁那样让人生畏。她是真善美的化身,生前仁孝,温婉慈悲,扶危济困,不论尊卑,普济众生,被故乡人唤作"娘妈",又尊称为"妈祖";死后显灵,救助海难,调顺风雨,救死扶伤,大爱无疆,是母爱的象征。妈祖神格中的女性、母性特点是众多男性神祇不具备的,也是她贴近民间社会的情感源泉。程端学在《天妃庙记》提到,妈祖"水旱疠疫、舟航危急,有祷则应"。其次,妈祖生前未嫁而亡,可以部分摆脱世俗男权社会对女性作为第二性的束缚。妈祖在世人眼中不仅冰清玉洁,而且拥有独立人格,是不受男权文化拘束的自由女神。正因为妈祖拥有自由之身,所以她可以全身心忘我地调风雨、保民嗣、护海航、救时疫、安邦保疆、驱除鞑虏、抵御海盗等,成为护佑一方的万能之神。最后,妈祖生于本土民间,具有贴近百姓的草根精神。妈祖信仰的繁盛和东南沿海居民的繁衍生息、发展壮大密不可分。妈祖之前或同时已有多位历史人物被封海神,个别影响力还超过妈祖,但因缺乏海洋子民的膜拜而逐渐没落,妈祖却成为显赫东南沿海并直接影响官方的重要神祇。东南边民靠天吃饭,四时无常,风雨无期,潮汐不定,时疫不断,海上风波更能在顷刻间造成船毁人灭,他们对人力所控之外的超自然神力充满了恐惧和敬畏之心,犹如失怙孤儿渴望娘亲的拯救。可以说,妈祖信仰是中国东南沿岸跑渔船、走海口之人集体苦难的升华,是传统农业社会子民战胜困厄的精神寄托。

从外在因素看,妈祖信仰的繁盛与历史性需求密切相关。妈祖信仰兴于宋,发展于元明,极盛于清,均与各个朝代经济、政治、文化需求有直接关联。首先,经济上,妈祖信仰能够鼓励沿海居民发奋进取、对外交往,开拓海外市场和稳固海上贸易。宋代,海上渔业和贸易是国家经济命脉和百姓生计重要来源,渔民、走海口群体受到官方重视,褒封护佑商船的妈祖能够安抚他们的心灵,利于国家经济发展。元代漕运发达,开通海路,东南一线成为中外贸易门户,妈祖信仰益盛。其次,政治上,妈祖信仰在对外交往和战争中扮演重要角色,妈祖化身为守护家园的和平女神和抵御外敌的无敌战神。宋宣和奉使高丽、南宋抵御外敌、明郑和下西洋、明末歼灭海寇、郑成功收复台湾、施琅征台湾等国家重要政治外交事件中,妈祖信仰成为官方鼓动民心的重要号角。再次,文化上,东南一线宋以后文化崛起,仕宦辈出,比屋业儒,"冠大廷,位台射,策中眉,参机政,前后相望"①,朝廷出于安抚地方文化需求也会青目一二。最后,社会上,农业社会常有水旱、时疫发生,需要保民济世之神来安抚民心,促进妈祖信仰的官方化。宋孝宗乾道年间,时疫盛行,"神降,且曰:'去潮丈许,脉有甘泉,我为郡民续命于天,饮斯泉者立痊'。掘泥坎,甘泉涌出,请者络绎,朝饮夕愈,甃为井,号圣泉。郡以闻,加封'崇福'"②。

　　而今,妈祖信仰寄托着无数航海者平安出行、满载而归的美好夙愿,寄托着无数临水而居之人渴望与自然和谐共处的美好愿望,寄托着无数海外游子对家乡故土的殷殷思念,更寄托着无数民众对风调雨顺、和平安宁之太平盛世的无限渴望。据《世界妈祖庙大全》统计数据显示,从湄洲祖庙"分灵"出去的妈祖庙近5 000座,遍布20多个国家和地区,信众近两亿人。湄洲作为妈祖文化的发源地,是无数中华儿女向往的"东方麦加"。因此,妈祖信俗被列入世界非物质文化遗产名录。

(四)南少林文化

　　南少林文化,将佛教渴望自由的精神信仰与超越自然局限的身体锻造合而为一,将物我两忘的禅定追求与至臻至美的武学修为合而为一,是嵩山少林文化南移并传播的重要见证,也是中国佛教禅宗文化的重要遗产,还是南方武学文化的重要代表。

　　南少林寺位于莆田西天尾镇九莲山下,据《兴化府志》记载,该寺原名"林泉寺",建于南朝陈永定元年(557年),规模宏大,为嵩山少林在南方的重要分寺。但林泉寺于清初遭兵燹之祸,曾经的辉煌化成一片废墟。20世纪80年

---

① 王象之:《舆地纪胜》,卷135,中华书局1992年版,第3854页。
② 丁伯桂:《艮山顺济圣妃庙记》,潜说友:《咸淳临安志》,浙江古籍出版社2013年版,第7册,第15～16页。

代经考古发掘,在原址发现镌有"僧兵""诸罗汉浴煎茶散"字样的北宋石槽、遗留"真觉大师""林泉院""天佑"文字的唐代石刻以及刻下"长兴四年岁次癸巳正月"字样的南唐陶质鸱尾等,这座沉寂了数百年的千年宝刹才慢慢揭开面纱。1992 年,在北京人民大会堂举行的南少林遗址发布会现场,嵩山少林第 29 代方丈公开宣称"南少林就在福建莆田九莲山下",为莆田南少林正名验身。1998 年,莆田开启南少林重建工程,赵朴初题写的"南少林"匾额、蜿蜒而上的盘山公路、宏伟的山门、壮观的大雄宝殿和天王殿以及巍峨的钟鼓楼使得如今的南少林寺初具规模。

南少林文化具有哲学宗教、体育竞技、影视拍摄和修炼养生等方面的价值。首先,从哲学宗教上看,南少林文化能够满足世人渴望超脱的心灵诉求,在身心合一的身体锻炼中感受超脱自身局限、自然束缚和世俗困扰的精神愉悦。其次,从体育竞技上看,南少林文化是"南拳"文化的重要代表,具有武术传承、竞技表演、体育培训等价值。再次,南少林文化博大精深,能够体现中华文化精髓,并具有国际吸引力,可为影视拍摄提供重要题材。最后,从修炼养生上看,南少林的养生理念和修炼方法历史悠久,可为都市身心亚健康人群提供健康咨询和强身健体服务。但与妈祖故土确凿身份相比,莆田南少林文化发源地的身份仍有争议,现存遗址除莆田外还有福清、泉州两处,连《发现·探索》节目播制时也未给予定论,这给莆田挖掘和开发南少林文化造成一定困扰。

（五）祈梦文化

莆田仙游背倚戴云山脉,处木兰溪上流,自古风光旖旎,钟灵毓秀。传说何氏九仙在此炼丹,后跨鲤成仙,成为掌管人间愿梦的司梦神灵。仙游得名于此,足见世人对其美景和仙气的嘉许。这里有和武夷山、玉华洞并称"福建三绝"的九鲤湖、"小武夷山"之称的麦斜岩、九仙游玩处菜溪岩幻游洞、千年宝刹凤山九座寺和传说为化鹤仙人弈棋之所的仙门寺……奇绝的风景与浓郁的佛道文化融为一体,好似人间幻境,让游览者油然升起超然物外、遗世独立之感。仙游九鲤湖是祈梦文化发源地。祈梦者赏玩其间,可穿越于现实与梦幻之间,面对自我享受心灵之旅,为人生减负,为自我减压,怀揣对未来的美好想象奔赴明天。

三、莆仙文化细分

莆仙文化是福建一大文化支系,具有鲜明的地域特征,尤其是方言习俗、饮食习惯、民间信仰等别具一格,具体见表 9-1。

表 9-1　莆仙文化细分举要

物质	食		春卷、红团、兴化米粉、卤面、煎粿、扁食、豆浆炒、炝肉、海蛎煎、煎包、泗粉、番薯起、清明龟、金粿、宝糕
	衣饰		妈祖故里盛行半截红裤、帆船发型、香袋
	住		选址：注重风水、依山傍海、背山面水
			分布：聚族而居
			形制格局：三间厢、四目厅、五间厢、七间厢、九间厢，多为一层或双层，外加护厝
精神	宗教		道教：妈祖、钱妃
			原始宗教：灶公、土地公公
			佛教：观音
	伦理观念		男尊女卑、家族观念、攀比观念
	语言符号		神话传说：妈祖传说、梅妃传说、盐公传说、钱四娘传说、壶公山神转世传说、九仙传说、九鲤湖传说
			民间故事：小五哥、阿姑吃软粿、歪打正着、鲤娘献珠、打错一只、铺九里、陈光庭、陈文龙
			俗语谚语：腹肚里能划溪船、打铁拉长屎、打狗"大了"看主人、菩萨只识宫公、尾团尾金珠、三锣鼓齐动、文峰宫请总簿看、品头多、装鬼不用画脸、封神榜、无人见、太早看无戏、旦子行脚仪、三人五目、鸭卜管鹅
			歇后语：牛仔犁田—无规矩；歪嘴吹火——缕斜(邪)风；老鼠食芽油—拼命；牛仔未贯鼻—不知厉害；厝瓦沟"毛狸"—装死；阎君出告示—鬼知道；三步"届"(到)棚前—心快口直；狗思量猪头舌—休想得到；乌贼嘴死不硬—死不服输；土地公看"客班"—昏答答；毛狸无"暝"，狗无"罩"—自古如此；癞蛤蟆食萤火虫—肚子里明白；白纸写乌字—铁证如山；大姑娘想老公—说不出口
			谜语：先修十字街，后起八卦台。主依厅前坐，那等依客来。(打一动物)；绿布包白布，白布包梳团。(打植物名)；两个饼圆圆，日日送上门。一个滚烫烫，一个清冰冰。(打自然现象)；四角四角方，稻草捆腰间。(打一食物)
	艺术		民间工艺：根雕、木雕、石雕、仿明清家具、蔗塔
			曲艺：十音、八乐、鼓吹乐、快板、答歌桥、方言俚歌、独角戏
			戏曲：莆仙戏
			竞技表演：灯舞

续表

行为习惯	生活习俗	过年前扫巡,除夕祭天地、围炉,大年初一吃线面,正月初二"探亡日"不上门,正月初四做大岁,农历二月二做"头牙",五日节(即端午节,又称沐兰节)用午时草洗沐,七月半送纸、放水灯,中秋吃米粉,十月十五"供簸箕盘"祭孤魂,冬至暝搓汤圆
	节日习俗	农历十二月二十四祭灶,农历十二月二十五日头酬神、施舍积德,初九神诞春酒,元宵摆棕轿、行傩、放焰火,三月二十三妈祖生日,六月初六土地公公生日,八月初三灶公生日,二月十九观音生日
	人生礼仪	诞生礼:十四朝、出月、抓周 婚礼:说媒、相亲、送庚帖、订婚、定日、送嫁 寿礼:四十九岁前不做寿,"男逢九,女逢十" 丧礼:移床、洗身、穿寿衣、送终、入殓、送草薪席、出殡、送葬、墓祭、做头七、做七

第二节　莆田文化产业现状

莆田挖掘和发挥地域优势,形成以"世界妈祖文化中心、东方工艺美术之都、海峡两岸文化传承与创新示范区"为主的文化产业发展目标,着重开发妈祖文化、工艺美术和非遗文化,推进文化旅游、工艺美术等八大产业发展,加速知名演艺品牌、高端节庆会展、城市文化景观等十大文化工程建设,逐渐塑造和提高地域文化品牌。

一、产业规模

近年来莆田文化产业发展速度较快,占地区生产总值比重较高,成为地区产业亮点和重要增长点。2011 年统计显示,莆田全年实现地区生产总值1 055.03 亿元,三大产业结构为 9.4∶59.5∶31.1,[①]共有文化产业单位 3 829 家,主营收入 253.33 亿元,比增 46%,增幅居全省第一,全年实现文化产业增加值 80.85 亿元,比增 49%,居全省第 2 位,占 GDP 的 7.7%,居全省领先水平。[②] 2012 年莆田实现地区生产总值 1 202.79 亿元,三大产业结构为 8.9∶

---

① 莆田市统计局:《莆田市 2011 年国民经济和社会发展统计公报》,http://www.stats-pt.gov.cn/NewsView.aspx? ID=2937,2013-03-01/2014-012-20。

② 北京大学文化产业研究院编制:《莆田市文化发展战略规划》,http://wenku.baidu.com/view/7f76f0ba960590c69ec37667.html,2012-08-03/2015-01-01。

58.2：32.9，[1]第二产业尤其是制造业仍居主导地位,文化产业作为产业新秀持续升温,文化产业增加值突破 100 亿元,[2]占 GDP 比重超过 8%,继续居全省首位。

二、基础建设

作为妈祖故里和中国工艺美术之都,莆田围绕特色在地资源加强文化传承事业和文化工程建设。首先,它重视在地文化资源的维护和重建工作。20 世纪末以来,莆田持续投入资金修复南少林、三清殿、仙游文庙、古谯楼、凤山寺、九牧林古迹等重要文化遗址或遗迹,目前莆田市启动建设“以湄洲岛、妈祖城为核心,以两地周边海域及湄洲湾岸线为辐射区,岛、海、城三位一体”[3]的妈祖文化生态保护区,这对妈祖文化保护和文化旅游品格提高有重大意义。其次,加快文化创意园区和交易平台建设,筑巢引凤,吸纳产业生力军。莆田目前建成或在建的主要创意园区包括莆田工艺美术城、海西文化创意产业城、仙游宝泉工艺产业园、仙游工艺博览城、华昌珠宝文化创意城、上塘珠宝城、仙游国际石雕城、莆阳历史文化创业园、莆田国际油画艺术产业园等,上述园区建设将有力推进产、学、研一体化,进一步夯实莆田工艺美术产业基础。最后,依托特色资源举办特色展会和文化旅游节。其中,中国(莆田)海峡工艺品博览会自 2006 年以来已举办了近十届,前三年年产值增长率在 76% 左右,逐步发展成莆田的一张文化名片。另外,每年一度的妈祖文化旅游节已经发展成举世瞩目的文化盛事,其间举办妈祖庆典、千人颂妈祖、妈祖文化系列活动、文艺演出、莆仙戏、民俗展、文化论坛等各类活动,弘扬“立德、行善、大爱”的妈祖精神,年均吸纳来自台湾、东南亚及世界各地万余名信众参加,成为联络两岸同胞的重要情感纽带,跻身国家重要庆典行列。

三、产业布态

莆田文化产业主要集中于工艺美术和文化旅游两大侧向。

首先,莆田发展工艺美术得天独厚。莆田素有“银饰之乡”“木雕之城”“古典工艺家具之都”等多项荣誉称谓,发展工艺美术业基础扎实。十一五期间,莆田工艺美术规模以上产值每年都保持 80% 以上的增长速度。全市现有工艺美

---

① 莆田市统计局:《莆田市 2012 年国民经济和社会发展统计公报》,http://www.stats-pt.gov.cn/NewsView.aspx? ID=3726,2013—03—21/2014—08—20。

② 曾洁琼:《莆田工艺美术产业借“东风”崛起》,《福建日报》,2013 年 1 月 8 日,第 5 版。

③ 北京大学文化产业研究院编制:《莆田市文化发展战略规划》,http://wenku.baidu.com/view/7f76f0ba960590c69ec37667.html,2012—08—03/2015—01—01。

术企业 5 000 多家,总产值达 400 多亿元,产业规模已居全国同业前列。[①]

莆田工艺美术形成如下产业特点:其一,能工巧匠,工艺精湛。莆田工艺美术业拥有各类工艺美术大师及近 35 万相关从业人员,工艺水平较高,且人力成本相对低廉。其二,门类繁多,品种齐全。莆田工艺美术业囊括木雕、玉雕、石雕、金银珠宝、油画、综合工艺品等各大行当,形成仙游坝下木雕和古典家具加工、下郑竹草编、秀屿上塘珠宝加工等集群化发展趋势。莆田工艺美术城、工艺博览城、油画城等供货充足,品类繁多,能够满足不同消费群体的一站式购物需求。其三,配套齐全,产业链完整。莆田工艺美术业已形成集研发、设计、加工、展示、销售和旅游观光于一体的完整产业链,能够提供一条龙服务,能最大限度降低运输、加工和运营成本。其四,企业众多,竞争多元。莆田工艺美术业吸纳大量企业,形成上、中、下发展梯队。以仙游榜头坝下古典工艺家具生产为例,该地拥有家具厂家 500 多家,其中年产值超千万元的企业 30 多家,省级品牌企业 20 多家,成为全国最重要的红木集散地。

其次,莆田依托在地资源发展文化旅游业,旅游收入逐年增加。2011 年接待国内外游客 971.06 万人次,比上年增长 22.4%,实现旅游总收入 77.56 亿元,增长 22.0%。其中境外游客 20.37 万人次,增长 4.9%,旅游外汇收入 1.56 亿美元,增长 21.2%;接待国内游客 950.69 万人次,增长 22.7%,实现国内旅游收入 67.42 亿元,增长 23.0%。[②] 2012 年接待国内外游客 1 136.91 万人次,比上年增长 17.1%,实现旅游总收入 91.38 亿元,增长 17.8%。其中境外游客 24.60 万人次,增长 20.8%,旅游外汇收入 1.92 亿美元,增长 22.9%;接待国内游客 1 112.31 万人次,增长 17.0%,实现国内旅游收入 79.22 亿元,增长 17.5%。[③]

妈祖朝圣旅游是莆田的主要旅游品牌,对文化旅游业贡献率高。由于妈祖信仰拥有海内外近两亿信众,尤其是台湾近二分之一的民众信奉妈祖,因此每年一度的妈祖朝圣旅游极大地提高了莆田文化旅游的入境客流量和过

---

① 黄凌燕:《莆田工艺美术产值达 400 亿元,将打造国际油画城》,http://www.fjsen.com/d/2012—07/25/content_8903438.htm,2012—05—14/2014—09—15。

② 莆田市统计局:《莆田市 2011 年国民经济和社会发展统计公报》,http://www.stats-pt.gov.cn/NewsView.aspx? ID=2937,2013—03—01/2014—01—20。

③ 莆田市统计局:《莆田市 2012 年国民经济和社会发展统计公报》,http://www.stats-pt.gov.cn/NewsView.aspx? ID=3726,2013—03—21/2014—01—20。

夜率。2013 年上半年莆田主要景区旅游接待情况如下[①]：

表 9-2　2013 年上半年莆田主要景区接待游客情况表

莆田主要景区	2013 年上半年接待游客数
湄洲岛	138.21 万人次
工艺城	128.862 万人次
凤凰山	64.82 万人次
广化寺	42.25 万人次
九龙谷	37.84 万人次
九鲤湖	28.36 万人次
永兴岩	18.6 万人次
天云洞	16.94 万人次

其中，湄洲岛作为妈祖祖庙所在地稳居莆田旅游客流量榜首。2012 全年共接待境内外游客 226.5 万人次，比增 20.2％；全社会旅游收入 14.5 亿元，比增 35％。[②] 目前，湄洲岛已经进入旅游转型和升级期，加快建设"国际旅游度假目的地和朝圣岛、生态岛、度假岛"，可为莆田文化旅游业发展提供持续动力。另外，工艺美术和文化旅游融合的趋势加大，工艺美术为文化旅游发展提供重要助力，2013 年工艺城接待游客数已达 128.862 万人次，仅次于湄洲岛。

四、产业问题

目前，莆田文化产业存在如下问题：

首先，文化资源市场转化有瓶颈。它具体可分为三种。其一，文化资源缺乏足够的物质载体，或比较分散，难以开发。莆田是文献名邦，唐宋遗迹多，但因兵燹战乱或保护失当多被损毁或完全毁弃，开发难度大。以莆田三清殿为例，它始建于唐贞观年间，原为玄妙观，现仅存一殿，殿东厢竖立宋徽宗瘦金书《神霄玉清万寿宫碑》、宋孝宗《赐少傅孙俊卿礼碑》，另有苏轼、文天祥等人题刻，为国家级文物古迹，但由于被包围在密集的现代建筑群中，且周

---

① 莆田市旅游局：《关于 2013 年上半年各县（区、管委会）及主要景区旅游接待情况通报》，http://xxgk.putian.gov.cn/Depart_82/PublicItemView_66273.aspx，2013－08－02/2015－01－01。

② 莆田市旅游局：《关于请求将湄洲岛景区提升工程列入省重点旅游项目计划并申请资金补助的请示》，http://xxgk.putian.gov.cn/Depart_82/PublicItemView_59817.aspx，2013－01－10/2015－01－10。

边缺乏配套旅游景点,因此未能彰显出应有的价值。其二,文化资源确切身份存疑,开发受限。以南少林为例,莆田南少林遗址未发掘出南少林字样的石刻碑文,未能充分证实林泉寺即为南少林寺,泉州和福清两地俱来争夺南少林归属权,弘扬、宣传和开发力度较大,给莆田南少林文化开发造成较大压力。其三,文化资源缺乏实体依托,难以产业化。以祈梦文化为例,仙游尚未将祈梦文化主题融入到具体的旅游项目中,将旅游、娱乐、休闲、体验融为一体,从而达到依托祈梦文化延长旅游消费链的目的。

其次,文化产品创意含量低。文化旅游盈利模式和营销方式较为单一,在景区建设、主题设置、路线安排、衍生产品开发等方面缺乏创意,未能突破门票经济的狭隘范围。以湄洲岛为例,景区主题设置较为单一,以观光、朝圣为主,缺乏体验性、休闲娱乐性服务项目,收入以门票为主,旅游纪念品趋同化,随处可见兜售各类低廉纪念品和海产品的小商贩,甚至有宰客现象,影响妈祖故里的对外形象。

工艺美术也未能充分彰显创意价值。过去几年里莆田不少工艺企业完成从小作坊到工厂的转型,用莆田制造影响世人,但仍以数量取胜,在艺术与科技、传统与时尚的融合上有很大发展空间。从复制工艺品到原创艺术品、民间艺人到艺术大师、普通工艺厂家到高端奢侈品品牌的转型将是莆田工艺美术的发展之路。

最后,对外宣传推广力度不足。莆田有许多优秀文化资源不为世人所知,原因在于缺乏传播。以黄石镇江东村为例,除了熟知莆仙掌故之人外,极少有人知道这个梅妃生长的地方。梅妃,这位才冠群芳、孤傲不羁却又生不逢时的大唐妃子,是福建第一位女诗人,其《楼东赋》《谢赐珍珠》千古流芳;是杨贵妃眼中的"梅精",其吹白玉笛,跳惊鸿舞绝世无双;是守节不屈的一代烈女,洁如梅花,又自甘如梅花般零落在那场安史之乱中;是莆仙戏的始作俑者,留下呢哝乡音传唱千年。至今,梅妃故里江东村仍留有"抬头石""梅妃诼""牧鸭地""美人湖""梅亭""梅园""犀牛浦""白玉惊鸿"以及祭祀梅妃的"浦口宫"等文化遗迹,梅妃的传说故事千年不散,仍是江东村人茶余饭后津津乐道的话题。在这里,看一次双宁桥,赏一回梅亭,听一曲莆仙戏,感受一下"梅精千载有香魂",也不啻为高雅的精神享受。但由于没有《长恨歌》《梧桐雨》《长生殿》等传世作品的推广,梅妃和杨贵妃的名气有天壤之别,梅妃故里因此也籍籍无名,其旅游价值尚未凸显出来。

第三节　莆田文化产业发展定位与路径

一、地理分析

莆田地陷东南,行政面积位居福建第八位,但却拥有福建第三大平原和三大天然深水良港,利于经济发展和对外交往。莆田气候温和,山海兼备,壶公山、九华山、木兰溪、九鲤湖等名山胜水不仅风光旖旎,而且遍布山房书院、佛寺道观等文化古迹。同时,莆田山川湖海物产丰饶,是福建有名的水果之乡和鱼米之乡,龙眼、荔枝、枇杷、文旦柚等特产享誉国内,适宜发展旅游休闲业。

二、区位分析

莆田位于福建东部海岸线的中部地域,毗邻闽都福州和闽南三角洲,可倚借福州和厦门等地的产业基础和对外传播平台,融入闽都和闽南文化圈。另外,莆田东眺大海,与台湾隔海相望,莆田与台湾虽不是直线距离最近的,也不是三通最频繁的,但却拥有共同的妈祖信仰。台湾妈祖分庙遍布全岛,近三分之二民众信仰妈祖,每年来莆田湄洲朝圣的台湾游客络绎不绝,莆田围绕妈祖信仰发展文化旅游业大有可为。

三、文化市场分析

首先,就文化资源而言,莆田文化产业具有文化符号醒目、地域特色鲜明和产业重点突出的特点。妈祖文化、文献名邦、南少林文化、祈梦文化、传统工艺文化、莆仙戏曲等,无不是代表莆仙文化特殊性、地域性和影响力的象征符号,是莆田文化软实力的重要体现,也是莆田发展文化产业的重要载体。

其次,就文化消费水平而言,莆田大致处于全省中等地位。2011 年城镇居民人均支配收入为 21 843 元,位居全省第 4,人均消费性支出为 14 282 元,位居全省第 6,[①]2012 年城镇居民人均可支配收入为 24 690 元(低于全省平均水平 28 055 元),仍居全省第 4,人均消费性支出为 16 065 元(低于全省平均水平 18 593 元),仍居全省第 6。[②] 从人均可支配收入和人均消费性支出两项

---

① 宁德市统计局:《城镇居民人均可支配收入及人均生活消费支出(2011 年)》,《宁德统计年鉴 2012》,http://www.stats – fjnd.gov.cn/cms/www2/www.ningdetjj.gov.cn/1ECF7B635B82A4BD639F471A53593B8E/2013 – 10 – 15/00FF0722EA987FFDE736379FFBE85EE8.html,2013 – 10 – 15/2014 – 04 – 15。

② 福建省统计局:《城镇居民人均可支配收入及人均生活消费支出(2012 年)》,《福建统计年鉴 2013》,http://www.stats – fj.gov.cn/tongjinianjian/dz2013/index – cn.htm,2013 – 05 – 30/2014 – 09 – 20。

数据对比情况来看,莆田城镇居民收入水平不高,消费意愿较低。莆田文化产业以外向型经济为主。

最后,就文化竞争而言,莆田文化产业具有特色鲜明、重点突出的特点,较具竞争实力。湄洲岛是世界公认的妈祖祖地,发展妈祖文化旅游可以避免同质化竞争。莆田仙游是中国梦都,依托九鲤湖水利风景区挖掘和开发祈梦文化,也具有无可取代的文化优势。另外,莆田拥有数量众多的工艺美术大师和工艺美术厂家,适宜发展工艺美术业,是福建省工艺美术出口的重要产地,其古典家具加工、木雕等具有国内显著地位,油画制作虽为产业新秀,但也蒸蒸日上,力争成为继深圳大芬、厦门乌石浦之后的著名油画生产基地。

四、文化产业定位

第一,巩固工艺美术的已有业绩,加强工艺美术与文化旅游、艺术会展、艺术教育的深度融合。

莆田工艺美术已有一定的行业知名度,对文化旅游形成了拉动作用,但目前缺乏的是艺术创新和品牌提高,未来发展重点已有如下几点:

首先,艺术创造取代工艺生产,提高原创性,在保持多层次、多样化发展的前提下完成以工艺复制为主向以艺术精品创造为主的发展转型,尽力将莆田打造成中国艺术奢侈品之都。艺术创新可以是内容创新,如将莆仙文化元素融入艺术时尚设计中,提高地域文化品牌;也可以是材质创新,以新材质取代旧材质,或融入现代科技开发新材质;还可以是加工方式、盈利方式和营销方式的创新,如创意设计来料加工和量身定做,打破先制作后销售的单一模式,将零售和批发、线上和线下销售相结合,形成多层次销售网络。

其次,完善设计、加工、展览、销售等产业链,形成对周边产业的拉动效应,如原材料加工和供给产业、艺术会展业、文化旅游业、艺术教育业等,尤其是加强对会展业、旅游业和教育业的渗透作用,赋予艺术成品、艺术加工流程、技艺培训更高的商业价值,延长附属产业链。

最后,加强工艺美术和文化旅游的深度融合。以工艺美术丰富文化旅游的主题内容、展示方式及衍生产品,如在旅游景区增设工艺美术展柜、展台、布景、2D 或 3D 展厅,用木雕、石雕等艺术形式展示当地旅游主题,丰富旅游内容,利用工艺美术开发旅游纪念品,提高纪念品的丰富性、纪念性和艺术性,满足不同层次消费者的需求。工艺美术在促进文化旅游发展的同时还提供了更多的展示、传播和销售渠道,自然也会水涨船高。

第二,丰富文化旅游项目,加强文化旅游内涵建设,加速从观光旅游向休闲度假旅游的转型。

首先,莆田具有较多特色文化资源,文化符号鲜明,但挖掘和开发力度不足,除妈祖朝圣旅游、工艺美术旅游外,目前还缺少多样化、知名度较高的旅游品牌。莆田文化旅游业的发展有赖于文化资源的挖掘、保护和有效开发,丰富旅游内容和形式,如开发梅妃故里、九牧林祖地、三清殿等文化资源,发展名人故里游、文化寻根游和道家文化游,丰富文化旅游项目。

其次,加强旅游内涵建设,将已有文化旅游项目做大做强。以南少林旅游为例,目前存在旅游景点少、配套服务低、外在竞争强等问题,虽然每年举行一次中国(莆田)南少林武术文化节,但社会参与度一般。我们应加强住宿、餐饮等硬件配套和南少林拳术传承、文化节事活动等软件建设,将南少林武术文化节办成海内外颇有影响力的"武林大会",带动旅游产业发展。又以九鲤湖旅游为例,九鲤湖被徐霞客称为"福建三绝"之一,但它的游客量和过夜率与其资源稀缺性难匹配,今后我们应将其绝佳的自然风景资源和独特的祈梦文化相结合,发展特色旅游。

最后,主攻妈祖文化旅游,加快文化朝圣旅游向休闲度假旅游的转型。妈祖文化旅游具有国际品牌,但目前旅游主题较为单一,配套服务也有待改进。未来数年内我们应将妈祖故里风光游、风俗体验游、精神朝圣游和休闲度假游相结合,提高旅游内涵和品格,拉动妈祖文化旅游营收,使湄洲妈祖旅游旺季常态化。

第三,发展特色会展和艺术设计,加工莆田文化产业含金量。莆田围绕工艺美术优势发展海峡工艺品博览会,产业影响力逐年提高,未来应不断提高展会规格,以海峡两岸为基点,放眼全国乃至全世界,将其打造成具有国际影响力的工艺品博览会。另外,艺术设计业也将是一大发展方向。围绕"原创、经典、奢华"的艺术高端定位,我们要变莆田制造为莆田设计,以艺术创意来提高产品附加值,使产业增加值呈几何倍数增长。

第四节 湄洲岛:妈祖文化符号的提炼升华

湄洲岛位于莆田市中心东南42公里的海上,陆域面积14.35平方公里,与台湾基隆港隔海相望,是妈祖故里和妈祖文化诞生地,是全世界妈祖信徒心目中的圣地。

一、湄洲妈祖文化产业开发现状

(一)产业环境

妈祖文化是莆田重点打造的文化名片。湄洲岛自然生态优越,人文气息浓郁,妈祖信俗跻身世界非物质文化遗产行列。近年来,当地政府在政策导向、经济投入和基础建设等方面又给予了大力扶持,因此,湄洲开发妈祖文化,具有良好的产业环境。

1. 自然环境

湄洲岛形如娥眉,周边环以 30 余个小岛、屿、礁,形成众星拱月之势。岛上四面环海,碧波万顷,金沙环绕,堤岸犬牙差互,受亚热带海洋季风性气候影响,芳草如茵,树木葱郁,风光旖旎,四季如春,素有"南方蓬莱"之称。海水、沙滩、湿地、植被、海蚀地貌等自然风光资源应有尽有。目前,政府也倾力保护湄洲岛自然生态环境,实施绿化工程,加强湿地保护,种植防护林,完善环岛路、湄洲大道及妈祖祖庙、湄屿潮音等景区绿化。

2. 文化环境

湄洲隶属莆仙,自古浸染着浓郁的莆仙文化,又相对独立,具有别样的岛国风情。湄洲四周环海,渔船、客船、游轮是湄洲和外界来往的主要工具,交通不便、环境闭塞造就湄洲传统文化的相对稳固性。湄洲至今还保留着上脊、挂胆、换花、三月二十三禁捕、新船下水等诸多传统习俗,流传着别开生面的妈祖传说故事和祭奠仪式,盛行着以帆船髻、半截红裤为特征的妈祖服饰。同时,当地还拥有建筑、文学、艺术表演、历史文献等诸多文化资源,可为文化开发提供强劲动力。

3. 政策环境

莆田市为湄洲妈祖文化产业发展提供良好的政策环境。《莆田市十二五旅游业发展专项规划》详尽规划了湄洲妈祖文化旅游业的发展蓝图,以世界妈祖信俗博物馆、妈祖文化产业园、两岸情博物馆、世界妈祖庙微缩景观公园等文化工程建设为龙头,建立妈祖文化生态保护试验区,推动闽台乃至国际妈祖文化交流活动,扩大妈祖文化旅游圈,最终塑造以妈祖文化为旗帜的滨海旅游品牌。2012 年出台的《莆出市文化发展战略规划(2011—2020)》把妈祖文化产业作为重点规划对象,提出"一庙(湄洲岛妈祖祖庙)、一祠(贤良港天后祖祠)、一阁(妈祖阁)、一城(妈祖城)、一会(中华妈祖文化交流协会)、一院(妈祖文化研究院)、一节(中国·湄洲妈祖文化旅游节)"的"七个一"工程。2015 年 2 月莆田市长在当年政府工作报告中也提到"发挥湄洲岛龙头带动作用,主推'妈祖故乡、工艺莆田'品牌,实施旅游十大提升工程,发展休闲农业和生态观光农业,建设'森林人家',打造'滨海朝圣、禅修习武、文化体验、休闲养生'四大旅游经济带",妈祖文化产业开发有政策优势。另外,《莆田市城市总体规划(2008—2030 年)》《莆田市贯彻落实国务院和省委省政府加快建设海峡西岸经济区战略部署的实施意见》《莆田"十二五"建设世界妈祖文化中心及妈祖文化产业园重点专项规划》也为妈祖文化发展做了相应布局,以建立滨海旅游胜地、两岸妈祖文化交流基地以及世界妈祖文化中心为目标。

4. 基础环境

湄洲岛产业基础投资逐年增加,以 2015 年为例,湄洲岛共安排重点项目 30 个,总投资 126 亿元,年内计划投资 31 亿元,①用于改善岛内外交通、自然和人造景观、娱乐场馆以及食宿环境,具体包括环岛公路、渔人码头、湿地公园、夜景工程、妈祖故里遗址公园、妈祖海洋主题公园、鹅尾神石园二期、高尔夫球场、游艇俱乐部、树屋乐园、恒温海水游泳馆、妈祖文化影视园、天妃歌剧院、妈祖 4D 数字影院、台湾风情文化旅游街、湄洲岛国际大酒店等重点项目,逐步完善湄洲岛吃、住、行、游、娱等相关基础设施,走国际化高端旅游开发路线。同时,湄洲岛也鼓励村民将自有房宅改造成家庭旅馆,这样有助于提高全岛客容量和游客过夜率。目前全岛家庭旅馆业已办证 38 家,2015 年拟开业 69 家,争取新增 100 家以上民宿、床位共 1 500 多个。②

(二)产业形态

湄洲岛围绕妈祖文化进行产业开发,发展文化旅游、创意设计、影视、会展等多个产业。

首先,文化旅游是湄洲岛的主打产业。湄洲旅游高峰期为 2—11 月初,这段时间,妈祖传统祭祀大典如春秋大祭、诞辰和升天祭等接连不断,又穿插有妈祖文化旅游节、海峡论坛·妈祖文化活动周、"湄洲之夏"沙滩音乐季、海峡两岸夏季沙滩风筝节等各类滨海节庆活动,为旅游热潮推波助澜。11 月中旬至次年 1 月为旅游淡季,客流量相对较少,湄洲旅游相关部门通过门票打折、赠送伴手礼、举办"湄洲岛冬季风铃节"等方式来吸纳游客。笔者曾在淡季 (2015 年 1 月 2 日)带学生做过一项湄洲游客问卷调查,共在湄洲岛内发放问卷 100 张,收回 100 张,有效问卷 74 张。调查结果显示,湄洲旅游淡季,朝圣和休闲度假人数各占两成,观光旅游人数占 42.5%,探亲访友、文化体验等各占少许。年龄分布明显区别于旅游旺季,中老年信徒香客明显少于妈祖朝拜节日,21~30 岁的年轻男性约占六成有余,其中有半数以上为本科在读学生。

湄洲旅游产业发展迅速,客流量、旅游收入等均逐年大幅提升。2014 年湄洲岛接待境内外游客 342 万人次,比增 28.08%,其中省外游客 258 万人次,占比 75.4%,自驾游 186 万人次,占比 54.4%。全社会旅游总收入 23 亿

---

① 湄洲岛计划财政局:《湄洲岛计划财政局 2015 年上半年工作总结及下半年工作计划》,http://www.mzd.gov.cn/zwb/zwgks/gzbg/bmgzbg/20150808/484500011.shtml,2015 —08—08/2015—09—30。

② 许伯英:《湄洲岛大力扶持旅游业态发展》,《莆田晚报》,2015 年 1 月 21 日。

元,比增 21.7%;进岛门票收入比增 17.3%,客房平均出租率 44.5%。①

其次,影视产业开始起步。2012 年投资 6 000 万元的湄洲岛妈祖文化影视园全面竣工并投入运行,成为首部妈祖题材电视剧《妈祖》的拍摄之地。该影视园展示了宋代湄洲渔村地理风貌和民俗文化,未来可为复古风摄影、古装剧拍摄提供室内外布景,也可打造成新的旅游景点。

最后,创意设计、会展产业有了破冰之旅。2012 年湄洲岛国家旅游度假区管委会筹建两岸海洋文化创意产业园,将引入两岸艺术创作基地,开发妈祖文化旅游衍生品,弥补目前湄洲旅游纪念品市场单一、低端、无序等弊端。同时,湄洲岛除了自主研发创意产品之外,也引入各类展会和赛事,加强岛内外创意合作。2005 年开始举办海峡妈祖旅游工艺品展销会,2014 年举办首届"最湄洲,最妈祖"文化旅游伴手礼征集评选活动和中国(莆田)妈祖文化用品博览会,引入社会力量集思广益,广泛征集和展示妈祖文化用品和旅游工艺品方面的优秀作品,以创意加盟助推妈祖文化产业链。

二、湄洲妈祖文化产业发展问题

湄洲妈祖文化产业拥有良好的产业基础和发展思路,但在实施过程中仍存在较多问题,与世界妈祖文化中心的发展目标存在较大差距。

首先,开发项目芜杂,缺乏重点定位。湄洲发展目标十分宏伟,投资计划也很可观,但明显存在弊端。第一,旅游定位多元交叉,将朝圣游、民俗游、生态游、体育旅游、娱乐旅游、滨海度假游融为一体,定位重点不突出。其实,湄洲作为妈祖祖地具有个性鲜明的文化符号,利于把朝圣游做强做大,发展滨海度假旅游却很难赶超老牌滨海旅游城市——厦门。其二,产业规划大而全,将旅游、创意、会展、影视、博物馆、休闲体育、演艺表演都囊括其内,缺乏发展重点,也缺乏严谨的产业链规划,许多产业都是从零打造,基础弱,投入大,回报率低。其三,投资计划宏伟,却难以落实,湄洲岛每年都有数亿元到几十亿元的投资项目,但也存在启动慢、落实难的问题。

其次,产业结构单一,尚未形成产业链。虽然湄洲岛确立多产业联合和国际化的发展目标,但事实上以旅游业和传统渔牧业为主体,创意、影视、会展、演艺等产业尚处于起步阶段,未形成以核心产业为中心、不断向外辐射的完整产业链。国内外成功的旅游景点一般都能做到旅游业和创意产业的深度融合,让创意思维渗透到旅游路线设计、旅游内容开发、旅游纪念品开发、旅游形象营销等各个环节,形成主题鲜明、特色突出、影响力大的旅游产业。

---

① 莆田市政府:《湄洲岛 2014 年工作总结及 2015 年工作计划》,http://www.mzd.gov.cn/zwb/zwgks/gzbg/zfgzbg/20150808/641800005.shtml,2015-08-08/2015-09-09。

目前湄洲岛景区内随处可见海螺、珠贝、挂饰、木质玩具等全国旅游景区都在销售的低端工艺品,很难激起游客的购买欲。湄洲旅游管委会为解决旅游纪念品同质化问题,结合当地特色推出妈祖旅游食品如寿面、馅饼、海产品,妈祖纪念品如明信片、公仔、挂件、文化衫等,创意思路仍较狭窄,创意产品也较为廉价低端,艺术性有待提高。

再次,精品项目匮乏,基础设施有待改进。湄洲妈祖文化旅游拥有妈祖文化旅游节、海峡论坛分会场、春秋大祭、诞辰祭等重要节庆活动,但其品牌影响力主要集中于闽台两岸,且时间性强,多数活动维持数天至一周,难以维系全年妈祖文化旅游的热度。非节庆时间里,湄洲游客逗留时间一般较短,主要以一日游为主。笔者在湄洲岛随访中发现,七成以上游客并无在岛内住宿的意愿。妈祖文化旅游仍需开辟一些常态化的精品项目,增加妈祖文化符号价值。同时,湄洲岛虽然花费巨资改良交通状况和生态环境,但在吃、住、行、娱、购等基础配套方面仍与游客期望有一定差距。目前湄洲已有国际大酒店、北埭超五星酒店、五星级生态木屋酒店等高级酒店投入使用,但不能满足不同阶层游客的多层次需求。乡村客栈、农家饭馆又存在卫生条件差、服务意识不强、价格较贵等问题。福建省旅游局针对交通、餐饮、住宿、购物、娱乐、景区、旅行社服务、导游服务等八大要素对全省各大景区进行游客满意度调查,调查结果显示,2013 年第二季度湄洲岛游客满意度排名居后[1],2014 年第三季度该项指标仍不容乐观[2]。

最后,管理水平较低,岛民素质不高。湄洲岛存在多重管理、效力不足的问题。其一,湄洲入岛门票、景区门票、交通(船费、车费)、香火钱由莆田市政府、湄洲管委会、湄洲妈祖祖庙董事会等多个管理部门管辖,存在多重管理、多重收费的问题,不像国内很多知名景区采用一票制来得公开透明。粗略为湄洲游客算笔账,入岛门票 65 元,普通客船 10 元,鹅尾神公园 20 元,妈祖文化园 30 元,妈祖影视城 50 元,海上布达拉宫 30 元,还有香火钱、景点间交通费、餐饮费,一名成年游客湄洲之旅的最低费不低于 300 元,这不仅高于莆田其他 4A 景区如九鲤湖旅游区、九龙谷景区,而且高于国内同类景区。其二,湄洲物价管理不到位,酒店、餐饮店等每逢妈祖祭祀大典坐地起价,将信徒的朝圣热潮化作重要商机,过度商品化有损妈祖祖地形象。同时,湄洲岛常住人口 4 万余人,本以农业、渔业为主要生计来源,随着湄洲岛的旅游开发,各类

① 朱丽萍:《厦漳龙游客满意度高》,《海峡都市报》,2013 年 7 月 19 日,第 A48 版。

② 夏菁:《闽发布游客满意度调查报告,湄洲岛等满意度较低》,http://www.dnkb.com.cn/archive/info/20141025/083541147610228_1.shtml,2014—10—25/2015—10—01。

投资项目、景区征地逐步侵蚀农田，餐饮、民宿、交通、销售等第三产业收益高、周转快，吸纳越来越多的从业人口。湄洲岛的经济转型带动文化转型，既有助于岛民思想开放、文化保护意识增强，也带来信任危机、道德下滑、功利主义之风。据《湄洲岛居民对旅游影响的感知研究》一文调查统计的结果显示，40.28%的调查者认为"宰客现象"时有发生，69.58%的人认为旅游使得妈祖文化呈现"商品"趋势，18.21%的人认为旅游发展导致本地居民道德水平下降。[①] 而妈祖文化的精髓是扶危救困、大爱无疆，倘若信徒、香客以及普通游客在妈祖祖地感受不到妈祖文化的传承魅力，势必造成重游意愿下降，不利于口碑营销。

三、镀亮妈祖文化符号，引领产业发展

湄洲发展妈祖文化产业拥有先天优势，但在产业发展过程中也出现诸多问题，未来应扬长避短，重新镀亮妈祖文化符号，用符号经济思维来引领产业发展。涂尔干在《宗教生活的基本形式》一书中阐述了神圣与世俗的二元对立关系，指出宗教生活的本质是通过信仰或者仪式达到"集体欢腾"，把个体带入比凡俗的日常状态更高、更强的状态中。就妈祖文化产业而言，它的理想状态应该是能够通过仪式参与或通过活动体验唤醒世人不同凡俗的宗教体验，给予他们崇高感、神圣感以及美好的人生信念和愿景，换言之，即能够升华世俗生活。因此，妈祖文化产业的核心宗旨是以事业心、公益心来做产业。反之，商业化、功利化、庸俗化行为只能减损妈祖文化的符号价值，不利于产业的长远发展。

首先，瞄准重点，明确核心竞争力。滨海和生态优势是湄洲的重要优势，但却不是它的独有优势。福建沿岸许多地市如平潭、东山、崇武、厦门等均拥有类似优势，且在交通、环境以及旅游知名度上更优于湄洲。而妈祖祖地才是湄洲独有的文化符号，具有其他地域无法取代的文化唯一性。湄洲在文化产业规划中应把这种独一无二的文化优势转化为产业核心竞争力，围绕妈祖文化整合其他资源，把滨海和生态优势作为附着性资源加以利用，展示妈祖故里自然景观、风土人情以及文化精神，反对舍本逐末，另起炉灶，容易导致基础投入高而产业回报低的问题。目前，湄洲规划在案的旅游项目品类繁多，如高尔夫球场、游艇俱乐部等与妈祖文化主题相距较远，其目标是打造滨海度假旅游目的地，但却与世人心目中的湄洲形象相距甚远，难有市场前景。

其次，凝聚品牌，发挥优势项目的引擎作用。湄洲妈祖文化旅游目前主要有两大品牌项目，一是农历三月二十三妈祖诞辰祭，一是新历 11 月 1 日妈

---

① 蒋长春：《湄洲岛居民对旅游影响的感知研究》，《华侨大学学报》2010 年第 1 期。

祖文化旅游节,前者是传统庆典,历史悠久,具有民间性,后者规模宏大,两岸同庆,具有官方性。这两大项目影响力主要集中于闽台地区,要把它们塑造成国内著名、国际知名的宗教旅游项目,还须借鉴成功经验。无独有偶,海峡彼岸的台湾台中县也以妈祖文化节为支点撬动旅游产业乃至整个文化产业链。"大甲妈祖国际观光文化节"从1999年举办至今,每年一度,以"大甲妈祖"巡境为名推进"进香文化产业链"。该文化节有两大显著特点:一是延续时间长,大约从3月初延续到4月中旬,囊括歌仔戏、演唱会、提线木偶剧、大甲妈嫁女儿集体婚礼等各种别开生面的活动,使活动影响力持续发酵,维持长时间的妈祖文化旅游热度;二是绕境巡游,横跨台中、彰化、云林、嘉义等县市,使信徒、游客能够沿途欣赏各地风光、品味各大宫庙特色佳肴、亲历妈祖文化魅力,又能不断吸引沿途居民参与,扩大声势,用宗教活动"集体欢腾"来带动旅游产业发展。

再次,加强联动,延长产业链。产业链是影响产业效益的重要因素,产业链的长短决定了价值产出的多少。湄洲可从三大方面建构和延伸文化产业链。一是确立主体产业链,即以文化旅游为主体产业,建构从旅游项目开发到旅游项目维护再到旅游项目营销的完整链条,维护旅游开发的市场投放效果。二是建构衍生产业链,加强文化旅游和工艺美术、文化创意、演艺表演、会展等之间的联动,既利用莆田诸多优势产业为文化旅游服务,为它注入鲜活动力,又借旅游品牌激活其他产业。湄洲在发展衍生产业链时应考虑产业之间的关联度,切勿追赶时髦,把衍生产业作为主体产业来发展,导致分散产业重点,高投入低产出。三是延长关联产业链,促进制造、餐饮、购物、交通运输、房地产、通讯等业的繁荣。

最后,内外兼修,提高文化软实力。现代旅游诉求大致包括审美需求、知识需求、娱乐需求、文化需求等,即求美、求真、求乐和求善。最能打动游客的往往是旅游地的人情美和文化美,可称之为地方文化软实力。旅游地的自然景观、基础设施固然很重要,但如果商业气、铜钱味过浓而人情淡漠、文化低俗的话,势必减损甚至磨灭固有优势。湄洲在产业规划中不仅要提高基础设施和外在景观,而且要加强管理,活化妈祖文化,即向当地居民传播妈祖文化精髓,营造良好的文化氛围,让游客宾至如归,真正体会到妈祖文化的传承和发扬。

第十章

闽南文化与厦漳泉
产业一体化定位

厦漳泉闽南三角自古一体,是台湾文化的主要输出地,也是福建海丝文化的重要源头。闽南地区商贸起步较早,海外交流密切,在中外文化的激荡中形成多元并存、浑然一体的文化格局。厦漳泉同属闽南文化圈,文化产业一体化发展势在必行,但目前受行政、经济因素影响仍以各自发展为主,不利于资源共享和优势互补,应加以修正。

第一节 闽南文化

一、闽南地理与闽南文化

(一)闽南地理

1. 地理区位

泉州、漳州、厦门三地交往密切,紧相联属,势成鼎足,因处福建南端,故合称"闽南"。闽南东临台湾海峡,与金门诸岛、台湾宝岛、澎湖诸岛隔海相望,为中国的东南门户,海岸线绵长曲折,适宜发展渔业、航海业和商贸业。泉州刺桐港、漳州月港、厦门港等相继崛起,是中国对外贸易和文化交往的重要窗口,德化瓷、克拉克瓷从这些港口出发远销世界各地,成为中国外销瓷的重要品类。

闽南与台湾一衣带水,顺风顺水,即便在交通不够发达的古代也有密切的交往。早在南宋乾道六年(1171)泉州知州汪大猷就到澎湖列岛屯垦。元代台湾被纳入中央行政管理体系,隶属于泉州路晋江县,闽南人移居台湾,带去闽南方言、风俗、宗教信仰。明清时期,台湾迎来闽南迁徙大潮,郑芝龙、郑成功父子带领闽南人开发台湾本岛,带动闽南文化在台湾的进一步传播和发展。清收复台湾之后,设台湾府,划入福建统辖,开设泉州、福州为对台航运港口。可见,地缘优势促成闽南与台湾两地拥有共同的方言、文学艺术、民间习俗、宗教信仰等,构成名副其实的文化共同体。据1926年的调查资料显示,这一时期,台湾人口中的80%以上的祖籍是泉州或漳州,其中泉州籍约占45%,漳州籍约占35%。[①]

2. 地形地貌

闽南地形呈现为由西北向东南阶梯状下降格局,丘陵山地密布。发端于戴云山脉、博平岭山脉的两大水系晋江和九龙江夹带着高山泥沙顺势而下,淤积形成泉州平原和漳州平原。其中,漳州平原有566平方公里,地势平坦,河网密布,为福建第一大平原,盛产粮食、名花、佳果等,是闽南粮仓,也是福建最负盛名的鱼米之乡、花果之乡。千百年来,在河流淤积、大海冲刷和自然风化的多重作用下,闽南沿海形成绵延曲折的海岸线,星岛罗布,留有古火山口、海蚀玄武岩、连岛沙坝、海底古森林化石群等各种天然奇观。云霄红树林、南太武山、东山风动石、龙海牛头山古火山口、漳浦林进屿火山岛、乌礁湾海滨森林、马銮湾海滨浴场、鼓浪屿等形成闽南独具特色的自然旅游景观。

3. 生态环境

闽南处于南亚热带与中亚热带的过渡区域,受亚热带季风气候影响,年均温21℃,年降水量1 100~1 700毫米,[②]气候温暖,雨量充沛,厦漳泉森林覆盖率分别为42.6%、62.4%和58.7%,马尾松、山芝麻、黄栀子、红豆杉群落分布较广,农作物一年二到三熟。但闽南遍布红壤,沿海个别区域因海水浸润成盐渍土区,肥力较弱,不利于农作物生长,更适宜于栽培经济作物,因此农业发展受限,副业、手工业却十分发达,以制瓷和采茶为最,又加上沿海地理优势,促成海运和商贸业的飞速发展。唐宋以后,闽南成为福建人口增长最快、最多的地域,目前人口密度约为541人/平方公里[③],仍居全省前列。闽南人口稠密,外迁现象亦十分普遍,是中国东南沿岸人口输出的重要地域。这也带动了闽南文化的世界性传播,目前全世界闽南语使用人数超过6 000万。

(二)闽南文化

1. 价值的多元性

闽南位处福建南端,福建三面环山,一面滨海,西北一线是北方入闽的主

---

① 黄梅雨:《从闽台关系史看台湾文化的定位》,《首届海峡两岸闽南文化学术研讨会论文汇编》,2001年。

②③ 《闽南丘陵平原》,http://baike.baidu.com/link?url=ntkpZyeIF6TV5−6_−7d9DU HdHWw_sfGSLeW77yj−MPmy7606mOnMdIAbzw0egAZ15AY_7Ypj9QyClD_fbp_ x3K,2014−12−18/2015−01−01。

要通道,由此渐至闽中和闽南,因此闽南开化较晚,少受中原文化的浸染。闽南偏安一隅,地域的偏远性造就了文化的去中心化。自古以来,闽南自成一体,地域特征鲜明,文化观念不同流俗。中国农耕制度和重农抑商的政策到此已成强弩之末,即便在明清海禁之时亦盛行民间私渡。这既造就了闽南人桀骜不驯、独立不羁的叛逆个性,也造就了闽南人多元并立的价值观念。

闽南地域儒风不盛;而商业氛围较浓,重商主义文化由来已久。李光缙在《景壁集》中提到,"士君子不居朝廷,必游市肆,此非羞贫贱而厌仁义,良亦欲有所行其志焉"。《闽部疏》对比了闽南与闽西文化,提到"闽西诸郡人皆食山为足,为举子业不求甚工。漳泉海隅,其人以业主为不赀,以航海为恒产,故文则扬葩而吐藻,几埒三吴;武则轻生而健斗,雄于东南夷,无事不令人畏也"[①]。

2. 文化的开放性

闽南人世代与海为邻,犁海为田,海运昌达,商业文明起源早,对外贸易获益良多,"舟船继路,商使交属"[②],闽南海商名扬于世。由于闽南多山少地,土地贫瘠,因此农业文明受抑,这反而造就了其早熟的商业文明。宋代泉州已与 36 个国家相往来,有"涨潮声中万国商"之美誉。

闽南由于自古商贸昌盛,四邑八方互通有无,海上贸易和海外移民尤胜于其他地域,因此较早受到南洋、阿拉伯等海外文化影响,多元文化碰撞造就了文化的开放性、包容性和多样性,近代厦门被辟为五口通商口岸以后,西洋文化元素又融入闽南文化体系中,形成了中西交融的文化局面。伫立于闽南大地上,既能领略由红砖墙、燕尾脊构成的红色系闽南建筑,又能领略由骑楼、使馆构成的洋派建筑,体会文化交融的无限玄妙。

3. 人格的冒险性

闽南地狭人稠,农业耕地不足,经济形态多样,极少有人守着家中田产安稳过活,或一心只读圣贤书,唯仕途是举。闽南是化外之地,闽南人是化外之民,不为祖宗基业和权威观念所拘,较早濡染海洋文明的气息,离经叛道、四海为家,见的是变幻诡谲的海洋,经的是大起大落的人生,较少有中原人中规中矩的意识、安土重迁的观念和四平八稳的人生。闽南至今流行"三分天注定、七分靠打拼""少年不打拼,老来无名声"的谚语或歌谣。闽南人的开拓精神和冒险意识造就了反叛儒学的李贽、慷慨就义的黄道周、收复台湾的郑成功、走俏美国的林语堂、称霸马来的陈嘉庚以及众多闯荡海外的华侨华商。

---

① 王世懋:《闽部疏》,《续修四库全书》,第 0734 册,上海古籍出版社 2003 年版,第 115 页。

② 沈约:《宋书·蛮夷传》,第 8 册,中华书局 1997 年版,第 2389 页。

4. 信仰的共生性

闽南是多元文化、多重信仰融汇并存的地域。首先,闽南是百越故地,原始宗教尤为兴盛,鬼魂崇拜、图腾崇拜、自然崇拜、器物崇拜等应有尽有,抽签卜卦、祈福消灾,"不问苍天问鬼神"。天地水火、山川湖泊、草精木怪、孤魂野鬼、灶王床母、过往祖先等皆有灵,带有明显的泛神论色彩,常见祭拜对象有天公、东岳大帝(泰山)、三界公(天、地、水)、土地公、三山国王(潮州独山、巾山、明山)、灵安尊王(惠安青山)、风狮爷(石狮)、土神、谷神、日头公、月亮妈、石头公、大树公、城隍爷、灶王、床母、门口公和大众爷(孤魂)。闽南家祭亦胜于其他地方,不仅次数多,清明、中元、除夕、生祭、死祭皆要祭拜,而且礼节繁多,祭品复杂。其次,闽南随着中原文化的传播,广泛接受和融合儒、释、道三家精神,将英雄崇拜和神仙信仰合二为一,从神话传说、神鬼故事、历史人物中汲取灵感,幻化出无数神祇。其中由历史人物演化而成的神祇有保生大帝(吴夲)、清水祖师(乌面祖师)、妈祖(林默娘)、关帝爷(关羽)、炎黄二帝、开闽王(王审知)、开漳圣王(陈元光)、开台圣王(郑成功)、三忠公(文天祥、陆秀夫、张世杰)、广泽尊王(郭洪福)、广应圣王(谢安)、保仪尊王(许远)、圣侯公(又称"孝子公",陈笙)、朱文公(朱熹)、财神(关公或赵公明)、门神(钟馗或尉迟恭)等。由佛道教义、神话传说中演化出的神祇有释迦牟尼、弥勒佛、观音、文殊、普贤、地藏、韦驮、大势至菩萨、四大天王、十八罗汉、龙王爷、二郎神、真武大帝(玄天上帝)等,其中不少神佛一年就有三次的祭典,一次是做人的生日,一次是出家之日,还有一次是成佛成道之日,例如观音有三个生日,二月二十九为出生日,六月十九为成道日,九月十九为出家日。还有一些无明确史料可考的神祇,如王爷、夫人妈等在闽南拥有众多信众。最后,外来宗教亦能扎下根来,融入当地民众的精神信仰和日常生活中,泉州自开埠以来,婆罗门教、摩尼教、伊斯兰教、景教、印度教等相继传入,近代伴随中西文化的碰撞与融合,天主教、基督教等在闽南地域也日渐繁盛。

二、闽南文化举要

闽南金三角包括泉州、漳州、厦门,它们在方言、艺术、习俗、信仰等方面大致相同,形成相对独立的文化共同体,区别于闽都、闽北、闽西、闽中文化体系。闽南文化形成经历了较长的历史时期。北方人入闽,先入闽江流域,汉晋以后渐至晋江流域,唐宋以后方至九龙江流域。

厦漳泉三地,泉州是最早接受中原文化洗礼的。泉州东安县建于孙吴永安三年(260年),是闽南第一县。泉州城筑于唐开元六年(718年),唐宋以后广设蕃学和蕃坊,接纳外国学子和定居者,刺桐港发展成中国最主要的对外通商口岸,元代更跻身东方第一大港。漳州开化较晚于泉州,唐代陈政、陈元光入闽平叛,驻扎漳州,继而开漳立州,兴修水利,开荒屯垦,办学兴教,教化蛮僚,带动漳州的文明进程。唐末王潮兄弟入闽剿灭黄巢,继而创立闽国,封疆福建,进一步向闽南地域普及中原文明。有宋一代,中原文化在九龙江流域扎下根来。闽南三地中厦门开化最晚,至明洪武二十年(1387年)方兴筑厦门城,但仍隶属于泉州府同安县。清初郑成功据厦作为反清复台基地,带动厦门港的发展,康熙二十三(1684年)年闽海关就设在厦门。近代厦门作为五口通商口岸,步入发展快车道,迎来中西文化碰撞和融合的大潮,厦门港继泉州刺桐港、漳州月港之后成为闽南第一大港。

(一)海丝文化

海上丝绸之路是继丝绸之路后中外经济贸易和文化往来的重要通道,是中国海洋文明的重要标志。因其出口品类以陶瓷为主,海上丝绸之路又称"海上陶瓷之路",因其进口品类以香料为主,亦称"海上香料之路"。从先秦至明清,海上丝绸之路起航点几经更迭,但泉州在海丝文化中的地位无人能够撼动。

泉州,古名刺桐城,因刺桐花开满城而得名。泉州刺桐港初兴于南北朝,唐时跻身中国外贸四大海港行列,声名远播。北宋元祐二年(1087年),泉州设福建提举市舶司,万国来朝,成为中西文化交往的重要窗口。宋末元初它超越广州,成为"东方第一大港",和埃及的亚历山大港并称于世。明代海禁以后,刺桐港逐渐式微,漳州月港开始兴起。在近千年的中外贸易和文化发展史上,泉州不仅留下可观的海丝文化遗迹,如印度教十六角形圆盘寺庙石柱、古伊斯兰教清净寺、古伊斯兰教石墓碑和十字架古基督教石碑,有"世界宗教博物馆"的美称,而且形成开拓进取、多元并融、和平共进的文化精神。

泉州是闽南三地中开化最早的地域,又是中国海上丝绸之路举足轻重的起航点,历史悠久,文化底蕴深厚,拥有32处国家级文物保护单位[1],省级文物保护单位75处[2],居全省首位。因此,泉州能够跻身中国首批历史文化名城,并于1992年被联合国教科文组织评为"海上丝绸之路东段(中国)唯一一个起点城市",还于2003年获准兴建"世界多元文化展示中心"。2013年,泉州更和日本横滨、韩国光州同时获评"东亚文化之都",为东亚文化圈的建构迈开步伐。

---

[1] 泉州市政府:《泉州新增12处国家级重点文保单位》,http://www.fujian.gov.cn/zwgk/zfgzdt/sxdt/qz/201305/t20130505_583669.htm,2013—05—05/2014—08—15。

[2] 《福建省文物保护单位》,http://baike.baidu.com/link? url＝EA9aBOUQqQBKlMcAFHv By-iEudotmIRRAC9Aho2xLLkTDip3LYcsZLiuficZC_5HgP7ivqVAwJ07cwQjkRZF7ya,2015—04—09/2015—09—09。

（二）茶文化

福建盛产茶叶，是茶种类最多、品茶技艺最奇特的省份，除黑茶和黄茶外，乌龙茶、白茶、绿茶、红茶和花茶一应俱全。福建各地都产茶叶，但最负盛名的是闽北和闽南两大产区，它们南北呼应，相映成趣。

闽南地形复杂，东面朝海，西面环山，丘陵密布，山峦起伏，平均海拔700米以上，年均气温18°～22°，降水量1 200～2 000毫米，相对湿度80%左右，日照时间长，早晚温差大，终年轻雾缭绕，适宜种植茶叶，茶叶生产期可达10个月。闽南山地富含沙质土壤，土层深厚且透气，树木葱郁，土壤腐殖质含量高，可为茶叶生产提供充足养分。闽南茶区主要包括安溪、永春、南安、同安、漳平、华安、诏安、平和等地，主产乌龙茶，以香气馥郁而闻名，与闽北乌龙茶有"南香北水"之别。

闽南乌龙茶中最负盛名的是安溪铁观音，制作工艺独特，必经采摘、晒青、凉青、做青、炒青、揉捻、初焙、复焙、复包揉、文火慢烤、拣簸等工序方能制成，以茶汤清澈、入口留香、韵味无穷而深受世人推崇。除铁观音外，安溪还产毛蟹、本山、杏仁、大叶乌龙、黄金桂、奇兰等著名乌龙茶品类。安溪人种茶、采茶、制茶、卖茶、斗茶，将茶视为自己的衣食父母和人生主题，日日谈资离不开它，月月生计离不开它，年年收成更离不开它。安溪一带至今沿袭自唐创设的斗茶之风，春茶采摘之后举行集体茶宴，轮流品茗，以决高低。2012年安溪全年茶产量6.7万吨，约占全国茶叶总产量的4%，涉茶人口80多万人，占全县总人口的70%以上。农民人均纯收入中茶叶收入4 700元，占55%以上。[①] 闽南优秀乌龙茶品类还有永春佛手、永春水仙、漳平水仙茶饼、平和白芽奇兰、诏安八仙茶等。

闽南不仅以茶种之优、制茶工艺之独特著称于世，而且以饮茶风气之盛、茶道功夫之奇特举世闻名。茶在闽南人的生活中有特别的意义。首先，茶融入日常百姓的生活中，苏子曰"不可居无竹"，闽南人则是不可饮无茶。在闽南地区，油、盐、米、醋、茶都是生活必需品，家家户户常用茶开启一天的生活，有些人家则是早茶、午茶、晚茶一日三趟，喝茶花费的时间甚至多于一日三餐。其次，茶在闽南人眼中意味着人生态度、生活情趣和个人修养，饱含着可贵的生活禅在里面。每一个清晨，每一次午后，无论是在高楼广厦里，还是在小巷平房里，热爱生活的闽南人最宝贵的时间总是伴随着四溢的工夫茶香。闽南人喝茶不为饮，更不为解渴，而为品，品味那清香却又略带苦涩的茶里人

---

① 蔡茂楷、孙永健：《好茶源自好管理——福建安溪铁观音走向世界的成功秘诀》，《农民日报》，2013年6月7日，第02版。

生。闽南人欣赏的人生境界是"抽喇叭烟,听南音乐,泡工夫茶,其乐无穷"。泡工夫茶必讲究茶叶、茶水、茶具、茶境,这种心神合一的活最能体现闽南人精致生活、寻求乐趣和休闲养生的人生智慧。最后,茶是闽南人好客、友善、虔诚的最好表达。无论是亲朋好友,还是远方游子,闽南人的待客之道总是奉上一盏好茶,在茶香融融中传达亲情和友情。闽南人敬人靠茶,礼佛也靠茶。闽南人拜神礼佛,总不忘在香案上敬奉三杯香茗,用此种静雅的方式表达心中的虔诚。

(三)瓷文化

瓷器,这种土与火、天然与艺术的结晶,曾以其惊世绝艳的姿态征服整个欧洲世界。从古至今,从南到北,中国大地上闪现过无数创造奇迹的瓷器窑口,不仅满足了国人对美食美器的极致追求,而且促成了中国在古代外贸史上的常胜地位。唐代的长沙窑、宋代的龙泉窑、元代的景德镇青花瓷、清代的广彩都曾是中国瓷器出口的大宗。宋以后的德化瓷、明代的平和窑跻身外销瓷行列,成为福建影响世界的重要物品。

1. 德化瓷

德化位于福建中部戴云山脉腹地,瓷器烧造历史悠久,与江西景德镇、湖南醴陵并称中国三大瓷都。早在新石器时期,百越先民即在此处烧造硬陶。入宋以后,德化制瓷业空前繁荣,其助推因素有三。首先,德化拥有丰厚的优质高岭土资源、充足的水源和燃料、便利的交通,是天造地设的陶瓷产地。其次,宋代发展外向型经济,尤重海上贸易,泉州刺桐港迅速崛起,成为中国外贸第一大港,为德化陶瓷发展和外销提供重要商机。明代泉州港没落后,德化瓷则通过临近的漳州港、福州港以及厦门港出口海外。最后,德化地处东南,长期以来社会安定,经济繁荣,吸引了大江南北很多窑口的能工巧匠,柴窑断烧后,流散到此的工匠在这片灵山秀水里重新迸发艺术灵感,将柴窑对釉色的完美追求融入德化瓷的烧制中。同时,德化毗邻景德镇,景德镇青白釉制作工艺也影响了德化瓷的发展。

德化瓷的灵魂在于不朽的艺术追求。与千年御窑景德镇相比,德化瓷缺少了官窑头衔和光环,以日用瓷、艺术瓷和外销瓷为主,较少被摆在古代帝王最豪华的寝宫里,更多走入寻常百姓的日常生活中,但它以朴质无华、洁白宁静展示着另一种艺术之美。一代代的德化陶瓷艺人守着山中人的那种本分,在杯盘碗碟、达摩观音的塑形中完成自己的艺术朝圣之旅,孜孜不倦地去诠释源自旷野山土的清新自然之美,从宋代的青白釉到元代的白釉再到明代的象牙白,逐渐将艺术推向臻境。当何朝宗那润如玉、声如磬、慈祥宁谧、庄严秀丽的渡海观音像呈现在世人面前时,世人惊叹德化艺人的摄魂之功,更有人用"除非观音离南海,何来大士现真身"来盛赞何朝宗的鬼斧神工。

德化瓷又以海纳百川的融汇精神赢得世界市场的青睐。龙泉青瓷、景德镇青白瓷、青花瓷在东亚、西亚乃至欧洲市场的盛誉,德化瓷曾不敢望其项背,但它在激烈的市场竞争中从未退却前进的步伐。为此,德化瓷艺人在釉色、器型、纹饰等方面进行了大胆革新,逐渐打开东亚、南亚与欧洲市场,影响世人的审美情趣。首先,德化瓷艺人在宋元外销起步期,曾大量模仿景德镇的青白釉以从国际市场中分得一杯羹,还少量生产青花瓷以迎合西亚和欧洲市场。其次,德化瓷艺人在器型上依据不同国度人的生活和宗教需求制作实用器,如军持、罐形壶、钵、弦纹洗、高足杯、啤酒杯、咖啡壶等,还适当仿西欧的金银器皿造型,以迎合欧洲人的审美口味。最后,德化瓷艺人在纹饰上强调中西融合,大胆采用异域生活题材,缩小文化摩擦所造成的贸易障碍。

2. 平和窑

海上丝绸之路的另一主角是漳州的平和窑。与德化瓷延续千年的烧造历史相比,平和窑因长期的煅烧和迷离的身世而被世人誉为"四百年前走失的美女",它在瓷史上有另一个美丽的名字——克拉克瓷。克拉克瓷取自1602年荷兰东印度公司捕获的一艘葡萄牙商船——克拉克号,因该船装载大量不知产地的中国瓷器,故借船号加以命名。随着1600年沉没于菲律宾海域的"圣迭戈号"、1613年葬身于非洲西部圣赫勒拿岛海域的"白狮号"以及沉没于广东汕头的"南澳一号"等沉船的发现,那曾经活跃在中外贸易史上精美绝伦的克拉克瓷引发了世人对它故土的无限遐想和追索。平和窑的发现为这批貌似景德镇瓷器的克拉克瓷验明正身,解开了它的迷离身世。

虽然四五百年前平和那十里窑烟的景象早已化成掩埋地下的冰冷窑口遗址,但是洞口窑、田坑窑、大垅窑、二垅窑等窑址出土的青花瓷、素三彩、五彩瓷和单色釉瓷等还是揭示出它曾经的辉煌。平和窑风云乍起,又昙花一现,其中隐藏多少历史的秘密。明末清初恰是西方资本原始积累时期,活跃在中国海域的荷兰、葡萄牙等国跃跃欲试,热切寻找投合西方人口味的瓷器品类。据史料统计,仅荷兰公司从万历三十二年至顺治十三年销往荷兰的瓷器就有300万件[1]。景德镇瓷器在海外名气大,声誉好,其青花、斗彩、五彩等品类西方人趋之若鹜,但可惜路程较远,运输和损耗成本高,外加朝代更迭,御窑厂几经破坏,一度停产,无法满足国际市场的需求趋势,因此毗邻贸易口岸的仿景瓷业迅速崛起。外加明末漳州月港成为新兴外贸海港,地方政府又

---

[1] 陈立立:《克拉克瓷的由来及其特点》,http://www.artyi.net/fav_7_8926.html,2010—06—29/2015—01—10。

出台优惠政策发展瓷业,作为近水楼台的平和窑一日千里,成为中国外贸瓷的新秀。但是,随着清初海禁后月港的没落,平和窑销路受阻,渐渐走向没落。

平和窑主要销往海外,以东南亚、非洲乃至欧洲为目标市场,因此在器型、纹饰、釉色等方面都另有讲究,体现了儒家文化、闽南文化和西洋文化的融合。平和窑器型较大,以盘、碗、瓶、军持等为主,色彩华丽,纹饰繁缛,符合西亚乃至欧洲人的生活需求和审美趣味,又不时加入花卉禽鸟等带有中国情调和闽南韵味的吉庆图案,如荷塘水禽开光纹饰这样的代表性纹饰。

(四)惠安女文化

惠安女,这个带有异域风情的文化族群,因其独特的服饰、勤劳的品质和奇异的婚嫁习俗而成为闽南地域一道亮丽的风景线。

关于惠安女的族群和文化来源至今是学界争论不休的一个话题。有人说惠安人是闽南十八峒之一——蝴蝶峒的后裔,惠安女对蝴蝶造型和斑斓色彩的酷爱源于远古的蝴蝶图腾崇拜。[1] 有人说惠安人是地道的中原汉族移民,因男子常年在外谋生或出海,女子常肩负起渔、农、副业等各类繁重劳动,渐而养成吃苦耐劳、坚韧刚强的个性,同时也因地域条件和劳作需求形成黄斗笠、花头巾、齐肚装、银腰链、大折裤的独特装扮。还有人说惠安女婚后育前常居娘家是母系氏族社会向父系氏族社会过渡的遗风,这也造成惠安女男尊女卑、禁欲主义的性别文化。[2]

也许因为惠安女将柔弱与刚强、美丽与善良合二为一,也许因为惠安女身上附着流光溢彩而又扑朔迷离的文化因子,或许因为惠安女外表的光鲜和内心的悲哀最易触动世人的心弦,又或许因为惠安女和崇武这座石头古城形成太大的审美张力,这群海的女儿吸引了越来越多的目光,也引发旅游和影视的热潮。人们期待着审美疲劳时来崇武古城看一眼想像中的惠安女,在凝眸和回首间邂逅生命之美,或在心情疲惫时在银屏上观一场惠安人情大剧,让爱重新滋润自己的心灵。

(五)红砖厝文化

建筑是无声的语言。当你信步闽北的乡间田头,映入眼帘的多是青山绿树掩映下的青砖黛瓦、马头山墙,当你步入闽西的旷野山村,豁然眼前的多是气势宏伟、方圆不一的土夯城堡——土楼,而当你走进闽南的古村旧寨,感受最深的则是烟炙红砖和白色花岗岩构筑的红砖厝。截至目前,闽南和台湾地域仍保留大量的红砖旧厝,据粗略统计,厦门现存红砖厝大约 1 600 幢,漳州

---

① 陈娟英:《闽南民间工艺美术》,海风出版社 2009 年版,第 111 页。
② 潇琴:《传奇惠安女》,《炎黄纵横》2009 年第 3 期。

红砖厝约有近千座,泉州红砖厝有五六百处,[①]其中最具代表性的有南安蔡氏古民居、石井的中宪第、晋江的杨阿苗故宅、青阳的庄用宾故居、龙海东园镇埭尾村埭美社水上古民居、翔安大嶝岛"金门县政府旧址"和金门金沙镇山后村中堡等。2012年,由金门、厦门、漳州、泉州等地联合申报的"红砖厝"与鼓浪屿、"海丝"一道入选中国世界文化遗产预备名录。

红砖厝是地道的闽南建筑,大致具有如下特点:

首先是以红为基调。红砖赤瓦是红砖厝的基础构件。闽南建筑对红色的钟爱,不仅源于闽南遍布红壤,就地取材烧制而成,也源于闽南地区喜用氧化焰烧制砖块,砖泥在窑火的洗炼中呈现为红色的三氧化二铁,更源于闽南人热衷热闹喜庆的情结,故用红色这种暖色调来寓指日子红红火火,生命灿烂如花。

其次是丰富的装饰性。红砖厝不仅是闽南人日常起居的生活场所,而且是荟萃闽南艺术的大观园、博览苑。红砖厝中常巧妙融入闽南特有的石雕、木雕、瓷雕、砖雕、彩绘等民间工艺,精雕细镂,尤重细节。临空飞起的燕尾脊、精致秀雅的镂花窗、变化无穷的装饰墙,给人错彩镂金、富丽堂皇之感,甚至墙基、影壁、斗拱、檐角、门楣、窗棂、梁栋等无不是工匠们挥洒艺术灵感的场所,在有限的空间内融入无限的艺术想像。红砖厝也在这样的艺术奢华中彰显出主人雄厚的家资和独到的见地。

最后是中西合璧,古今共通。闽南人虽爱闯荡,四海为家,但仍保留着富贵还乡、落叶归根的传统观念,其深厚的中华情结和开阔的国际视野造就了红砖厝不拘一格的文化特质。红砖厝作为闽南海丝文化的载体,汇聚了中原华夏、闽南地域以及伊斯兰、拜占庭和印度佛教等各国建筑文化元素。从纹饰图案来看,红砖厝常以中国传统吉庆图案、历史典故、文学人物等作为雕刻内容,如喜上眉梢(喜鹊、梅花)、太平有象(花瓶、大象)、平安富贵(花瓶、牡丹、蝙蝠、八宝)、李白醉写番表、刘姥姥进大观园、麻姑献寿等,融入中国花鸟、山水、人物等绘画技法,彰显闽南地区匠人高超娴熟的雕刻技艺和繁缛华丽的审美追求,还融入外域文化元素,如大量运用伊斯兰折枝花卉纹饰和几何图案做细部装饰,并用"憨番扛厝角"或"憨番扛庙角"造型来解决建筑承重和艺术融合的问题。从构筑形式上看,红砖厝以古代皇宫为模板,讲究等级秩序和对称和谐,但局部细节又富有变化。以燕尾脊为例,它不同于传统飞檐,取燕尾造型寓指生活喜庆、前程光明,寄托闽南人对海外游子早归的无限

---

① 汪平:《闽南红砖厝"申遗"有进展》,http://www.toptour.cn/detail/info59926.htm,2012—04—16/2015—05—15。

期盼,带有浓郁的人情味和乡情味。红砖厝常用的"出砖入石"的独特构筑也与拜占庭建筑极为相似,将建筑力学和美学完美结合为一体。

(六)百戏文化

百戏一词源于汉代,是民间表演艺术的泛称,如歌舞俳优、说唱伎乐、幻术游戏、杂技表演及武术竞技。据《景德传灯录》和《兴化府莆田县志》记载,福建百戏的起源之地是唐时的莆田,但此时莆田归属于泉州,亦在闽南范畴内。唐宋以后,闽南诸地相继开化,中原舞龙耍狮、吞刀履火、扛鼎寻橦、角抵相扑、爬杆走索、说唱口技等百戏表演纷纷落地生根,演化出富有闽南地方特色的百戏文化。

百戏在闽南的盛行与当地宗教信仰和民俗活动关系密切。闽南人重打拼,也重天命,正所谓"三分天注定,七分靠打拼",自古以来敬天地,重时序,信巫鬼,崇淫祀,因四时节序、生老病死、仙佛生日、祖宗祭日、民俗活动、传统节日等演化出无数祈福禳灾、娱神娱人、驱魔除疫的迎神赛会、斋醮科仪、踩街庆典、法会仪式等,这为百戏活动提供了依存的环境与表现的舞台。以提线木偶为例,它又称"悬丝傀儡",是闽南百戏之首,传说因具有沟通人神的重要功能而成为娱神活动的重要组成。唆啰嗹也是闽南尤其是泉州端午节表演的民间舞蹈,相传由古代"驱疫傩"演化而来,具有较强的宗教功能。

闽南以百戏之多之盛著称于世。一年到头,佛的节日、神的节日、鬼的节日、人的节日接连不断,外加寻常人家的喜丧之事,百戏活动此起彼伏,百戏艺人亦在四处游走、春秋更替中度过人生。闽南百戏囊括戏曲、杂剧、歌舞、曲艺、杂技、表演等行当,光戏曲就有歌仔戏、高甲戏、梨园戏、打城戏、木偶戏等,还有享誉海内外的南音、答嘴鼓、宋江阵、拍胸舞等,更不论花样百出、让人炫目的杂技表演。闽南百戏之盛,莫过于泉州,泉州百戏之盛,莫过于元宵踩街。《闽书》记载:"泉中上元后数日,大赛神像,妆粉故事,盛饰珠宝,钟鼓震天,一国若狂。"元宵前后,泉州一带张灯如盖,人潮涌动,彻夜如昼,舞龙舞狮、火鼎公婆、大鼓凉伞、大摇人、彩婆、驴子探亲、高脚戏、大鼓吹、笼吹、龙虎斗、装人、南音清唱等构成迎神赛会的庞大队伍,锣鼓喧天,连宵达旦,形成闽南富有特色的传统狂欢节。

(七)工艺文化

因闽南生活所仰非农业一途,自古手工业与副业发达;又因闽南商贸昌盛,海外贸易刺激了民间工艺美术的发展;还因闽南人热爱生命和美,用艺术表达对生活的热爱;更因闽南人信仰淳厚,渴望用至高无上的艺术表达对神明的敬意,故闽南民间工艺源远流长,形成独具一格的工艺文化。

首先,闽南工艺品类繁多,绚丽多姿。它囊括雕刻、彩塑、工艺画、剪刻、编织、彩扎、印染、刺绣、制瓷等诸多门类,又因材质不同演化出不同工艺品类。以雕刻为例,包括石雕、木雕、砖雕、剪瓷雕、漆线雕等不同品类,又以工艺画为例,拥有木版年画、瓷板画、纸织画、棉花画等诸多细类。

其次,闽南工艺精致细腻,尽显南国风情。德化白瓷将洁净的胎土、莹润的釉色与秀美的艺术造型融为一体,彰显宁谧、飘渺和柔美的艺术追求,区别于北方瓷器的浑厚和粗犷。永春纸织画工艺繁复、精巧绝伦,裁画为布,编织经纬,使原画产生烟水缭绕、轻雾空蒙的艺术效果,让人有水中观月、雾里看花之感。惠安石雕更能化刚为柔,运用圆雕、浮雕、透雕、线雕、影雕、沉雕等技法把坚硬的花岗岩表现得玲珑剔透,在精雕细镂中把方寸空间变成艺术殿堂。

最后,闽南工艺雅俗共赏,与生活合而为一。闽南工艺不是文人墨客独享的高雅艺术,而是寻常百姓耳濡目染的民间艺术,它是闽南人生活的结晶,又进一步融入闽南人的生存环境,附着于饮食起居、生活器物之上,体现艺术生活化与生活艺术化的高度融合。闽南石雕、木雕、砖雕、瓷雕、彩绘、瓷板画、纸织画、剪纸、刻纸等都是建筑装饰艺术的重要构成,满足了闽南人美化生存环境的现实需求。另外,妆糕、瓷器、漆线雕、漆篮、刺绣、印染、珠绣等也体现了闽南人对美食、美器、美服的艺术追求。

三、闽南文化细分

闽南文化因其开放性和包容性显得异彩纷呈、热闹非凡。琳琅满目的美食佳肴、抑扬顿挫的闽南方言、精巧工细的工艺制品、红白相间的红砖古厝、不胜枚举的民间信仰、烦琐复杂的人生礼仪等构成风靡海内外的闽南风情。

表 10-1　闽南文化细分表

物质	食	糕粿、蚵仔煎、炒蟹花、深沪水圆汤(鱼丸汤)、崇武鱼卷、捆蹄、元宵汤圆、烧肉粽、面线糊、衙口花生、安溪柿饼、永春老醋、安海土笋冻、泉州绿豆饼、南安花生糕、德化糯米糍
	衣饰	惠安女服饰 疍民服饰 蟳埔女服饰
	住	红砖厝(皇宫起):砖石结构(红色清水砖加白色花岗岩)、装饰(花样墙、漏花窗、雕镂、彩绘)、燕尾脊、山墙 番仔厝:骑楼、洋楼别墅 嘉庚建筑:中西结合

续表

精神	宗教	原始宗教:天公、东岳大帝、三界公、土地公、三山国王、灵安尊王、风狮爷、土神、谷神、日头公、月亮妈、石头公、大树公、城隍爷、灶王、床母、门口公和大众爷
		英雄崇拜和本土道教的融合:灵应祖师、妈祖、清水祖师、广泽圣王、通远王、苏夫人姑、保生大帝、关帝爷、炎黄二帝、开闽王、开漳圣王、开台圣王、三忠公、广应圣王、保仪尊王、圣侯公、朱文公、财神、门神、龙王爷、二郎神、真武大帝
		佛教:释迦牟尼、弥勒佛、观音、文殊、普贤、地藏、韦驮、大势至菩萨、四大天王、十八罗汉等
		西洋宗教:婆罗门教、摩尼教、伊斯兰教、景教、印度教、基督教、天主教等
	伦理观念	家族观念、爱乡观念、吉凶观念、天人合一、尊老爱幼、忠孝信义等
	语言符号	神话传说:神医大道公传说、清水祖师传说、六胜塔传说、金盏百叶除恶龙(水仙传说)、蛇郎君、七仙女
		民间故事:被他作弄得黄尾、陈三五娘、御史桥、黄公桥、打虎亲兄弟、聂豹、虎姑婆、多子饿煞爸、江夏侯破风水、憨团婿赴请
		俗语谚语:好子毋免济,济子饿死父;食人一口,报人一斗;会晓洗面,免若多水;番薯好食,免大条;食紧扛破碗;人来才扫地,人去才泡茶;别人的钱,开味痛;食饭皇帝大;食老,才想欲学喷吹;识人,较好识钱;人情留一线,日后好相看;七坐八爬九发牙;团仔人有耳无嘴;树头若在,唔惊树尾起风台;猛虎对不了猴群;买卖算分,相请无论;鸡蛋密密也有缝;西瓜靠大边;养老鼠啃布袋
		歇后语:驼背跌落海—弯泅;苍蝇戴龙眼壳—勘头勘脑;十五个土地公排两爿—七土八土;饮酒配番薯—饱兼醉;六月菜头—半头青;鸡笼点烛—不成灯;老鼠穿草鞋—脚比身大;半面折扁担—来去不得;瞎子丢失拐杖—苦没路;蚊咬软葩—难拍;鸡仔飞上树—假鸟;厕坑里的石—又臭又硬;草包金—土富;烂绳牵猪—慢慢来

续表

精神	语言符号	谜语:有声无影,有滋味无咸淡(打人身排泄物);两个团仔平平大,出门了烧娶。(打一餐具);上下一样,两边一样,十字在中,无影无踪,有心非善,有口难言。(打一字);日头要落山,竹竿拿来横,上字拿倒掉,人字空脚翘。(猜一字);一字八划,无横无直。(猜一字)
		童谣:天乌乌、月光光、西北雨直直落、摇囝歌、十二生肖歌、大箍呆、火金姑、打马胶、台湾出甜粿
	艺术	民间工艺:惠安石雕、厦门漆线雕、泉漳木偶雕、德化艺术陶瓷、厦门珠绣、东山剪纸、永春纸织画、泉漳木版年画、漳州棉花画、漳浦剪纸、泉州刻纸、永春漆篮、泉厦彩扎、泉州灯彩、漳州刺绣、八宝印泥、漳窑瓷、漳州通草画、漳州金漆木雕、华安玉雕、根雕、贝雕
		曲艺:南音、答嘴鼓、闽南语歌曲、莲花褒歌、锦歌、竹马戏、四平戏
		戏曲:梨园戏、高甲戏、歌仔戏、芗剧、打城戏、提线木偶戏
		竞技表演:太祖拳、五祖拳、白鹤拳、开元拳、洪家拳、车鼓弄、拍胸舞、宋江阵、舞龙舞狮、火鼎公婆、大鼓凉伞、大摇人、彩婆、驴子探亲、高脚戏
行为习惯	生活习俗	备节:春节前扫尘、贴春联、炊年糕、备敬神佛公妈的贡品、辟火符、置甘蔗;馈岁:除夕前以糕粿相赠;除夕:围炉、吃团圆饭、守岁、跳火群;初一:吃甜稀饭、拜年;初二:女儿女婿上门;正月初三:老鼠娶亲不串门;初五:开市;元宵:吃元宵丸、踩街;清明:吃薄饼;端午:悬钟馗像,挂艾叶、菖蒲,洒雄黄酒,吃粽子,扒龙船;七夕:拜七娘妈,女儿节;中秋:博饼;农历十二月十六:"尾牙"
	节日习俗	农历正月初一 元始天尊万寿;初四迎灶神;农历正月初五 财神诞;农历正月初六 清水祖师诞;正月初八谷神节;正月初九玉皇大帝诞,拜天公;农历正月十五 盘古圣诞;农历二月十五 太上老君诞;农历二月十六 开漳圣王诞;二月十九 观世音菩萨诞;农历二月廿六 真武大帝圣诞;农历三月廿九 土地公生日;四月初八浴佛节;农历五月初一 城隍出巡;农历七月十五 盂兰盆节;农历六月十九 观世音菩萨诞,成道日;农历九月十九 观世音菩萨诞

续表

行为习惯	人生礼仪	诞生礼:满月、四月日、度晬
		成年礼:成丁
		婚礼:议婚、订婚、完婚(哭嫁、跨火炉、遮米筛、踏瓦片)
		寿礼:五十岁以上逢十做寿
		丧礼:上厅边、穿寿衣、送终、辞生祭、送草、收乌、殡葬、礼尽三年;死葬侨居地者"引水魂"

第二节 闽南文化产业现状

一、经济背景

闽南自然生态优越,传统资源丰富,经济基础良好,发展文化产业具有得天独厚的优势。首先,闽南大部分区域属于南亚热带,地形多样,植被丰茂,利于多样化经济发展。其次,闽南是中国海丝文化的重要发祥地之一,也是台湾文化祖地,保存了大量中外和闽台交往的文化遗迹,适宜于发展文化旅游休闲业,尤其是文化寻根游、闽南风情游和休闲度假游等。随着厦金直航的蓬勃发展,随着泉州获评"东亚文化之都"并成为赴台"个人游"试点,闽南的文化影响力和吸引力将会持续升温。最后,闽南以外向型经济为主,地区经济总量、对外贸易总额和个人消费水平均居全省前列。2012 年泉州地区生产总值为 4 702.7 亿元,位居全省第一,厦门为 2 815.17 亿元,居全省第 3 位,漳州为 2 012.92 亿元,居全省第 4 位。[①] 同年厦门出口商品总额为 4 539 982 万美元,是福州出口总额 2 112 982 万美元的两倍有余,居全省首位,泉州为 1 237 473 万美元,居全省第三位,漳州为 699 034 万美元,居全省第 4 位。[②]

二、产业基础

闽南三地,厦门文化产业发展较早,在政策导向、企业培育、产品孵化和人才引进等方面形成常态机制,目前已拥有两个文化部授予的国家级文化产业示范基地(湖里区乌石埔油画村和厦门优必德工贸有限公司)、1 个国家广

[①] 福建省统计局:《地区生产总值指数(2012 年)》,《福建统计年鉴 2013》,http://www.stats-fj.gov.cn/tongjinianjian/dz2013/index-cn.htm,2013-05-15/2014-09-20。

[②] 福建省统计局:《各设区市出口商品总额(2000—2012 年)》,《福建统计年鉴 2013》,http://www.stats-fj.gov.cn/tongjinianjian/dz2013/index-cn.htm,2013-05-15/2014-09-20。

电总局授予的国家影视动画产业基地(厦门软件园二期动漫网游区)、1 个国家广电新局授予的国家数字出版产业基地、1 个科技部授予的国家文化和科技融合示范基地(火炬高新区)以及 10 个福建省文化产业示范基地(蔡氏漆线雕有限公司、海沧油画街、厦门惠和腾飞石业、厦门吉比特网络技术有限公司、厦门青鸟动画有限公司、湖里区乌石埔油画村、厦门优必德工贸有限公司、凤飞服饰设计有限公司、厦门万仟堂艺术品有限公司、福建希望文化传播有限公司)。厦门文化创意园或基地数量多,分布广,其中较具代表性的有龙山、灿坤、集美集、根深智业、宏泰、友丰国际、华强、园博苑影视基地、翔安香山文化影视基地、国际马戏城、集美艺术港等。厦门也汇聚了中国移动手机动漫基地、中国电信动漫运营中心、中国数码港海西运营中心、中娱文化、水晶石、4399、吉比特、金英马、翔通动漫、青鸟动画、蓝火焰、大峡谷、好旺角等大批重点文化企业。另外,厦门会展业较为发达,如 9.8 贸洽会、台交会、文博会、国际动漫节、图交会、茶博会、艺博会、旅博会等在海内外具有较高知名度和影响力,可为文化产业发展提供重要平台。

泉州依托丰富的传统文化资源发展创意产业,近几年做得风生水起,逐渐夯实产业基础。泉州根据在地资源、周边环境及空间布局等因地制宜,设立不同类型的创意园区,如锦绣庄民间艺术园、源和 1916 创意产业园、六井孔音乐文化创意产业园、T 淘园、183 创意集聚区、M9 艺术工厂、一二堂创意馆、领 SHOW 天地文化广告创意园、星期 YI 服饰创意博览园、洪山文化创意产业园、五店市传统街区、洛阳江滨海丝文化长廊主题公园、铁观音文化园、德化月记窑陶瓷创意中心、惠安雕艺文化创意产业园、安溪县家居工艺文化产业园、永春香品产业园、中国包装印刷产业(晋江)基地、海峡两岸(德化)陶瓷文化创意产业基地、安溪海峡茶博园、德化陶瓷文化旅游基地、晋江国际文化创意设计研发中心等,为创意产品开发、传统技艺转型、文化展示和服务奠定基础。同时,泉州为复现闽南风韵并盘活传统资源,举办形式多样的节庆活动,如海丝文化节、闽南文化节、南音大会唱、国际木偶节、南少林武术节、广场民间艺术节、旅游文化节、民间歌咏节、德化陶瓷节、安溪茶博会、惠安石文化节、石狮灯谜艺术节、创意文化节、茶文化旅游节、郑成功文化旅游节等,为文化产业助澜推波。

相比之下,漳州文化产业起步晚,基础较为薄弱,目前建成或在建的文化创意园区有永润海峡文化创意园、青蛙王子·动漫文化创意园、开漳文化创意园、林语堂文化园、凤顶文化创意园等,重点打造的生态文化场馆有闽台自然历史博物馆、闽南文化生态保护实验区,土楼文化生态园等。漳州是闽南后花园,具有较好的自然生态和人文环境,争取在十二五规划期间依托土楼文化、水仙花文化、生态农场、漳窑瓷器、雕刻艺术、东山贝雕等培育工艺美术、文化旅游等新兴产业。

三、产业规模

闽南文化创意产业异军突起，产业规模逐年增大。厦门长期以来重视发展文化产业，2012 年全市文化产业增加值达 217.03 亿元，占 GDP 的7.7%，[①] 2013 年约为 260 亿元，约占 GDP 的 8%。[②] 泉州文化产业发展势头强劲，2012 年文化产业增加值为 215 亿元，[③] 2013 年达到 269 亿元，位居全省首位，占 GDP 的 5.14%，成为泉州市的国民经济支柱性产业。[④] 漳州也相继出台《关于推动漳州文化大繁荣大发展的实施意见》《关于进一步推动漳州市文化产业发展若干政策》等，推动文化产业发展，2012 年文化产业增加值 80 亿元，增长 31%。[⑤]

四、区域特点

闽南三市因文化资源、城市定位和产业基础的不同，在发展文化产业时形成不同的侧重点和区域特征。

厦门是近代崛起的闽南港口城市，没有泉州的千年风华，也没有漳州的千里沃野，因搭乘上五口通商、改革开放的时代列车，一路蓬勃发展，成为闽南的金融、商业、物流及高新技术中心。闽南三大城市中，厦门城市化程度高，第三产业比值大，步入后工业化发展阶段，目前正朝智慧城市、创意城市、数字城市方向发展，完善"美丽厦门"的城市建构。泉州历史悠久，民营企业活跃，制造业和工业发达。漳州依托漳州平原发展现代农业。

闽南三市基本数据对比如下：2011 年厦门城镇人口为 3 119 413 人，占88.33%，乡村人口仅为 411 934 人，占 11.67%。[⑥] 同期泉州普查结果是城镇

①　林起：《2013 年厦门文化改革发展蓝皮书》，厦门大学出版社 2013 年版，第 321 页。

②　海鹰：《厦门力争文化产业增加值超 260 亿》，http://www.xmnn.cn/cxzy/dtxw/201303/t20130311_3091729.htm，2013−03−11/2015−01−01。

③　林剑波：《侨乡泉州 2012 年文化产业增加值 215 亿元》，http://www.chinadaily.com.cn/hqgj/jryw/2013−01−09/content_7986589.html，2013−01−09/2014−12−30。

④　朱娟娟：《"文都"建设方兴，去年我市文化产业增加值全省居首》，http://www.qzwb.com/gb/content/2014−02/13/content_4786928.htm，2014−02−13/2015−01−01。

⑤　吴洪芹：《政府工作报告——2013 年 1 月 6 日在漳州市第十五届人民代表大会第二次会议上》，http://www.zznews.cn/news/system/2013/01/22/000313219.shtml，2013−01−22/2015−01−01。

⑥　《厦门市第六次人口普查数据》，http://wenku.baidu.com/view/2f934643be1e650e52ea9991.html，2012−1−1/2015−01−01。

人口占 58.43%，乡村人口占 41.57%，①漳州则是城镇人口占 46.73%，乡村
人口占 53.27%。② 2013 年厦门三大产业比值为 0.86：47.56：51：58③，六大支
柱产业中除电子、机械之外，航运物流、旅游会展、金融与商务、软件与信息服
务业均属第三产业。同年泉州为 3.3：61.8：34.9④，工业和制造业居领先地
位，同年漳州三大产业比值为 15.4：49.1：35.5⑤，农业占比明显高于厦门和
泉州两地。

因上述原因，厦漳泉文化产业呈现不同的区域面貌。厦门文化产业以文
化服务为主，注重与高新技术的融合，侧重发展创意设计、数字内容与新媒
体、影视动画等。从近两年厦门市文化产业分类增长情况来看，2012 年文化
服务业增加值占 GDP 比重为 3.56%，接近文化产业总贡献率的一半，另外，
文化贸易业基数虽低，但增长幅度最快，可见厦门从文化制造向文化服务的
转型趋势，具体见表 10-2。《厦门市国民经济和社会发展第十二个五年规划
纲要》也突出文化产业作为战略性新兴产业的重要地位，《文化产业发展专项
规划》中强调建立"以创新创意为核心，以数字技术为支撑，以现代知识产权
制度为保障，具有生产性服务功能，满足人民群众精神文化需求的产业集群，
内容涵盖创意设计、演艺娱乐、广播电视、影视动画、出版发行、文化会展、数
字内容、新媒体、古玩和艺术品产业"⑥。

① 泉州统计局：《泉州市 2010 年第六次全国人口普查主要数据公报》，http://news.163.com/
　11/0707/01/78ATSVNK00014AED.html，2011－07－07/2014－12－30。
② 漳州统计局：《漳州市第六次全国人口普查主要数据公报》，http://zz.lanfw.com/
　2011/0602/23850.html，2011－06－02/2014－05－15。
③ 厦门统计局：《2013 年 1—12 月全市主要经济指标快报》，http://www.stats－xm.gov.
　cn/tjzl/tjsj/jdsj/sjyb/201402/t20140211_24031.htm，2014－02－11/2015－03－02。
④ 泉州市政府：《经济平稳发展，结构持续优化——2013 年泉州市经济运行情况分析》，
　http://www.qztj.gov.cn/outweb/index.asp，2014－2－7/2015－01－01。
⑤ 檀云坤：《政府工作报告——2014 年 1 月 5 日在漳州市第十五届人民代表大会第三次会
　议上》，http://www.zznews.cn/zhuanti/system/2014/01/05/010211903.shtml，2014－01
　－05/2015－01－01。
⑥ 厦门市文化产业发展办公室：《厦门十二五文化产业发展专项规划》，http://wenku.baidu.
　com/link? url＝jqqYbREUhSAKxnV3lYHhYZ9d1fLF3Uw3fREQVmEYcOqhQ2CrXZqO
　Yn0iSkK9DWWHislAZFuPTYOhdDQKK－iPdueOI7CD2W6_959WYgyzBbG，2012－07－
　11/2014－12－30。

表 10-2　厦门市文化产业增加值分类型增长情况表

	2012 年			2011 年	
	绝对额 (亿元)	比上年 增长(%)	占 GDP 比重(%)	绝对额 (亿元)	占 GDP 比重(%)
合　计	217.03	20.1	7.7	180.72	7.1
文化制造业	84.3	13.67	2.99	74.16	2.9
文化贸易业	5.1	37.1	0.18	3.72	0.1
文化服务业	100.17	29.69	3.56	77.24	3.1
个体经营户	27.46	7.31	0.97	25.59	1

与之相比,泉州文化产业以文化生产为主,注重和传统工艺及现代工业的融合,主推创意设计、工艺美术、文化旅游、演艺娱乐、出版印刷等行业,适度发展动漫游戏、影视等高创意产业。《泉州国民经济和社会发展第十二个五年规划》中特别指出,"加快工艺制品产业和文化创意产业的融合,以陶瓷工艺、石雕工艺、藤铁工艺、树脂工艺等为主,提高产业档次,完善和丰富集设计、生产、原辅料配套、创新培训、销售展示、旅游观光等于一体的工艺制品专业化产业链",将专业会展、文化创意、信息服务、旅游和体育休闲业纳入第三产业重要发展计划中。[①] 2013 年泉州工艺美术业规模以上产值达 453.56 亿元,占全福建省近 1/2;印刷业产值 140 多亿元,占全福建省 1/3。[②] 此外,文化旅游亦蒸蒸日上,2013 年接待游客数量达 3 729.27 万人,增长 14.9%,实现旅游总收入 447 亿元,增长 18.8%。[③]

漳州坚持生态立市,倾力打造"田园城市、生态之城",入选"中欧绿色智慧城市合作中方试点城市",在保持水产、蔬菜、花卉、苗木、水果、茶叶、食用菌、畜禽等传统产业优势的基础上,大力拓展工艺美术、文化旅游业,促进传统工艺和文化创意、现代农业和生态旅游、休闲产业的对接。漳州重点建设东南花都、南靖土楼、白塘湾等旅游项目,开发乡村旅游产品,2013 年旅游总

---

① 泉州市政府:《泉州国民经济和社会发展第十二个五年规划》,http://wenku.baidu.com / link? url = WPs122LFRZRSkj6mIE9XkW2D2w64NW1k5re2RCimKiCjjiRADv7wpyhX _ R1pI X1_uY4TN6Go00d3rm8TmEO7YPzctAlgvvfR3x70IShKRFW,2012-09-02/2014-12-30。

② 朱娟娟:《"文都"建设方兴 泉州市文化产业增加值福建省居首》,《泉州晚报》,2014 年 2 月 13 日。

③ 泉州市政府:《经济平稳发展,结构持续优化——2013 年泉州市经济运行情况分析》,http://www.qztj.gov.cn/outweb/index.asp,2014-02-07/2014-12-30。

收入达 165 亿元,增长 16％。①

四、产业问题

厦漳泉总面积 25 321.39 平方公里,约占福建省总面积的 20.4％,人口约占全省的 38.2％,国民生产总值约占全省的 48.4％,②具有文化一体、经济共存和产业互补的特征,文化产业发展居全省前列,但仍存在如下问题:

首先,区域分工和联动不足。厦漳泉经济形态各有优势,应有清晰的区域定位。近两三年《厦漳泉大都市区同城合作框架协议》《厦漳泉大都市区同城化发展总体规划纲要》等相继问世,使厦漳泉同城化落地有望,将有助于厦漳泉的产业分工与合作。但是就目前而言,各市文化产业发展仍存在区域定位不明、同质化竞争、协同合作不足的情况。以动漫产业为例,它常被误以为是产值惊人的"大蛋糕",因此,众多动漫企业在各地市发展新兴产业的呼声中蜂拥而起,这些单位忽略了动漫制作成本高、回报周期长、审查制度严、创意人才少、知识产业保护不到位等诸多问题,进而面临同质竞争、僧多粥少的问题。据厦门动漫游戏产业协会透露,厦门已有动漫公司 200 多家,但多数不赚钱,还得烧钱。③ 泉州童装、食品行业也纷纷涉足动漫行业,如嗒嘀嗒、子燕、小顽皮、大拇哥、8 号熊、杰米熊、爵士兔等,用已有品牌推动动漫发展,又用动漫产品推广品牌和开发衍生产品,虽在营销方式上有所创新,但相互模仿创意却又失去创意。其实,泉州童装企业,尤其是中小型企业,与其涉足陌生的动漫产业,不如与厦门优质动漫公司就动漫作品开发、衍生产品生产等展开跨地域合作,避免投资风险和资源浪费。

与之相比,长江三角洲的区域分工和产业协同可资借鉴。上海位于长江三角洲江海交接的位置,是区域龙头,是经济物流中心,江苏是加工生产基地,浙江则是后花园,三位一体分工明确,互通有无。

其次,核心产业不突出。文化产业可分为核心产业、授权产业、衍生产业以及边缘产业等,其中,核心产业越强势,它的产业辐射能力就越强,产业链也就越长越完备。美国版权产业和日本动漫产业都有很强的核心产业拉动能力,其产业影响力可波及服装、食品、汽车等其他产业。目前闽南文化产业

---

① 檀云坤:《政府工作报告——2014 年 1 月 5 日在漳州市第十五届人民代表大会第三次会议上》,http://www.zznews.cn/zhuanti/system/2014/01/05/010211903.shtml,2014-01-05/2015-01-01。

② 福建省统计局:《福建统计年鉴 2013》,http://www.stats-fj.gov.cn/tongjinianjian/dz2013/index-cn.htm,2013-05-15/2014-09-20。

③ 林世雄、谢嘉晟:《动漫产业前途漫漫》,《福建日报》,2013 年 10 月 29 日,第 13 版。

仍未形成区域中心和产业重心,影视动漫、创意广告、工艺美术等均衡用力,缺乏突出的核心产业和完备的产业链,仍需较长时间进行产业整合和提升。

最后,创意原动力不够。闽南文化产业拥有较好的政策、经济和外贸环境,但在内容创意上存在短板,难以形成高附加值的原创作品。其原因是多方面的。其一,产业仍处于发展初期,以中小型企业为主,存在低成本运作和累积劳动力创收的问题,资源整合和产业升级仍需较长时间;其二,缺乏原创作品培育机制,导致原创作品少、创意水平低、市场认可度差等常见问题;其三,知识产业保护机制还不完善,高创意产品遭遇低廉仿制品冲击;其四,创意和科技融合有待深化,数字内容产业培育有待时日。据厦门中国移动动漫基地介绍,与欧美、日韩相比,中国动漫企业普遍缺乏受市场认可的优秀作品,制作多产出少,甚至存在成本倒挂现象,厦门本土的原创优秀作品更是少之又少,热门网络小说改编漫画因原创度和网络热度均较高将成为动漫产业的重点培育对象和主要增长点。

第三节 闽南文化产业一体化发展定位

一、地理、区位分析

闽南位于福建东南沿岸,以南亚热带气候为主,温暖湿润,四季如春,保持较好的自然生态环境。同时,闽南也是闽台文化圈和东亚文化圈的重要构成,具有悠久的海丝文化传统和独特的闽南地域风情,尤其是与台湾历史相通、文脉相同,两岸文化产业交流与合作基础良好。

二、文化市场分析

闽南港口众多,文化产品外销环境良好,同时闽南地区总体经济实力较强,文化消费水平逐年提升,文化产业内销市场逐渐形成。

2011年厦门人均GDP已突破10 000美元[①],2012年达12 415.11美元(78 035.18元),居全省首位,2012年泉州人均GDP(9 159.18美元)超过9 000美元[②],居全省第三,与省会福州相比肩(福州当年人均GDP为9 321.03美元),同年漳州人均GDP为6 632.74美元,居全省第七位。可见,闽南是福建经济发展水平较高的地域,同时闽南地域内厦门和泉州两地经济发展水平

---

① 《2011年厦门人均GDP首破1万美元》,http://www.askci.com/news/201202/09/133740_20.shtml,2012—02—09/2014—08—09。

② 《福建泉州2012年人均GDP突破9000美元》,http://www.chinaacc.com/new/184_900_201304/01ya588958048.shtml,2013—04—01/2015—09—20。

领先于漳州。另一组数据是,2012 厦门城镇居民人均可支配收入 37 576 元,泉州为 32 283 元,分别居全省第一、二位,漳州为 23 951 元,略低于全省平均水平。①

国际普遍认为,人均 GDP 达到 5 000 美元时,文化消费将进入井喷时代。按照这一标准,连漳州也已越过这一门槛,而厦门和泉州两地的文化消费需求前景乐观。

三、闽南文化产业一体化定位

闽南区域一体化是区域经济联盟的必然结果,虽然目前在区域分工和利益分配上还存在诸多问题,但厦漳泉三位一体的发展格局指日可待。在这一大环境下,闽南文化产业一体化发展也应被纳入整体规划中。

首先,区域间实现功能分工,即改变文化产业散点分布的特点,以厦漳泉三地的经济特点、产业结构等为依据,形成产业的区域性大分工。

其次,各个区域向核心产业集中。各个区域依托文化资源,凝炼优势产业,将其塑造成核心产业,其他产业为这一核心产业提供配套服务。

最后,区域间资源和利益能够共享,加强区域间的产业合作,形成差异分工、协作发展的产业格局,构建闽南文化产业链。

就厦门而言,它位于泉州和漳州之间,是沟通泉州和漳州的桥梁,也是闽南的中心位置,人居环境好,素有"海上花园"的美称,同时,城市化程度较高,第三产业产值较大,拥有金融、物流、政策及对外商贸优势。但是,厦门发展空间有限,区域带动力仍待提升。基于上述因素,厦门应增强实力发展文化服务业,尤其是借助厦门电子信息产业的优势,促进文化创意与高新技术的融合,加快影视动漫、数字内容、创意设计、会展等产业的发展。同时,厦门应将文化制造业逐步转移至土地、资源及劳动力充足的泉州地域,促进自身的产业升级和转型,同时也促进泉州在文化制造业方面的集约化发展。

泉州的文化资源、人口基数、经济产值均居闽南首位,应依托制造业和工艺美术业优势发展文化制造业,培育创意设计和文化旅游业,成为闽南文化产品设计、制作、教育和旅游观光的中心,为厦门数字内容、影视动漫、文化旅游等提供衍生产品设计和制作,成为厦门高端文化服务业的有力支撑。

漳州应倚借传统资源及生态、农业优势,营造健康、舒适、轻松的农业城市氛围,发展旅游休闲业,成为闽南名副其实的后花园和度假胜地。

---

① 福建省统计局:《城镇居民人均可支配收入及人均生活消费支出(2012 年)》,《福建统计年鉴 2013》,http://www.stats - fj.gov.cn/tongjinianjian/dz2013/index - cn.htm,2013 - 05 - 30/2014 - 09 - 20。

厦漳泉三地应加强产业联动和一体化发展,以旅游产业为例,闽南三地交通日益便利,应打破地域局限,打通文化旅游资源,形成一体化发展格局,轮流举办"艺术闽南""闽台文化寻根"等各类文化节庆活动,整合闽南优势文化资源,设计出跨越厦漳泉甚至连同台湾的旅游线路,吸引海内外游客。

第四节 厦门:数字经济的延伸拓展

一、厦门数字经济发展现状

(一)产业环境

1. 政策环境

自 2011 年以来,厦门依据《2006—2020 年国家信息化发展战略》《国务院关于大力推进信息化发展和切实保障信息安全的若干意见》《"十二五"国家战略性新兴产业发展规划》和《"宽带中国"战略及实施方案》等国家战略,推进全市信息化进程,促进文化科技融合。厦门先后出台《关于进一步加快我市软件和信息服务业发展若干意见的实施细则》《厦门市动漫产业发展资金管理办法》《厦门市软件与信息服务业人才计划暂行办法》等,对信息产业给予人才引进优惠条件、专项扶持基金、百强企业奖励等扶持政策,推进产业业态更新,引领消费观念和拉动内需,促进产业结构转型和升级。2013 年 8 月,厦门更将"智慧名城、产业升级"战略纳入《美丽厦门文化提升行动计划》,作为厦门未来的重要发展目标。目前,厦门已在数字化、信息化浪潮中占有一席之地,先后获得"中国城市信息化卓越成就奖""中国智慧城市创新应用奖""中国智慧城市推动奖"等荣誉称号。

2. 基础环境

厦门以创建国家信息消费示范城市为目标,重点建设智慧城市、宽带城市、4G 无线城市,在宽带网络基础设施、通信设备、三网融合、民生信息服务平台、软件园建设、物联网等基础设施建设方面取得较大成绩,加快岛内外、厦漳泉一体化进程。

其一,在宽带网络基础设施上,厦门成为工业和信息化部首批批复同意TD-LTE 规模试验六大城市之一,其他五座城市是上海、杭州、南京、广州、深圳。至 2012 年,全市光纤入户率达 80%,启动 TD-LTE(4G)规模试商用,实现厦门岛内 90% 以上的网络覆盖,无线传输速度提高近 20 倍,无线城市平台月访问量超过 680 万人次,厦门步入无线城市发展新阶段。同时,厦门还建立互联网数据中心(IDC)、海峡两岸健康医疗云工程中心和中国统计信息云平台暨大数据研究服务基地等云计算基础设施,以便未来数年内能够提供高质量的信息服务。

其二,在通信设备上,厦门完成第三代移动通信(3G)网络全覆盖,提高通信服务质量,逐步发放第四代移动通信(4G)牌照,加快推进新一代移动通信技术产业化。

其三,在三网融合上,厦门加快推进互联网、电信网和广播电视网共建共享,加快下一代广播电视网规模建设,大力发展数字电视、交互式网络电视(IPTV)、手机电视等。

其四,在民生信息服务上,厦门加快信息化服务进程,逐渐建成智能交通信息服务网、数字图书馆、电子政务和便民利民公共服务平台、教育云平台、市民健康信息系统、市社会保障卡信息网、E通卡系统、市民缴费信息查询平台等便民信息服务平台,从智慧交通、智能图书馆、智慧政府、智慧教育、智慧医疗等方面紧抓"智慧厦门"建设。"面向劳动就业的智能服务平台""互联网交互式信息监控管理平台"和"城市卡口电子警察前端路口软件"等便民服务平台或软件获得厦门市政府2011年颁布的优秀新产品奖。

其五,在软件园建设上,厦门软件园一期二期快速发展,逐步凸显出产业集聚效应,面积12平方公里的软件园三期完工并投产。目前,中国移动、中国电信、4399、趣游等网络、手机动漫运营企业,吉比特等动漫内容制作企业,柏事特等软件开发企业,大雅传奇、大拇哥等动漫影视产业综合服务企业,易联众、美亚柏科等信息服务外包企业,均入驻其中。

其六,在对外窗口建设上,厦门将动漫产业与会展旅游业相结合,成功举办五届国际动漫节,行业影响力逐步提高。2012年第五届国际动漫节,共有来自30个国家(地区)的3 158部作品参赛,比上年增长25.3%。中国动漫集团厦门基地正式开业,国际动画协会厦门分会挂牌成立,这为厦门动漫产业融入国际市场打下基础。

(二)产业形态

厦门信息产业发展速度迅猛,据厦门工信部统计,2013年产值达1 700多亿元。[①] 而信息科技和文化创意的融合孕育出数字创意新业态,其增长率、盈利率、产业贡献率都居文化产业之首。表10-3显示,2012年厦门市文化服务业各分行业中,主营收入最高的两大行业是"文化创意和设计服务""文化信息传输服务",营业利润居首的两大行业是"文化创意和设计服务""新闻出版

---

① 《厦门:加快创建国家信息消费示范城市》,http://xm.fjsen.com/2013-07/30/content _12055325.htm,2013-07-30/2014-12-10。

发行服务",足见数字创意各业态的产业地位。厦门从 2014 年起预计三年内
打造千亿"智慧产业工程"。①

表 10-3 2012 年厦门市文化服务业分行业情况

指标名称	资产总计	主营收入	营业利润	从业人员平均人数
一、新闻出版发行服务	252 837.4	128 731.7	527.9	5 369
1. 新闻服务				
2. 出版服务	90 371.9	11 698.9	47.4	1 064
3. 发行服务	162 465.5	117 032.7	480.5	4 306
二、广播电视电影服务	159 434.8	78 437.4	16 122.5	19 18
1. 广播电视服务	8 970.1	7 165.0	1 174.2	177
2. 电影和影视录音服务	150 464.7	71 272.4	14 948.3	1 740
三、文化艺术服务	47 655.6	15 947.5	−3 321.7	1 196
1. 文艺创作与表演服务	26 034.6	1 964.2	−353.9	392
2. 图书馆与档案馆服务				
3. 文化遗产保护服务	11 332.4	3 110.9	310.8	111
4. 群众文化服务	1 232.8	33.5	−575.2	10
5. 文化研究和社团服务	55.7	35.1	4.6	171
6. 文化艺术培训服务	939.8	899.3	−696.1	234
7. 其他文化艺术服务	8 092.3	9 904.5	−2 012.0	278
四、文化信息传输服务	319 713.1	217 913.6	6 401.0	5 298
1. 互联网信息服务	100 941.6	79 132.3	12 040.9	2 842
2. 增值电信服务(文化部分)	330.3	49.2	−36.2	3
3. 广播电视传输服务	218 441.2	138 732.0	−5 603.6	2 452
五、文化创意和设计服务	752 879.3	574 724.0	92 985.3	20 824
1. 广告服务	69 905.6	55 648.2	−416.4	4 399
2. 文化软件服务	191 057.6	76 842.7	33 721.7	3 241
3. 建筑设计服务	405 844.5	403 275.8	50 994.0	10 189
4. 专业设计服务	86 068.6	38 957.3	8 686.2	2 995
六、文化休闲娱乐服务	179 466.4	113 465.9	4 257.1	9 623
1. 景区游览服务	42 132.6	19 714.2	4 177.5	630
2. 娱乐休闲服务	130 697.9	84 709.9	390.0	7 495
3. 摄影扩印服务	6 635.9	9 041.8	−310.3	1 498

注:按 2012 年国家统计局颁布的文化及相关产业分类标准划分。

---

① 王蓉:《厦门在智慧城市安全保障方面走在前列》,http://fj. people.com.cn/n/2014/
0101/c181466−20280943.html,2014−01−01/2015−10−09。

目前，厦门积极探索数字创意产业发展路径，形成数字报纸、艺术品电商、手机动漫、网上会展、数字化博物馆等新兴业态。

首先，纸媒数字化发展迅速，纸媒传播和网络、手机新媒体传播形成互补趋势。目前，《厦门日报》《厦门晚报》《海西晨报》《海峡都市报》等厦门报纸均已实现纸媒和网络或手机的同步发行，满足不同年龄段读者的阅读需求，未来还将完善数字报纸的视频化、互动化功能，形成全媒体传播格局。

其次，艺术品电商前景可观。厦门艺术品市场日渐红火，北京保利、北京华辰等大牌艺术品拍卖公司纷纷跻身进来，国际艺术品金融中心、海丝艺术品中心等项目依托自贸区和海丝文化相继落户厦门，海峡两岸文化博览交易会规模不断扩大，总之，厦门正朝着艺术品全产业链的目标迈进。而艺术品网上布展、拍卖、金融交易等将成为艺术品全产业链的新兴业态。以张雄书画院为例，它原是厦门本土的一家传统画廊，现今全面跻身艺术品电商行列，倾力打造艺术家和买家网上交易平台，为百万艺术家打造个人网上 3D 仿真画展，张雄有保真承诺，目前日浏览量达到 500 万人次规模。

再次，手机动漫和游戏实力雄厚。2012 年厦门新增认定"动漫企业"20 家，全市动漫相关企业总数达 113 家，从业人员超过 3 500 人，[①]2013 年又新增 31 家。厦门手机动漫公司分为三类：一是平台运营类，如中国移动手机动漫基地、中国电信动漫运营中心落户厦门，以手机用户量、设备和渠道等优势逐步开拓信息交互平台、版权交易平台、素材加工平台等；二是产品开发类，如吉比特、大拇哥、青鸟动画、翔通、三五互联、万兆亿、嘉影等，主营原创动漫策划和开发；三是平台和产品兼顾类，如 4399、趣游、小龙人等，将动漫游戏开发、渠道发行、平台运营融为一体，创造多元盈利模式。

最后，社会公共服务智能化体系逐渐完善。近年来，厦门重点打造"社区网格化服务管理平台"，逐步推行"智慧社区"，满足广大市民智慧医疗、出行、教育、就业等需求。未来厦门还将推行"数字家庭"计划，将物联网、云端技术等延伸到每个家庭，让家成为信息网络的终端，让每个人都成为信息网络的主体，"云中来，物里去"，不出门也能满足视听娱乐、购物医疗、远程教育等各类需求，这既扩大了信息世界的延伸范围，又拉近了家庭与世界的距离，实现了世人"人在外，家在身边；人在家，世界在眼前"的愿景。"数字家庭"建设具有三重意义：一是实现信息服务便捷化，释放居民消费潜力，让市民生活更高效和优质；二是实现信息社会平等化，构建高效率无污染现代都市，让城市更

---

① 《1—3 季度厦门市动漫网游业发展迅速》，http://www.fjit.gov.cn/htm/sxdtnews/20121023/1655075.html，2012—10—23/2015—10—10。

趋和谐和进步;三是实现工、商、农全行业融合化,拓宽消费渠道,让增值效应更突出。

二、厦门数字经济存在问题

(一)内容创意不够

世界信息产业大国发展经验表明,文化产业发展在先,信息产业发展在后,文化产业是信息产业的内在促动力,高速发展的文化产业不仅要求信息技术逐步跟进升级,满足文化产业数字化改造和对外扩张的需求,而且促使信息产业走出以网络服务为主的功能圈,拥有家族庞大的数字产业。韩国把最新资讯技术与文化创作相结合,将促进文化产业发挥的技术称为"文化与内容技术"(cultural and content technology),简称"CT",形成文化与科技相融相促的产业发展格局。厦门信息产业具有良好的技术、市场和政策环境,但在内容创意上存在短板,对信息产业的助力不足。原因有两点:其一,文化产业自身发展不足,缺乏原创作品培育机制,导致原创作品少、创意水平低、市场认可度差等常见问题;其二,文化产业和信息产业缺乏深入融合,不利于数字出版、电子书、数字音乐等交叉产业的发展。内容创意的滞后导致信息技术发展动力不足和信息资源利用不充分,不能满足信息消费市场快速增长的实际需求。据中国移动动漫基地介绍,与欧美、日韩相比,中国动漫企业普遍缺乏受市场认可的优秀作品,制作多产出少,甚至存在成本倒挂现象,厦门本土的原创优秀作品更是少之又少,而热门网络小说改编漫画因原创度和网络热度均较高将成为动漫产业的重点培育对象和主要增长点。

(二)核心竞争力不强

核心竞争力是创造公司产品或服务最终顾客价值的关键所在,是难以被竞争对手复制或模仿的核心技术、服务理念或商业模式,是企业的盈利根本和制胜法宝。信息产业具有知识密集和更替速度快的特点,其核心竞争力是推动产业和企业持续发展的内在动力,核心竞争力的缺失或不足会直接影响产业发展前景,微软、Inter均因核心竞争力停留在桌面时代,对移动网络市场缺乏前瞻性,核心技术和服务理念不及谷歌和高通,失去移动市场的绝大多数份额和最佳发展时期。就目前厦门数字产业而言,中小型企业构成产业主力军,产值10亿以上的大型企业屈指可数,且多数企业尚未具备核心竞争力。以动漫产业为例,中国移动动漫运营商、4399算是行业领军企业,但前者主要依靠移动用户资源和运营平台发展手机动漫产业,后者则主要依靠起步早和用户习惯维系在小游戏运营上的行业地位,其核心竞争力可能因垄断地位被打破或商业模式被模仿而逐渐流失,更有很多小型动漫制作公司缺乏公众认知度、品牌影响力、产品美誉度，根本无核心竞争力可言。

（三）产业链不健全

产业链长短优劣是衡量产业发展状况的重要标准。好的产业链一般包括核心产业、授权产业、衍生产业以及边缘产业等，其中，核心产业越强势，它的产业辐射能力就越强，产业链也就越长，越完备。美国版权产业和日本动漫产业均有很强的产业拉动能力，其产业影响力可波及服装、食品、汽车等其他产业。数字产业链一般包括三个层面：一是企业内产业链，如形成产品研发、平台运营、软件配套等一条龙服务；二是产业内产业链，如动漫、软件、网络服务、电子商务等产业联动；三是产业间的产业链，如信息和建筑、制造、物流等融合，尤其是与广告、设计、影视等文化产业的融合。但是，目前厦门电子信息在产业链上存在四大问题：一是产业结构不合理，电子产业产值反高于信息产业产值；二是核心产业不突出，未形成以其为中心向周边辐射的完备产业链，产业拉动效应受局限；三是缺乏自身具备产业链的超大型企业；四是与其他产业联动少，尤其是文化产业对信息产业的介入不够，对增强和延伸信息产业链作用不足。

（四）管理机构相重叠

数字经济存在归属不明、管理效能差的问题。以动漫产业为例，动漫网游公司受到20多个办事部门的监管，除工商、税务外，还要接受版权属、文广新局、经济和信息化局等文化机构的多重束缚和审查监督。多重行政化管理不仅造成办事效率低、责任相互推诿的问题，而且不利于信息产业市场机制的形成。与之相比，韩国在推动游戏动漫产业时组建服务型政府机构，整合财政经济部、外交通商部、行政自治部、文化观光部、产业资源部、信息通讯部、企划预算处等机构，组建"韩国文化产业振兴委员会"，负责全面推进工作，能够减少摩擦，提高工作效能。

（五）复合人才缺口大

随着厦门信息产业的高速发展，专业人才瓶颈问题日益凸显，人才的扩容、质量提升及专业细分将成为未来趋势。目前，信息产业人才紧缺，尤其是有创意意识、会文化营销且略懂数字技术的复合型应用人才，产业高地和人才洼地形成鲜明对比。以海峡国家数字出版产业基地为例，该基地预计到"十二五"期末，实现入驻数字出版相关企业超过300家，从业人员超过15 000

人,到2020年,实现入驻数字出版相关企业500家,从业人员达到30 000人。[①] 截至2012年11月,全省互联网出版单位仅有13家,专业从业人员2 300多人,[②]人才供求严重失衡,人才紧缺成为扼制产业发展的关键问题。另据《2009—2012年福建省动漫产业前景预测及投资咨询报告》,2010年我省动漫游戏产业人才新增需求17 000人,到2015年新增需求将达43 000人。此外,手机出版、数字媒体广告、电子图书、数字印刷等行业均有人才紧缺的问题。

笔者在线搜索和分析福建信息产业的招聘信息,并到知名企业进行深度访谈和调研。结果显示,目前福建该行业最紧缺的是具有较高文化素质和创意能力的复合型人才,具体如下:(1)版权交易人才,主要从事版权谈判、信息发布、登记、质押、交易、托管等工作,应具备相关法学知识、市场营销知识、互联网知识、应变能力、人际交往能力以及较为深厚的文化素养等;(2)游戏策划人才,主要从事游戏人物选择、情节设置、场景安排、玩法设计等统筹工作,应具备深厚的国学基础、游戏创意思维以及组织策划能力等;(3)数字编辑人才,主要从事数字出版内容的定位、设计、组织和深度加工等工作,应熟悉互联网媒介,掌握一定计算机操作能力、网络市场营销能力和策划能力以及数字出版物编审能力等;(4)互联网营销人才,主要从事互联网广告策划、制作、发布与互动等工作,应具备网络营销能力、网页制作和计算机操作能力、交流与危机公关能力等。另外,数字媒体经营和管理人才、数字报纸记者、网络营销人才、音乐工程人才也有较大需求量。

三、加快数字创意融合,拓展厦漳泉数字延伸空间

厦门推动数字经济和创意经济相融合,进一步发挥科技和文化生产力,为产业结构转型和经济持续发展注入强劲动力。同时,厦漳泉依地域优势形成产业分工,延伸数字经济产业链。其中,厦门以数字内容原创、发布和版权交易为核心,吸纳高科技和文化创意人才,培育和发展数字创意产业。泉州逐步吸纳厦门原有的电子制造业,逐步成为数字创意衍生品的生产基地。漳州则依托自身的农业、生态及劳动力优势,成为闽南地区生活物质生产、劳动力输出、休闲度假的重要场所。

---

① 《海峡国家数字出版产业基地授牌,将打造百亿产业》,http://news.xinhuanet.com/2013—06/16/c_116162941.htm,2013—06—16/2015—10—10。

② 《福建省:海峡国家数字出版基地拟打造五大产业园》,http://www.chinaacc.com/new/184_900_201211/14so760026294.shtml,2012—11—14/2015—01—01。

（一）增强内容创意，丰富信息消费内涵

厦门应借助宽带、通信、物联网等信息平台，发展互联网广告、在线音乐、网络文学、电子书、电子杂志等增值服务，搭建信息产业延伸平台，通过物联网拉动线下休闲娱乐、文化旅游、文化产品等文化消费项目。同时，闽南加大原创作品扶持力度，鼓励传承和发扬闽南文化，设立优秀原创作品专项基金，鼓励文化企业、事业单位或个人创作高质量的影视、文学、音乐、表演作品，丰富原创作品内容库，在发展自身产业的同时加强与信息产业的互动合作，制定原创作品信息化转化机制，源源不断地为信息产业提供后备资源库；鼓励组建数字文化创意团队或数字内容研发部，与软件技术、平台运营、电子产品设计相互配合，为数字技术量身定做，提供有时代气息、有生命力、有人文关怀的优秀网游、动漫作品。

（二）优化传播网络，完善信息消费平台

首先，扩大信息传播范围，加快全市信息网络全覆盖，完成三网融合，推进城乡信息一体化，实现全市信息网络 100% 覆盖，加快 4G 牌照发放，优化信息传播通道。同时，以厦门为中心，加快厦漳泉信息同城化步伐，不断扩大信息网络周边地市覆盖面，推进信息化进度。

其次，优化信息技术，引领信息消费时尚。应继续开发和运用云计算、虚拟化、绿色数据中心、物联网射频识别 RFID、信息传输与安全等技术，推动厦门早日步入"大数据"时代，将物联网、云计算、移动互联网、车联网、手机、平板电脑、PC 以及遍布地球各个角落的各种各样的传感器连为一体，建构完善的地域性信息资源库，为闽南数字经济的全面发展奠定基础。

最后，加大信息消费终端设备，加快数字影院、数字电视、智能手机、平板电脑、电子播放器等的市场投放，提高智能信息产品的社会普及度。

（三）优化产业环境，健全信息消费保障体系

中国信息产业收益于文化体制改革，市场化程度逐步提高，但仍存在行政管理重叠、发展束缚多的问题。厦门打造信息消费示范城市，应变行政负荷为行政效能，联合经信局、文广新局等全面改善产业环境，完善信息消费保障体系。具体做法如下：

首先，打通产业壁垒，组建高速运转的产业联盟，推进信息产业内资源整合和协作发展，进而推进信息产业和其他产业的融合，加快大数据时代的到来。

其次，行政管理整合一体化，提高行政效能。其核心要义在于变行政管理为行政服务，管理部门综合化，功能一体化，提高办事效率，提供保障机制。

最后,搭建和完善各类服务平台,如版权交易平台、社会公共服务平台、技术和人才对接平台、科技和文化融资平台等,为信息产业提供良好的社会环境和必要的发展途径,解决信息产业在技术、融资、人才等方面的瓶颈问题。2012 年,海峡文化产权交易所由福建日报报业集团、海峡出版发行集团、海峡都市报社、福建东南拍卖有限公司等挂牌成立,旗下拥有艺术产业运营平台、文化产权交易平台和文化产业投融资平台这三大平台,但由于它地处福州,网络平台不健全,对闽南数字经济的辐射作用较弱,且商业性掩盖了公益性,未能凸显政府作为。

（四）加快复合型人才培育,建立产学研合作体系

加强复合型人才队伍建设是推动厦门信息产业发展的重要措施,《数字出版"十二五"时期发展规划》提出,"鼓励相关高等院校培养数字出版复合型人才,加强数字出版学科建设和专业理论研究"。闽南地区应建立信息产业和文化产业双向合作人才培养计划,鼓励有申办基础和资质的学校积极响应行业需求,加快培养复合型信息创意人才,适度解决行业发展人才瓶颈问题。这方面可以借鉴韩国经验,如建立"CT 产业人才培养委员会"和"教育机构认证委员会",加快人才培养计划,设立文化产业专门人才数据库,为产业发展提供后备人才。

（五）制定相关法规政策,完善知识产权保护机制

厦漳泉应加快制定地区性政策法规,完善知识产权推进、保护、交易和运营机制,提高全民知识产权保护意识,加大知识产权、版权、专利扶持力度,保障正规信息企业合法利益;进一步推进文化体制改革,促进有条件的文化事业单位介入市场,提供高附加值的文化产品。

第十一章
闽北文化与南平
产业经济定位

闽北丘壑连绵,水源丰富,生态环境得天独厚,历来为福建北进重要门户,开化较早,深受中原文化浸染,儒学兴盛。闽北自然环境和人文积淀均属福建翘楚,但经济水平相对较弱,影响产业结构转型和居民文化消费能力,文化产业占 GDP 比值相对较低,产业业态也较为单一。如何发挥在地资源优势推进产业升级将是重点。

第一节　闽北文化

一、闽北地理与文化

(一)闽北地理

闽北,顾名思义,为福建北部,与浙江、江西接壤,曾是福建的出入门户和文化发源地,这里所述闽北专指南平地区。汉初福建出入中原可经浦城过仙霞岭入浙江,或经武夷山分水关入江西,后又开辟从江西梅岭到闽西宁化和从浙江到福建的沿海通道,但闽北在福建对外交通和文化交往史上具有重要地位。

闽北位于北纬 $26°30'\sim28°20'$,属中亚热带气候,境内拥有武夷山、杉岭、仙霞岭、鹫峰山四大山脉,其中武夷山脉犹如天然屏障,既抵挡了寒冬北方风沙的侵袭,又截留了太平洋上吹来的暖湿气流,使得闽北较同纬度的江西地域气温偏高,且雨量充沛。闽北年均气温 $17°\sim19°$,平均相对湿度 $79\%\sim82\%$,年均降雨量 $1\ 684\sim1\ 780$ 毫米,水源充沛,水系发达,集水面积 50 平方公里以上的河流达 176 条,建溪、富屯溪、沙溪均发端于此,汇成浩浩荡荡的闽江。因此,闽北植被丰茂,森林覆盖率达 71.1%,绿化程度 93.1%,拥有多样化生态系统,是蛇的王国、鸟的天堂、昆虫的世界。① 同时,闽北重岩叠嶂,奇峰竞秀,中有九曲,峰峰不同,山间云雾缭绕、松竹成林,山花竞放,百鸟争鸣;山下水穿幽涧,盆谷交错,桃源深处,人烟依稀。

(二)闽北文化

闽北是北方入福建的首要地域和重要通道,因此,它较福建其他地域开化得早。闽北,尤其是闽江上游区域,曾是闽越人聚居地,拥有灿烂的史前文化,如旧石器时代石器和新石器时代陶器、石器、青铜器,后来逐渐受到中原文化的影响,在陶、铜器中融入中原鼎式器、三足器等器型和蕉叶、云雷等纹饰。秦汉间,越王无诸及其后人在此夯土筑城,如汉阳城、越王城等显赫一时。东汉闽置五县,闽北居四县(建安、延平、建平、汉兴)。三国时期吴国设建安郡,郡治建安(今建瓯),使得闽北成为闽疆中心,统辖今福建、浙南、赣东、粤北等地域,带动其他地域的文化发展,有"福建文化走廊"之称。魏晋南北朝,中原衣冠大量南迁,部分移民由浦城入闽北,进一步带动闽北的经济社会发展。隋朝闽北设建安郡,统辖福建四县,唐设建州,与福州并称,成为"福建"一词由来。唐末贡茶建茶、宋代御用茶具建盏、南宋雕版印刷技术均成一时之盛,是闽北文化的重要载体。然而,闽北山多地少,交通不便,且开化较早、人口稠密,唐宋以后中原移民大多以此为中转站,再顺闽江而下,向闽中、闽南等平原地带迁徙,闽北也因频繁的人口迁徙和文化交流进入文化繁盛期。

又由于闽北山水秀丽、气候宜人、生态环境绝佳,因此,闽北不仅是百姓安居之所,而且是道家仙窟、佛教圣地和儒家修身养性之所,孕育了丰富多彩的科教、宗教文化。其中,武夷更因奇峰秀水名甲天下,历来是躲避乱世的世外桃源,是访仙问道的人间仙境,是脱离红尘的归隐佳所,也是遣怀吟咏的理想去处。《武夷山志》有云:"武夷自丌辟以来,天造地设,其山之岖崎险峻,水之曲折潆洄,若鬼斧神工,莫可窥测。海内山水之灵异,于斯为最。然自秦汉以降,历为方士羽客隐遁之所。迨宋儒迭兴,考亭夫子倡道东南,讲学于武夷之五曲,而胡、杨、游、蔡诸大儒先后往来,以及文人词客游览觞咏,流风余韵,大为山水生色。"②

二、闽北文化举要

(一)闽越文化

闽越文化是福建许多地域的原生性文化,闽北也不例外,甚至可以说是

---

① 南平市统计局:《南平统计年鉴 2013》,http://www.stats—np.gov.cn/cms/html/tjxxw/2013—10—17/1481614268.html,2013—10—17/2014—12—10。

② 董天工:《武夷山志》,《续编四库全书》第 0724 册,上海古籍出版社 2003 年版,第 265 页。

闽越文化的集萃之地。闽越相邻，交往早且深，但两者之间孰先孰后、谁影响谁，仍是史家争论的问题，甚至有人提出非洲人、玛雅人、马来南岛语人和闽越人同出一脉，福建史前文化源于海洋等诸种论断。但就信史记录来看，闽越在战国时期交往开始密切，公元前333年，楚威王大败越国，次年杀越王无疆，越国王孙作鸟兽散，越王无诸及其后人南徙闽地，和闽土著交往融合，建闽越国，都东冶。后余善据闽北有利地形"建六城以抗汉"，即乌坂、大潭、汉阳等城（今武夷、建阳、建瓯、邵武、浦城等地），促进闽越文化交融和发展。直至汉武帝灭闽越国，徙其民于江淮之间，闽越人入山下海，闽越文化才逐渐式微。

闽越文化遗踪何在？

首先，闽北散布着大量闽越文化遗迹。武夷悬棺天下奇绝。在绝崖峭壁间嵌木桩置船形悬棺，寄托后人对祖先复归自然、羽化登仙的美好愿望，其中最古悬棺经 C_{14} 测定，距今 3750～3295 年。悬棺何以形如南鸟篷船，何以朝向太阳升起的东方，何以实现机械时代都难以完成的艰巨工程，这种迥异于中原的墓葬习俗不断引发世人对闽越文化的种种猜测。《稽神记》中记载着"建州武夷山，或风雨之夕，闻人马箫管之声，及明，则有棺椁在悬崖之上"，可惜未说明其安置过程。武夷山汉城遗址也无数次收藏世人的惊叹，有"中国庞贝城"之称，打破了中原信史对南蛮生产落后、文化荒芜的历史定论。那恢弘的王城规模和"万岁"瓦当，让人见识了闽越王的政治野心，精妙的冶炼铸造技艺和排水系统设计，更让人见识了南蛮之地的生产力水平。除此之外，光泽县马岭、杨山、香炉山遗址，浦城县牛鼻山、石排下遗址，武夷山黄泥山、葫芦山遗址，政和佛字山遗址，顺昌鞍山遗址，建瓯黄窠山遗址，松溪县欧冶子铸剑处等，无数先秦文化遗迹的出现，数次刷新闽北的历史。

其次，闽越文化融入地域民俗、宗教信仰之中，成为闽北文化的重要构成。闽北至今保留着上古闽越地域流行的图腾崇拜，如蛙崇拜、鸟崇拜、蛇崇拜、猴崇拜、鱼崇拜。大多与百越先民的稻作文化、自然敬畏心理密切相关。以蛙崇拜为例，或因蛙除害虫庇护农作物，或因先民对蛙鸣与春雷乍响的自由想象，蛙被赋予了良善、佑民、灵异等文化符号，成为农业守护神，至今樟湖镇溪口村仍保留了蛙神祭祀仪式，每至农历七月二十一，村里便举行盛大的迎蛙神活动，寄托当地民众对五谷丰登、国泰民安的心理愿望。以蛇崇拜为例，它源于闽越人对蛇的自然力的崇拜和对部族祖先的想象。在闽北一带，蛇不仅被幻化成孕育闽越的祖先神、守家护院的宅神，而且被想象成施雨调风的雨神、庇佑水路平安的水神。闽北的赛蛇神会历史悠久，明代谢肇淛《长溪琐语》记载："（福州）水口以上有地，名朱船板（即樟湖），有蛇王庙，庙内有蛇数百,夏秋之间赛神一次。蛇之大者或缠人腰、缠人头,出赛。"①樟湖镇至今沿袭着这一古老的习俗,正月元宵游蛇灯、农历七月初七举行隆重的迎蛇赛会,祈求风调雨顺、农业丰收、万民安康。建瓯、延平、古田、尤溪等地也有正月游蛇灯习俗。另外,无论是古人对南方之神"朱雀"的神秘想像,还是《山海经》中对"羽民国"的玄奇描绘,都镌刻了百越诸民鸟崇拜的文化记忆。据传,建阳崇雒乡曾流传"鸟步求雨舞",头饰红布作鸟冠,赤身纹饰,半数人手持红木棍做"高雀步"舞,半数人手持铜铃跳"矮雀步"舞,紧相联属,以太极路线行进。此舞今已失传。

(二)村落文化

闽北多山,溪流交错,水网密布,间有盆谷,群山将闽北大地分割成无数独立的小空间,点缀其间的盆谷则提供了天然的生养之地。由此,闽北古村落主要分布于冲击河谷两岸,依水而建,傍山而居,呈现出散点小聚居形态。村落内人际交往、情感纽带紧密,村落间以水路交通为主,交往甚少。相对隔绝的自然环境不仅造就闽北独特的历史文化和民俗风貌,有"一地一俗"之称,而且阻隔了现代化进程,使不少古村落能够以故我的姿态存在于现代社会里,静静地看着时光的流淌。这些古村落主要分布在闽江上游支流沿岸,在富屯溪、崇阳溪、南浦溪、松溪、建溪沿岸集聚了 12 个古村落,占南平市境内古村落总数的 70%。②

闽北古村落文化具有下列特点:

首先,它具有独特的地域性。闽北是福建对外文化交流的前哨阵地,融合北方的中原文化和南方的吴越、荆楚文化,形成独具一格的闽北文化。闽北地域方言、价值观念、宗教信仰、建筑艺术等无不渗透着多元文化的影响。在方言上,闽北方言既受到古越语的影响,又部分吸纳中州唐音。在宗教信仰上,闽北既保存闽越先民的自然崇拜、图腾崇拜,又继承了中原的英雄崇拜和佛道信仰。在建筑艺术上,闽北既采用北方的土坯墙和抬梁式木构架,又吸收了南方干栏式建筑和青砖灰瓦、马头墙等徽派建筑特征,大量采用穿斗式木构架。在价值观念上,崇尚和敬畏自然构成闽越先民的主体意识,但随着汉化程度的提高,宗族观念、理教观念、师教观念逐渐入主闽北,成为古村落的人际情感纽带和主体价值建构。闽北许多古村落至今仍大量保存古宗祠、牌坊、家谱、书院等文化遗迹。

---

① 谢肇淛:《长溪琐语》,上海书店出版社 1994 年版,第 20 页。

② 叶晨璐:《福建北部地区古村落空间特征及文化传播分析》,《吉林师范大学学报》2013 年第 2 期。

其次,它具有邃深的历史感。南平许多古村落都有沉甸甸的历史,它们曾是神秘的古越城村,或是世人追慕的世外桃源,或是显赫一时的文化名乡,如今大多静躺在时光里,萧索地看着人世间的花开花落、云卷云舒。但它们依旧保留着农耕时代的文化根脉,那是恬淡宁静的生活态度,耕读传家的价值追求,仁义忠贞的道德诉求,亲情和乡情融为一体的情感方式……走入古村落,映入眼帘的是蜿蜒曲折的鹅卵石小巷,开了牵牛花的土夯墙,布满青苔的石阶,还有那苍翠挺拔的古柏、耐人寻味的古井、随处可见的古宗祠、历经沧桑的古牌楼以及镌刻在石头上的"读圣贤书,行仁义事""士服诗书,农安耕凿"的古训,这一切很容易唤起世人对那个遥远的中古时代的遐想,让人顿生时空穿越之感。

最后,它具有天人合一的生态美。古村落不仅承载着中古时代的人伦之美,而且渗透着人与自然和谐相处的生态之美。古村落大多与水为友,与山为邻,最大限度地利用自然条件,又安于自然的安排,门前是绕村溪流,门后是杨柳依依,近看是桃李芳菲满园翠色,远望则是云烟袅袅青山依依,鸡鸭闲步,鹅儿戏水,家犬在日光下打盹,鸟雀于桑阴处啼鸣,一派宁静祥和的自然生趣。

表 11-1　南平文化名村名镇文化遗迹概表

村镇名称	历史文化 名镇名村级别	文化遗迹
和平镇	国家级	古街巷,聚奎塔,县丞署,旧市三宫,旧市义仓,谢氏粮仓,中乾庙,惠安祠,惠应祠,大夫第,贡元宅,廖、黄、丁、赵、上官等诸氏家祠,近300幢明清民居
元坑镇	国家级	吴、蔡、朱、张、邓、陈、叶等诸氏宗祠,真君祭台,金龙庵,谟武文苑,登云桥,红星桥,福丰基督教堂
五夫镇	国家级	紫阳楼、兴贤书院、朱子社仓、朱子巷、五贤井、兴贤古街、节孝坊
峡阳镇	省级	应氏状元祠、张氏百忍堂等四大宗族祠堂,庄武王庙,八字桥,屏山书院,大院、大衙、下马坪、石板坪、进士第等明清建筑
下梅村	国家级	邹氏大夫第,文昌阁,古码头
浦城县水北街镇观前村	省级	周、叶、张、谢诸氏宗祠

续表

村镇名称	历史文化名镇名村级别	文化遗迹
崇仁乡崇仁村	省级	商周聚落遗址,古城墙,古码头,五里长街,十余座民宅、家祠、书院等古建筑,天瑞寺,狮子桥,神仙岩
兴田镇城村村	国家级	古越城村遗址、古粤门、华光庙、百岁坊、慈云阁、药王殿、赵氏家祠、李氏家祠、古民居40多座
光泽县洋宁村		纣王坝
政和县石门村		集禄堂、文魁匾、凤翅桥、三诏墓、黄龙寺、禅岩寺、陈氏祠堂
松溪县郑墩镇万前村		百年蔗、百年樟、百年柿、百年井、百年刀
南山镇大坝、凤池村	省级	吴卓公墓、吴氏宗祠延陵堂、"程门立雪"亭、游居敬神道碑、"云雁庵"书社、两吴书院、东山书院
松源镇东门村、万前村		魏苍水祠,明朝郎中叶逢阳的大夫第,北宋元丰年间进士、朝议大夫李规府第

(三)朱子理学

闽北是中原入闽首驿,较早受到中原儒家文化濡染。历史上数次北方士族的大规模入闽带动儒家文化在闽北的传播和普及,早先繁盛于此的闽越文化反而退出主流价值体系,成为闽北亚文化。与闽越文化相比,儒家文化更注重知识积累、文化传承和道德礼仪。司马迁在《史记·越王勾践世家》中将越王勾践描绘成"长颈鸟喙"、背信弃义的狡黠之徒,流露出对南蛮之地道德缺失的不满和鄙夷。

闽北最具代表性的儒家文化是朱子理学。朱熹,生于1130年,号晦庵、晦翁,又称紫阳先生、考亭先生等,是南宋理学集大成者,也是继孔孟之后儒家的又一代表性人物。朱熹研学授业于武夷、建阳等地达50年之久,创立"考亭学派",留下朱子巷、紫阳楼、兴贤古街、朱子仓社、云根书院、星溪书院、寒泉精舍、云谷草堂、响声岩摩崖石刻等无数文化遗迹。除了朱熹之外,闽北还涌现了杨时、李侗、罗从彦、蔡沈、蔡元定、陈淳、游酢等大批理学家,形成影响深远的"闽学"。武夷山也因此成为中国理学的摇篮,与儒学名山泰山并称于世。

朱子理学是儒释道三教合一的产物。首先,朱子理学秉承儒家精神,尊儒重教,忠君孝父,克己复礼,耕读传家。两宋其间,闽北儒学兴盛,庙学数量仅次于福州,县级庙学普及率达 100％①。书院亦兴盛一时,"宋代闽北的建州就有书院 56 所,为全省之首"②,其中最具盛名的书院包括武夷精舍、考亭书院、兴贤书院等。理学的另一个文化载体是宗祠、牌坊、族谱。理学认为,祖宗奉祀、贞孝节操、伦理纲常乃是人的基本处世之道,万不可废。受此影响,闽北地区尤重宗祠祭祀、家族谱牒和家训家规,将其作为维系纲常伦理和族内血亲的重要手段,广立节孝牌坊,传导理学观念,达到道德训化的目的。

其次,朱子理学深受佛教影响,带有道德本体化色彩,将人道与天理融为一体,提出"天即理"的核心观点,阐述性与情的体用关系,使"存理灭欲"的思想上升为亘古不变、放之四海而皆准的宇宙真理,争取最高的合法性。朱熹曾言:"盖天理者,此心之本然,循之则其心公而且正;人欲者,此心之疾疢,循之则其心私而且邪。"可见,朱子认为灭欲非但不反人性,而且是人性的本然状态,其禁欲主义倾向与佛教寂灭思想殊途同归。佛说,人最高的存在是寂灭状态,唯有六根清净、无欲无求,方能破除万劫沉沦之苦,这和朱子理学"存理去欲"的思想基本一致。所不同的是,佛教强调万世拯救,朱子理学强调现世救赎。

最后,朱子理学也受道学影响,具有道德内化的特征,从注重建功立业、外在修为的"外王"转向注重自我完善、心灵修炼的"内圣",提出循序渐进的认知方法论,通过格物致知得以洞烛幽微、穷理尽性,非礼勿行,达到清静无为、练达澄明的心灵境界。这和道家所追求的心斋坐忘、虚静纯一、与大道同归的心灵状态并无二致。

（四）岩茶文化

武夷峰峦峻秀,幽谷鸣涧,终年水汽氤氲,云雾缭绕,年均温度 17.5℃,降水量 2 000mm,相对湿度 80％以上,土层多为风化岩,疏松透气,为茶叶生长的最佳土壤。陆羽《茶经》有云,茶叶"上者生烂石,中者生砾壤,下者生黄土"。因此,武夷山区斜坡、洲地、岩缝均适宜种植茶叶。钟灵毓秀之武夷山以天地灵气、山水精华注入武夷岩茶,得到不同凡俗的花香茶韵。武夷岩茶兼具绿茶的清香和红茶的甘醇,是中国乌龙茶的始祖,北宋时期已成为朝廷贡茶,明代天心永乐禅寺一株茶树更因治愈状元、皇后病疾得以红袍加身,留下"大红袍"的千古盛名。十八九世纪武夷岩茶远销欧美,成为中国显赫一时的出口大宗,据载,1856 年以后,大量武夷岩茶从福州运往欧洲各国,它的输

---

① 于亚娟:《宋代福建庙学的空间分布》,《教育评论》2012 年第 1 期。
② 刘锡涛:《宋代福建人才地理分布》,《福建师范大学学报》2005 年第 2 期。

出量占全国茶叶输出总量的70％以上。①

　　岩茶生长周期较长,从茶叶初生到采摘时节,大约经历一年半载的时间,一年最多采两季。岩茶加工工艺复杂,从茶叶采摘到加工成品,必经萎凋、做青、杀青、揉捻等二三十道复杂工序。岩茶冲泡方法讲究,对茶水、火候、茶具均有较高要求。岩茶之所以能沁人心脾,离不开武夷山川的灵秀,离不开制茶人的灵巧,也离不开泡茶者的讲究。岩茶文化渗透在茶叶生长、制作和冲泡的每一瞬间。

　　武夷岩茶的文化精髓在于对天人合一之大道的体认。对于制茶人而言,最高的境界在于认识和了解茶性,在自己的揉捻、翻炒中将天然韵味发挥最大效力;对于品茗者而言,最高的境界则在于在茶汤的冲、泡、观、闻、品及回味中,忘却尘寰,遥想天地自然,感受水的甘甜、山的芬芳和心灵的宁静。茶中有禅,这是岩茶文化的最高境界。范仲淹在《斗茶歌》中写道"……商山丈人休茹芝,首阳先生休采薇。长安酒价减百万,成都药市无光辉。不如仙山一啜好,泠然便欲乘风飞……",将岩茶比作仙品,溢美之词流于言表。宋徽宗在《大观茶论》序中写道"茶之为物,擅瓯闽之秀气,钟山川之灵禀。祛襟涤滞,致清导和;冲澹闲洁,韵高致静",深得岩茶之精髓。

三、闽北文化细分

　　闽北既是闽越故国所在之地,又是闽学开创之所,随时间推移逐渐形成中原与闽越、官方与民间、高雅与通俗的二元文化建构。在这里,世人既能找到渗透于图腾崇拜中的原始思维,又能找到渗透于世俗观念中的理学踪影。闽北文化细分情况大致如表11-2。

表11-2　闽北文化细分表

物质	食	草包饭、筷子面、豆浆粉、扁肉、光饼、包糍、桂花糕、笋干、蛇宴、蛇酒、熏鹅、文公菜、涮兔肉、幔亭宴、建瓯板鸭
	衣饰	
	住	选址:河谷两岸、东南坡面 分布:小聚居 类型:青砖大瓦房(三进九栋)、高脚厝、土库

---

① 《武夷岩茶文化历史》,http://wenku.baidu.com/link? url＝QHanXvflfjZ8fLryLKYiCKI－
　　ebRMRy0DNWvcUzstZlqnn_ LwXtY _ x5cDV4PXUGl76iDmDkKjh7UFvQ － tjZ4wSItfcb8LM
　　GCy－HeAh3Gsd7O,2011－10－16/2014－09－01。

续表

精神	宗教		图腾崇拜:蛇崇拜、蛙崇拜(张公神)、鸟崇拜、鱼崇拜、鸡崇拜、狗崇拜、龟崇拜、牛崇拜(牛神、牛魔王)、猴精崇拜(齐天大圣)
			英雄崇拜:尧帝、舜帝、夏禹、欧阳佑、上官泊、上官兰、高计、李定、孙思邈、阎汝明
			自然崇拜:土地公、武夷君(山神)、五谷仙、茶神
			道教:妈祖、临水夫人、碧霞元君、八仙、哪吒、真武祖师玄天上帝、吕洞宾祖师、文昌帝君、和合二仙、关帝爷、财神、相公爷、三济祖师
			佛教:观音
	伦理观念		宗族观念、崇儒重教、仁义节孝
	语言符号		神话传说:蛇郎君、朱熹与白猿、游酢关城隍爷、大王与玉女、梅仙娘、延津剑合、陈九师斩蛇精、雷电婆的传说、雷公和闪娘、狗当驸马爷、牛仙下凡
			民间故事:程门立雪、梦笔生花、折桂岭、真德秀追月、大红袍的由来、大头仔系列故事、朱熹出世、杨太师的传说、宋慈断案、杨亿的传说、金鹅峰下柳相公、董天工的传说、黄勉斋砍树
			俗语谚语:哑子食苦瓜,有苦毛法话;有首无终;挡脚挡手;日头刚出;吃粉找不到头;三角石,没搁落;关门夹着鸟;钓鱼强打猎,没一盘也有一碟;嘴硬屁股烂;小时偷针,大时偷金;宁可三日无粮,不可一日无茶;请你就三华象,不请你就野秃驴;冬瓜吊大,管子跌大;树大分叉,儿大分家;落雨天担儿越担越重;忍的一时气,省得百日忧;白酒红人面,黄金乌人心;会挑,挑才郎,迈挑,挑家当;人在厝里,名在路上;宠囝多不孝;人情长,钱米短
			歇后语:空腹灯笼—徒有虚名;纸棺材装人—圈套;破柴破到砧—找到后台;十只手指塞进嘴—有口难说;三下锄头—畚箕—利索;没庙油主—无处找;做化子怕狗咬—办不成事;一庙长老帮一人修—独享其成;猫猣借鸡—没得还;蛇有蛇路,鳝有鳝洞—各有门路;不会撑船嫌溪虬(窄)—没本事;哄得老鸦入茶袋—骗术高明;溪里没鱼,焦背(小鱼)为大—没人才

续表

精神	艺术	民间工艺:浦城剪纸、建窑瓷、顺昌竹纸、松溪版画、建瓯根雕、洋口镇油纸伞
		曲艺:南词
		戏曲:四平戏、三角戏、大腔木偶、南剑戏、汉剧
		竞技表演:邵武傩舞、建瓯挑幡、峡阳战胜鼓
行为习惯	生活习俗	腊月二十三至年三十"扫尘"、过年吃糕粿、元宵踩街赛灯、清明节插柳、八月十五送灯
	节日习俗	邵武河坊抢酒节,二月初六柴头会,三月初三土地公生日,五月二十五日五谷仙生日庙会,七月七蛇王节,八月初五傩祭、摆果台
	生产习俗	茶业:"喊山"仪式、斗茶
		渔业:弓鱼
	人生礼仪	诞生礼:周岁"做晬" 婚礼:提亲、换帖、纳采(订婚)、择吉、下礼、完婚,订婚常被称作"插茶" 寿礼:按虚岁逢十做寿,10岁做"头寿",20岁、30岁"做拾",40岁避过,50岁"做寿",50岁称"五秩荣庆",60岁称"花甲大庆",70岁称"古稀大庆",80岁"耋寿"称"八秩大庆",90岁"耋寿"称"九秩大庆"。除此之外,还有66岁过"六六寿",逢九做寿等习俗。 葬礼:接香火、披麻戴孝、捡骨葬

第二节　南平文化产业现状

一、政策扶持

为了加快文化产业发展步伐,南平市制定了一系列的地方扶持政策,如《南平市文化改革发展"十二五"规划》《进一步加快推动文化产业发展若干政策》,采用土地优惠、税收奖励、贷款贴息、项目补贴、配套资助、人才奖励等方式,在建设用地、财税、市场准入、人才引进、投融资等方面给予大力支持。同时,南平市针对文化旅游业制定专项发展规划《十二五旅游业发展专项规划》《关于加快旅游产业发展的若干意见》和《培育"千亿旅游产业"行动计划》,提出"以发展养生度假、康体疗养、文化体验、会议会展旅游产品为重点,促进传统旅游产品转型升级……变门票经济为产业经济,变重视景区开发为重视旅游城市发展,变部门管旅游为全社会抓旅游"①。

二、产业基础

南平市文化产业起步较晚,但积极响应《国务院支持海西建设若干意见》和《福建省重点产业调整振兴规划》,将文化旅游、创意作为新兴产业加以发展,逐步夯实文化旅游、创意设计、动漫等产业基础。目前,南平市拥有 1 个 5A 景区,6 个 4A 景区,国家级自然保护区、国家旅游度假区各 1 处,国家森林公园 3 处,国家历史文化名镇名村 6 处。南平市依托武夷山优势资源,相继推出印象大红袍实景山水演出、茶博园等文化旅游项目,未来除做好做强已有项目外,正向南平其他地域渗透发展。在建或拟建的文化旅游项目包括宋城武夷千古情、数字茶博馆、武夷古汉城世界文化遗产公园、武夷彭祖养生基地、云河夜游、政和佛子山养生度假区、中华养生健康园、延平茫荡山避暑养生度假区等。拟建或在建的文化创意园区包括南平文化娱乐休闲创意项目、武夷(新区)国际动漫文化创意产业园、武夷山文化创意产业园。

三、产业概况

2012 年南平地区生产总值为 9 950 750 万元,三大产业结构比值为 23.6：42.6：33.8,②食品加工、林产加工、冶金建材、机械制造、纺织业是五大传统支柱产业,而旅游养生、生物和创意是南平重点发展的三大新兴产业。

南平文化产业以文化旅游为重点,2011 年,全市共接待中外旅游者 1 573 万人次,占全省的 11.2%;实现旅游总收入 191 亿元,占全省的 12%;旅游收入增加值占全市 GDP 的 8.5%。③2012 年共接待游客 1 868.46 万人次,比增22.9%,其中接待境外游客 21.8 万人次,比上一年增长 10.7%,实现旅游总收入 223.44 亿元,比上一年增长 22.8%,其中旅游创汇 7 072.59 万美元,比上一年增长 11.3%。④

南平市为了进一步凸显地域自然生态和文化资源优势,文化旅游业出现区域整合、主题分化和跨地域联合发展趋势。首先,南平市逐步建构"大武夷"旅游文化圈,"以武夷山为龙头,以高速、国道为主线,联结延平茫荡山、延平湖、邵武天成奇峡、和平古镇,建瓯万木林、归宗岩,建阳考亭书院、建窑遗

①③ 南平市政府:《南平市人民政府关于印发南平市培育千亿旅游产业行动计划的通知》, http://www.fujian.gov.cn/zwgk/zxwj/sqswj/np/201211/t20121102_540852.htm, 2012—10—10/2015—03—01。

②④ 南平市统计局:《南平统计年鉴—2013》,http://www.stats—NP.gov.cn/cms/html/ tjxxw/2013—10—17/1481614268.html,2013—10—17/2014—12—10。

址,浦城匡山、九石渡,顺昌宝山、华阳山、合掌岩,光泽圣农,松溪湛卢山,政和佛子山、洞宫山"①,既丰富了武夷山的文化内涵,又借助武夷山品牌提高其他地域的知名度。其次,南平市推出"一地一特色""一村一品"计划,促成文化旅游的差异化分布格局。南平市因地制宜,举办各类主题鲜明的文化节事活动,如武夷山朱子文化节、武夷山民俗文化节、武夷山国际禅茶文化节、峡阳民族文化节、延平游酢文化节、樟湖蛇文化节、顺昌齐天大圣文化节、政和荷花旅游文化节等,起到突出地域特色和增强旅游人气的作用。南平市《培育"千亿旅游产业"行动计划》还形成"邵武的和平古镇与温泉度假、延平的水上乐园与乡村休闲、顺昌的合掌岩石窟与大圣文化体验、建瓯的根雕之都与民俗文化旅游、政和的奇险佛子山与高山运动养生、浦城的丹桂文化、松溪的旅游商品、光泽的金鸡文化"等地域性文化旅游发展计划。最后,南平正和厦门、宁德、三明等多地联合发展旅游业,如绿色旅游路线"武夷山—南平邵武(和平古镇、天成奇峡)—三明泰宁—将乐(玉华洞)—沙县(小吃文化城)—三元(三元国家森林公园)—梅列(瑞云山)—永安(桃源洞)—连城(冠豸山)",打通闽北和闽西界限,实现跨地市联合;红色圣地旅游路线"武夷山(大安、赤石)—泰宁(红军街)—建宁(反围剿纪念园)—宁化(红军长征出发地、天鹅洞)—清流(毛泽东旧居)—长汀(福建省苏维埃会址、福音医院、瞿秋白纪念馆)—连城(新泉整训旧址)—上杭(古田会址)"也是如此。

四、产业问题

南平市拥有地域环境和人文底蕴优势,形成以文化旅游为核心的文化产业发展格局,但仍存在一些问题。

首先,南平确立"大武夷"旅游理念,但天然的山水屏障影响旅游线路的多元设计,有碍于闽北旅游大联网。南平地区村落密布,但不少古村落坐落于山坳峡谷,交通不便,影响旅游开发。至 2012 年,南平市已建成通车 5 条高速公路,通车里程达 650 公里,7 个县(市、区)可通高速,但尚未建立起动车、火车、高铁、高速公路、普通公路等相互配合的城际和城内立体化交通体系,这是实现南平市"千亿旅游产值计划"的重要瓶颈。

其次,南平市文化旅游业仍以观光旅游为主,夜间文化体验项目相对较少,民俗体验、山林养生、休闲农业等旅游品类有待健全。目前,南平旅游收入仍以门票经济为主,缺乏与文艺演出、民俗表演、影视拍摄等的深度融合,许多文化名村名镇还未能成为旅游目的地,入境率和过夜率都相对较低。官

---

① 南平市政府:《南平市"十二五"旅游业发展专项规划》,http://www.np.gov.cn/xxgk/fzgh/zxgh/4936662.shtml,2011—12—30/2014—01—20。

方统计数据显示,南平市十一五期间入境游客与国内游客的比例仅为 2∶100①,
与打造国际知名旅游目的地的目标仍有较大距离。

再次,南平市文化旅游地域发展不平衡,武夷山一枝独秀,其他地域未显
佳绩。2012 年武夷山旅游接待人数 876 万人次,旅游总收入 150.7 亿元,比
增 22%,②当年南平市旅游总收入约为 230 亿元③,武夷山旅游收入约占全市
旅游总收入的 65.5%。

最后,南平市文化旅游业存在“娱乐”和“购物”的薄弱环节,创意产品缺
位,配套服务不够。旅游纪念品缺乏地域特色和文化创意,存在产品低端、质
量粗劣、创意雷同等问题,难以引发游客的消费热情和对地域文化的衷心向
往。另外,酒店旅馆、餐饮、卫生、通讯及其他公共配套服务等也须进一步完
善,使游客获得宾至如归之感。

第三节　南平文化产业发展定位

一、地理区位分析

闽北是福建向北的交通要塞,既是闽江源头,又是闽文化发源地。闽北
拥有良好的自然环境和深厚的人文底蕴。闽北生态景观多样化,山林、湖泊、
草场、田园应有尽有,其中天然草场 387.45 万亩,占土地总面积的 9.8%,森
林覆盖率达 71.1%,植被丰茂,树种繁多,约有 1 700 种,其中包括银杏、楠木、
紫檀、红豆杉、黄杨等诸多珍稀木种,空气中负氧离子每立方厘米达 13 万个,
空气质量居全国前列。同时,闽北作为闽越故地、闽邦邹鲁、道南理窟及佛国
仙乡,汇集闽越文化、闽源文化、理学文化、禅文化、岩茶文化、建窑文化等无
数文化瑰宝,文化旅游开发优势突出。以武夷山为例,它于 1987 年被联合国
教科文组织列入“人与生物圈保留地网组织”,1999 年被评为世界双遗,拥有
商周架壑船棺、汉城遗址、宋遇林亭窑址、摩崖石刻、朱子故里等各种文化遗
迹,旅游资源尤为丰富。

二、文化市场分析

南平市经济发展程度和消费水平较低,文化消费内在驱动力有限。2012 年

---

① 南平市政府:《南平市“十二五”旅游业发展专项规划》,http://www.np.gov.cn/xxgk/
fzgh/zxgh/4936662.shtml,2011−12−30/2014−01−20。

② 《武夷山 2012 年旅游收入 150 亿,创新营销旅游模式》,http://fujian.people.com.cn/
n/2013/0114/c234869−18015951.html,2013−1−14/2015−09−10。

③ 《福建南平 2012 年旅游总收入可达二百三十亿》,http://district.ce.cn/newarea/roll/
201212/31/t20121231_23991558.shtml,2012−12−31/2014−09−10。

南平市城镇居民人均可支配收入 22 235.2 元,同比增长 12.7%,其中消费性支出约为 13 891.59 元,同比增长 10.9%,当年福建省城镇居民人均可支配收入为 28 055 元,消费性支出为 18 593 元。因此,南平市应最大限度发挥自然人文生态环境和省际地缘优势,凝聚地域特色,吸引多省游客前来观光度假。

三、文化产业发展定位

南平市文化产业应发挥地理环境和人文生态优势,实现前工业时代与后工业时代的并轨。具体而言,南平市文化产业应以文化旅游为中心,完善旅游配套服务,延伸旅游产业链,并带动影视、摄影、演艺、工艺等其他产业的发展。

首先是文化旅游重整计划。南平市文化旅游已有一定基础,但以各大风景区旅游观光为主,养生度假、乡村休闲、文化体验等旅游品类仍有较大发展空间。就目前而言,南平市的农田面积和农业人口数量居全省前列,据 2011 年南平市第六次人口普查结果显示,南平市常住人口中,城镇人口 1 342 310 人,约占 50.74%,乡村人口 1 303 239 人,约占 49.26%,[①]农业人口比例居全省前列。南平市三次产业从业人员分布比例为 44.93∶21.36∶33.71。[②]其村落文化基本保存完整,具有前工业时代宁静恬淡的自然氛围和淳朴浑厚的文化气息,是工业时代里无数人向往的精神家园。村落文化的发掘和整合将为南平旅游产业发展注入活力,也有助于南平市从前工业时代向后工业时代的华丽转身,为地区经济的可持续发展贡献力量。

旅游内容和旅游线路可进一步整合开发,依托闽北丰富的地理和人文生态推出"穿越时空之旅""生态之旅""少数民族风情之旅""空气之旅"等,增设形式多样的文化体验内容,如服饰、婚嫁、生产、工艺制作、曲艺表演等体验活动,增强文化旅游的鲜活性、互动性。

同时,南平市文化旅游的发展还依赖于整体配套服务的提高,如交通、通讯、酒店、餐饮、旅游纪念品等的全面升级,做到原生态的自然、原汁原味的传统文化以及便捷舒适的生活三位一体,让游客既能体验自然和传统的魅力,又能享受现代科技和文明的便捷。

其次是发展文化旅游的延伸产业,围绕文化旅游业整合其他文化资源,促进文化产业的全面发展。具体包括以下几个方面:

---

① 南平市统计局:《南平市 2010 年第六次全国人口普查主要数据公报》,http://www.stats-np.gov.cn/zxxx/4899168.shtml,2011-06-10/2014-10-10。

② 南平市统计局:《南平统计年鉴 2013》,http://www.stats-np.gov.cn/cms/html/tjxxw/2013-10-17/1481614268.html,2013-10-17/2014-12-10。

其一,将民俗与演艺经营相结合,引入闽北特有的傩舞表演、喊山仪式、柴头庙会等,增设一两个富有地域特色的大型演艺活动,将山水美景与民俗表演完美结合,丰富夜间旅游内容,提高旅游过夜率。

其二,将当地民间工艺与旅游纪念品开发相结合,尤其是利用闽北传统工艺如建窑、油纸伞、雕版印刷等,制作手绘地图、创意饰品等,延伸旅游产业链。

其三,将观光旅游与影视、艺术摄影相结合,利用特色山地风情拍摄影视作品,或提供艺术拍摄服务,增加旅游服务内容,打破单纯的门票经济,并且提升地域知名度。

第四节 下梅:千年古村的前世今生

下梅依山傍水,历史悠久,民风淳朴,建村时间近1 500年,至今保存着古代宗祠、民居、码头、集市、茶园、运河、凉亭阑杆、美人靠等文化遗迹,并延续着传统的生产和生活方式,是远离工业喧嚣的世外桃源。2004年下梅获评"福建历史文化名村",2005年下梅荣膺国家级文化名村。

一、下梅文化产业开发现状

(一)产业环境

1. 自然环境

下梅位于南平武夷东麓,四面环山,南北山势峻拔,抵挡风沙、寒流侵袭,东西山峦平缓绵延,保证充足日照,形成聚宝盆式地形特征,故有"锅庄"之称;梅溪环村而过,当溪穿村而下,山光水色应有尽有,是钟灵毓秀的风水宝地,又是连接山里山外的交通要道。

2. 文化环境

下梅因其绰约风姿和宜居环境备受世人青睐,历来是人烟阜盛之地。下梅建于隋,兴于宋,隆盛于明清,四方移民乔迁并定居于此,形成多元并存、浑融一体的文化格局。这里山环水抱、风柳画桥,是文人骚客的流连之所,不仅养育了婉约派词人柳永,而且留下杨万里的《过下梅》等著名诗句;这里宗祠林立,礼教兴盛,是理学大师的崇尚之地,朱熹、江贽等人讲学或隐居于此;这里茶山遍野,水路发达,是大商巨贾的汇聚之处,晋商万里茶路由此开启,更使儒商文化源远流长。千载而下,下梅这座兼地理、人文之美的古老村庄益发诱人,其中邹氏祠堂、邹氏大夫第、程氏隐士居、儒学正堂、闺秀楼、参军第等成为游客感知古代文化的重要场所。

3. 政策环境

下梅村是武夷世界文化遗产的重要构成,也是大武夷文化开发的重点对象。为了整合旅游资源和完善旅游空间布态,武夷山出台《武夷新区城市总体规划(2010—2030)》,以打造国际知名的"世界遗产地,绿色生态城"为目标,确立"一心、一带、两区、五节点"的发展规划,其中"一带"为崇阳溪旅游观光带,"两区"为自然山水景观旅游区和人文景观旅游区,"五节点"分别为武夷山省级历史文化名城、五夫国家级历史文化名镇、城村和下梅国家级历史文化名村、考亭朱子文化旅游区,这里已明确将下梅文化旅游区列入重点规划项目。

4. 基础环境

随着文化旅游的升温,下梅村逐步加大产业投入,完善交通、餐饮、酒店等基础设施建设。2002 年,福建日报报业集团等多家公司、村委会参股,成立武夷山下梅民俗文化旅游发展有限公司,整合开发下梅文化旅游资源,发展民俗、自然和田园旅游。2010 年,下梅启动总投资 30 亿元的文化旅游综合体项目建设,包含魅力商业古镇、影视游览区、文化艺术中心、旅游服务区、山脊运动区、高尚旅游度假区、生态自然景观区和下梅新村等。2013 年此项目入选福建省十大文化产业重点项目,预计建成后将极大提高下梅村的游客吞吐量和文化服务水平。

(二)产业形态

下梅历史上以茶叶种植和贸易为盛,是武夷岩茶的重要集散地。《崇安县志》记载"康熙十九年,武夷岩茶市集崇安下梅,每日行筏三百艘,转运不绝。经营茶叶者,皆为下梅邹氏",该年下梅最大茶商邹茂章出巨资开挖 900米人工运河——当溪,共建九个埠头,两岸茶肆林立,商贾密集,茶叶远销南北,抵达东南亚、蒙古、恰克图等地。《崇安县文史资料》第四辑载:"西客者山西人也。每家资本约二三十万至百万。货物往返,络绎不绝。首春客至,由行东赴河口欢迎。到地将款运购茶单,点票交行东,恣听不问,茶事毕,始结算别去。"下梅茶叶商贸拉动经济发展,也滋养当地文化。邹氏茶商等在当地兴建宗祠屋舍,崇文重教,人丁兴旺,极盛一时。清末,五口通商口岸取代下梅在茶叶贸易上的中心地位,下梅开始衰微。

现在,下梅的明清建筑犹在,采茶斗茶之风未减,但数米宽的梅溪再难承载昔日茶叶贸易的辉煌。下梅似乎在悠长的时光里盹着了,这里的人们靠山吃山,依旧保留着前工业时代的山地经济,以山地农业、种植业、养殖业等为主,虽跟随文化旅游的热潮,但未能填补茶叶贸易萧条之后的经济空缺,产业发展略显青黄不接。

1. 文化旅游

下梅位于武夷山脚下,因武夷之名渐受关注。2000年12月5日,《武夷山下的"西递村"——下梅》一文刊发于《福建日报·乡村发现周刊》,受到各大旅游媒体的关注和转载,让下梅这个早被遗忘的偏远古村重焕光彩,带动了下梅旅游业的发展。随后,中央电视台二套《为您服务》栏目、香港凤凰卫视《寻找远去家园》摄制组、中央七套《闽北第一家:村民投资办旅游》专题片、《走遍中国》之《古民居探密》、《武夷竹韵》摄制组、《探索发现》之《茶叶之路》摄制组等相继选定下梅作为拍摄地,引发下梅文化旅游热潮。2007—2011年下梅旅游量逐年递增,四年间约翻一倍。2011年,下梅实现旅游售票人数3.93万人次,实现旅游经营总收入95.93万元,同比增长42.8%。[①]

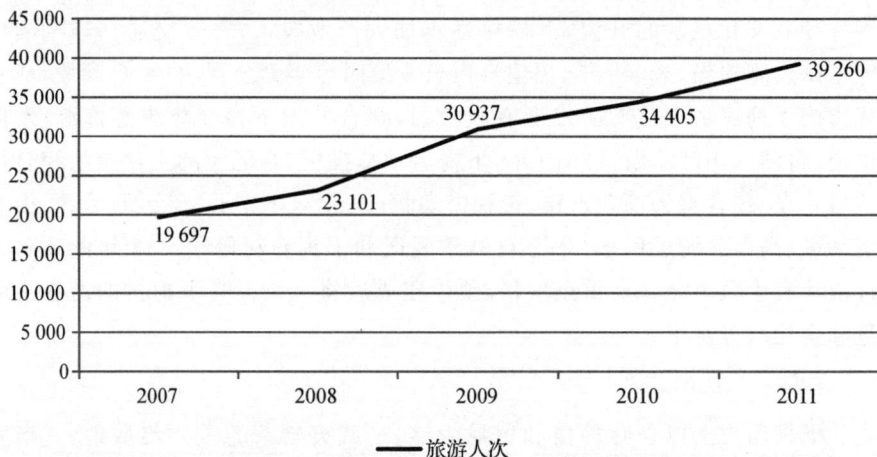

图 11-1　下梅 2007—2011 年旅游人次图[②]

2. 影视拍摄

下梅山水如画,古韵犹存,是拍摄历史剧、古装剧的天然剧场,《同安主簿》《范仲淹》等影视作品均诞生于此。2012年,下梅筹建影视城,相应的征地补偿款2011年初既已在村务中公开,详见表11-3。影视城建成后不仅可为影视拍摄提供基地,而且为文化旅游再添一道风景线。

---

① 刘辉:《下梅,一个古村落的涅槃之路》,《福建日报》2012年2月28日。
② 赵红莉:《武夷山市下梅古村落旅游可持续发展的思考》,《长沙大学学报》2013年第4期。

表 11-3　下梅影视城征地款项表　　　　　　　　　（元）

下梅影视城征地款	付征地葡萄补偿款	17,010.00
	安置地征青苗补偿款	18,912.00
	付菜地茶苗征地补偿款	34,600.00
	耕地青苗补偿款	35,200.00
	小　计	105,722.00

下梅村委：《南平市村级货币资金收支明细公开表》，http://www.wuyishan.gov.cn/Articles/20110505/20110505112601593.html，2011—05—05/2015—01—01.

3. 茶叶创意

下梅是晋商万里茶路起点，百年间盛衰起伏皆因茶叶。如今，武夷岩茶名头渐盛，《印象大红袍》又为之推波助澜，下梅茶产业也有了复兴之势。以武夷山全荣创意茶业有限公司为例，该公司以复兴下梅邹氏"景隆号"茶叶贸易盛况为己任，恪守诚信为本、以利取义的先祖遗训，逐步恢复清代老茶园、岩茶烘培作坊等传统茶叶生产要素，修复祖师桥、邹氏家祠、景隆号码头、乾坤井等相关文化景观，将茶叶贸易和文化传播、创意相结合，引入现代企业品牌管理，开辟茶叶创意产业链。

二、下梅文化产业发展问题

下梅文化产业起步晚，在基础条件、产业业态、人才配备等方面均显不足。

（一）旅游规模小

下梅风景宜人，四季如春，民风淳朴，古韵盎然，又毗邻武夷，拥有自然、地理和人文之优势，文化产业发展前景广阔，目前面临基础条件不足、村民意识落后等困境，产业规模受到限制。下梅村内多数民宿、饭馆均由古民居改造而成，成本投入低，设备简陋，餐饮、住宿条件相对较差，且容客量受限。当地村民缺乏现代经营理念和创意思维，除务农、养殖为业外，常在街头巷尾摆摊设点做点小本买卖，并无文化特色可言。2011 年武夷山全年接收中外游客711 万人次[①]，2012 年更达到 876 万人次[②]，年增长量超过 23%，与之相比，下梅 2011 年游客量不足 4 万人，客源分流量过小，且年增速也难以匹敌。

（二）资源开发少

下梅拥有民俗文化、礼教文化、晋商文化、茶文化等诸多资源，但目前开

[①]　熊慎端：《武夷山去年接待台胞人数创新高》，《福建日报》2012 年 2 月 2 日。

[②]　邱汝泉：《武夷山 2012 年接待中外游客 876 万人次》，《闽北日报》，2013 年 1 月 28 日。

发程度有限。目前,下梅逐步修缮古码头、凉亭、宗祠及 40 余座古民居,作为游客观览之地,但在文化空间构筑上缺乏鲜活的情境设置,只能靠外在的建筑来诉说当年的繁华与悲凉,无法唤起游客深切的文化体验和情感共鸣。

（三）产业联动差

下梅文化产业处于起步阶段,未能发挥对第一、二产业的价值增加作用,且文化旅游和民俗表演、工艺美术、创意产业之间缺乏联动,产业发展后劲不足。当地旅游项目单一,未能将风光游览与采茶体验、民俗观赏、创意购物等相结合,丰富文化旅游内涵。

三、以茶为本,特色立村

几百年来下梅的命运与茶息息相关,下梅最有韵味的文化遗迹,如 900 米人工运河——当溪、溪畔风雨栏美人靠、茶商邹氏宗祠、清代古茶园等均与当年的茶叶贸易休戚相关。所以,下梅文化产业发展应以茶文化为核心,突出地域特色,整合各项资源,形成茶创意产业链。

首先,特色为本,融入区域整体规划当中。下梅精而小,很难凭靠自身实力成为旅游目的地,应突出自身茶文化特色,与五夫、考亭、城村等地相连接,打造武夷山水人情旅游线路的重要节点,这样既能丰富武夷文化旅游内涵,又能提高自身的旅游知名度。

其次,深耕文化,完善茶创意产业链。下梅可从历史深度和生活广度上全面整合和复兴武夷岩茶文化。其一,通过实体性和虚拟性历史空间的再造,复现宋代闽北斗茶分茶、明清晋商茶贸的盛况,表现下梅茶文化深邃的历史内涵,丰富下梅的人文景观;其二,将茶文化和现实生活相结合,为天下游客提供全方位的浸润式体验,如茶园采摘、茶叶加工、茶饮养身、茶食品尝、茶歌欣赏、茶楼会客等,这些不仅将茶叶种植、加工业和文化产业开发相结合,提高其文化附加值,而且延伸了茶文化产业链,让文化旅游和创意开发互相借力,相得益彰。

最后,开拓格局,维护产业可持续发展。下梅存在地域空间较小、基础设施较差、创意人才不足等发展瓶颈,未来应在保存当地自然人文风貌的前提下,拓宽交通要道和整修或建造星级仿古酒店、宾馆等,改善内外交通和基础设施,扩大下梅旅游容客量。同时,下梅也应大力引入艺术家、创意人才等,提升当地文化品格,帮助当地村民摒弃小农意识、养成产业创新理念,加快下梅从前工业向后工业的跨越式转型。

第十二章
闽西文化与龙岩、三明产业经济定位

闽西是福建的西向门户，因客家祖地和红色文化闻名于世，尤其是客家聚族而居、守望相助的文化精神备受世人追慕，寻访探幽者不乏其数。然而，在现代化语境下，客家土楼人丁日渐寥落，被人诟病为"收门票的空城"。客家文化复兴和当地文化产业发展密切相关，应在保护前提下适度开发，维持闽西文化产业的可持续发展。

第一节　闽西文化

一、闽西地理与文化

（一）闽西地理

闽西，古属汀州，今指福建西部龙岩和三明大部分辖区，主要包括上杭、永定、连城、武平、长汀、清流、宁化、明溪八县。闽西毗邻赣北、粤东和粤北，是福建由海洋文化向内陆文化的延伸地带，唐宋以来与中原交往日渐紧密，成为出入福建的交通要道之 。

闽西位于北纬 $24°23' \sim 27°07'$ 之间，背倚武夷山南麓，地势东高西低、北高南低，境内面积以山林、丘陵为主，平原占比不足 5.2%，三大主山脉玳瑁山、博平岭、武夷山南端呈东北—西南平行分布态势，最高峰为玳瑁山区的狗子脑主峰，海拔约为 1 811 米。闽西溪河众多，集水面积超 50 平方公里的河流约有 110 条，是汀江、九龙江等的发源地。闽西受亚热带季风气候影响，温暖如春，雨量充沛，年均气温略高于闽北，年均降水量略低于闽北。同时，闽西植被丰茂，物种繁多，其中三明森林覆盖率为 76.8%，有"中国最绿省份的最绿城市""中国南方生态乐园""中国绿都"之称；龙岩也在尽力打造"国家森林城市"，力争在数年内实现 75.35% 的森林覆盖率。

（二）闽西文化

由于闽西水源充足、气候温暖、物产丰饶、环境宜居，因此闽西是古闽越人繁衍生息的聚居地之一。三明万寿岩旧石器洞穴遗址距今20万年左右,是迄今为止华东地区第一个洞穴类型旧石器早期文化遗址,有力地证明了福建悠久灿烂的史前文化。西汉初年,汉高祖封南海国,都长汀(学界主流观点),辖汀、潮、赣诸地,南海王织与闽越王无诸同宗,因对抗汉庭被徙上淦,闽西故地为闽越王所得,延续了原有的闽越文化。武平的平川、城厢、十方、万安,长汀的河田、策武、大同、涂坊,上杭的南阳、官庄、兰溪,连城的宣和等秦汉遗址出土了汉代越式陶炉、陶钵和铁鼎、铁刀、铁剪等数十件文物及大批陶片,足见越人文化入主闽西的历史轨迹。魏晋南北朝时期,北方战乱加速了中原人口和文化的南迁,部分中原人迁徙至闽西,成为客家先民。唐宋以后,中原汉人陆续聚族迁入闽粤赣三省交界,带来先进的汉文化,在与当地土著的碰撞和融合中形成新的汉族民系——客家人,"综计闽粤赣边界9州,唐宋间由3万户净增13万户"[①]。

闽西遍布崇山峻岭,耕地少,土著多,野兽、流寇、土匪等出没其间,自立门户式的个体生存受到威胁。因此,客居于此的中原人常常建造城堡式建筑,聚族而居,共享利益,分担风险,形成群体性攻守联盟,将儒家推崇的血亲宗族关系发挥到极致,同时在与土著杂居的过程中,吸纳或融合了闽越族、畲族等的生活习俗,久而久之形成了客家人独有的生存方式、组织方式和情感方式。

闽西毗邻赣、粤,省际交通相对发达,因此,闽西是福建著名的移民之乡。一方面,中原汉人从北方经赣南进入闽西,尤其是宁化石壁,形成闻名遐迩的客家民系,另一方面,客家人又"客走天下,天下为家",从闽粤赣边界尤其是闽西迁徙到浙南、桂东、云南、贵州、四川、台湾等地,形成大小不一的客家聚落,亦可称作"客家飞地",传播与推广客家文化,使得闽西宁化成为天下客家向往的文化祖地。

二、闽西文化举要

(一)客家文化

客家文化是中原汉人在特定历史、地理环境下与百越民族相融合并最终生成的汉系地域文化。首先,中原儒学文化构成客家文化的主体。客家人继承并发扬儒家的血亲观念、宗族观念、仁义观念、耕读观念、乡土观念、寻根观念,将以血亲为纽带的注重长幼尊卑等级秩序的儒家文化发挥到极致。其次,闽越、畲族等土著文化是客家文化的构成因子。客家人继承了畲族椎髻

---

① 许怀林:《客从何来》,广东经济出版社1998年版,第13页。

跣足、绣花围裙、银饰满身、尚青尚蓝的装扮服饰文化,客家人喜食荷叶包饭、竹筒饭、汀州八干的习俗亦与畲族无异。另外,客家人崇信猎神、蛇身、三山国王等,也与闽越族、畲族信奉的神祇相类似。最后,闽西特殊的地理环境是客家民系形成的文化场域。客家先民饱受离乱之苦,一心寻找避世隐居的世外桃源,闽西远离尘嚣,满足了他们避世的心理诉求。同时,闽西山区较平原地带人口稀少,生存空间相对较大,因此成为他们的首选之地。然而,闽西一带山高水险,野兽出没,山洪时发,山贼猖獗,不利个体生存,因此客家先民不得不巩固内在族群关系,强化儒家的血亲宗族观念,形成自给自足、分工有序的经济社会形态。

客家文化是独具特色的汉系文化支脉。首先,客家文化具有独立性、内敛性、封闭性。所谓"客家"乃客居人家之意,隐含客家人对其他族群的文化疏离感和对自身族群的文化认同感。土楼是客家文化的重要载体。客家人讲究天人合一,大多依山傍水修建住宅,就地取材,夯土成墙,再筑墙为城、堡或寨,或方或圆,抑或八角椭圆,一般墙体厚重,底层无窗,外加壕沟吊桥,既可御风、隔热、防山洪,又可防盗防寇;内则建粮仓、掘水井、搭伙房等,满足族内数百人日常生活需求,关起门来自成一体,可谓"一楼一世界,一户一乾坤"。客家土楼既是生活居所,又是军事防御工事,巩固了自给自足的经济、独立封闭的生活方式。其次,客家文化具有紧密性、和睦性。客家人延续并发扬儒家社会组织形态,聚族而居,以族群观念取代小家意识,推崇平等友爱、分工有序、扶危济困、亲善和睦的邻里关系,客家人的义学、义赡传统和农事帮工习俗源远流长。最后,客家文化具有两栖性。客家文化既有内陆型文化的保守性和稳固性,又有海洋型文化的包容性和开拓性。一方面,客家人世世代代延续着自身的族群文化,慎终追远,耕读传家;另一方面,客家人勇于开拓,闯荡天涯,历经了无数次的侨居、流徙又侨居的过程,堪称"东方吉普赛人"。

(二)红色文化

闽西因革命老区、中央苏区跻身中国现代革命史,是中国红色文化发源地之一,也是中国红色资源的重要宝库。

闽西山林密布,植被茂盛,一夫当关,万夫莫开,利于游击作战,不利于大型武装战争,另外,闽西属偏远山区,距离中心城市远,统治政权鞭长莫及,是实现毛泽东"农村包围城市"战略的重要根据地。自1926年闽西第一个共产党组织——永定党支部成立至中华人民共和国建国,闽西坚持"二十三年红旗不倒",这是中国革命史上的一个奇迹。闽西组建了福建第一支红色游击队,发动威震八闽的后田、平和、蛟洋、永定四大暴动。闽西成立了福建省第一个苏维埃政权——南溪区苏维埃政权,组织了影响深远的土地革命,最大限度地调动农民积极性,一次次冲垮了国民党的军事围剿和经济封锁,留下了瞿秋白、毛泽东、周恩来、刘少奇、刘亚楼、邓子恢、杨成武等无数革命领导人的足迹。闽西拥有红色政权的经济中心、被称为"红色小上海"的长汀,拥有长征起始点——长汀钟屋村,这里浸染了无数闽西红军的鲜血。闽西先后有10万余人参加了红军或游击队,其中闽西籍开国将军有71位,占福建将军总数的86%,闽西红军及百姓为中国革命胜利付出巨大的代价,整个革命年代闽西山区全部被毁灭的村庄有539个,倒塌房屋12.6万间,被国民党反动派迫害、贫病、饥饿致死的有16.7万人,绝灭户数为3.8万户,为革命牺牲的在册烈士有2.36万人,占全省牺牲烈士总数的一半,长期坚持革命的基点村有1 163个,全区7个县(市、区)均属一类老区县(市),老区乡镇比重为100%。①

闽西红色文化遗迹数不胜数,现有革命旧址100余处,其中7处革命旧址被列为全国重点文物保护单位,18处被列为省级文物保护单位,60多处被列为县级文物保护单位。其中,龙岩市区有闽西革命历史博物馆、红四军七大旧址、后田暴动纪念馆、邓子恢纪念馆、郭滴人纪念馆等红色遗迹;古田有古田会议旧址、新泉整训旧址等红色遗迹;长汀有省苏维埃旧址、瞿秋白烈士纪念馆、杨成武旧居、辛耕别墅等红色遗迹。

三、闽西文化细分

闽西文化以客家为主,融合闽越古文化,自成一脉,具体如表12-1所示。

表12-1　闽西文化细分表

物质	食	竹筒饭、荷叶饭、白切鸡、汀州八大干、带子饭、芋仔包、菜干扣肉、一品金丝、米酒、人日菜
	衣饰	侧襟衫,大裆裤,系围裙、罗帕,鞋屐,凉帽
	住	客家土楼
精神	宗教信仰	天公、土地伯公(坳上伯公、山神伯公、河唇伯公、塘头伯公、田头伯公)、灶王、公王、城隍老爷、阎王爷、龙神、灶神、门神、财神、井神、五谷神 玉皇大帝、王公王母、太白星君、七仙女 观音娘娘、地藏王菩萨、定光佛 伏波庙马援、大人庙、女庙
	伦理观念	家族观念、乡土观念、寻根观念、耕读传家、男尊女卑

---

① 《闽西对中国"文革"的十大贡献》,《闽西日报》2007年9月21日。

续表

精神	语言符号	神话传说:宁化石壁传说、龙岩洞传说、天马山传说、东宝山传说、牛栏祖地传说、雷公与闪电、仙人雕虎、和合仙反蚀为赚、三斤狗变三伯公、出酒井
		民间故事:泉水溪、马鞍石、刘大巧治恶霸张兴、红军故事
		俗语谚语:自有上杭城,便有瓦子街;未有皇城,先有石廊;朝出红霞夜落雨,夜出红霞无点雨;雷公先唱歌,有雨也无多;东闪太阳西闪风,北闪南闪雨咚咚;初一落雨初二散,初三落雨透月半;雷打惊蛰前,四十九天雨连连;雷打秋,下季谷子对半收;冬至大月头,明春冻死牛;若要富,蒸酒磨豆,若要穷,掂鸟笼;一日无米君臣散,三朝无米夫妻散;早起三朝当一工,早起三年当一冬
		歇后语:巴掌生毛—老手;骑马拄棍子—老成;岭岗顶上滚佛子—趣神;担竿头上挽佛子—担神;饭甑肚里放佛子—蒸神;伯公打屁—神气;哑子娶妻—无话讲;沙坝开田—大方;阎王嫁女—鬼爱;饿狗赶飞鸟—妄想;乌心萝卜—好面皮;半壁开窗—眼光;城隍庙里个老鼠—听得经卷多;铁打荷包—难开口;新打剪刀—难开铰;米筛上夹—就团圆;饭甑无盖—气冲天;雷公相打—争天;灯盏无油—火烧心;火烧对联—坏字;水牛过河—角打角;蚊子脚—无臂
		谜语:远看一只马,近看无头无尾巴,肚里翻翻转,嘴里出黄沙(风车车谷);圆叮当,扁叮当,中间一条直骨镶(锅盖);上端四四方,下端圆叮当;一日累三次,夜里无事到天光(筷子);头大尾细,满身是蚁,主人吊我耳朵,问我多少岁(秤);红娘子,上高台,五个小子扶上来,一阵心头热,眼泪落满怀(红蜡烛);双胞兄弟,同乡同里;至死不见,各住东西(耳朵);三国不和路不通,诸葛孔明借东风,曹操计划用水战,周瑜尽力用火攻(水烟筒)
	艺术	民间工艺:四堡雕版印刷、玉扣纸、竹制工艺、藤棕草编、刺绣、皮枕、木器
		曲艺:客家十番、采茶灯
		戏曲:闽西汉剧、外江戏、山歌戏、泰宁梅林戏
		表演:船灯、舞龙舞狮、烧龙、走古事、踩马灯、游金瓜棚、迎春牛、打新婚

续表

行为习惯	生活习俗	除夕做隔夜饭;正月初一不杀生;正月初三"送穷鬼";正月初五"火烧门前纸";正月十三添丁日"上灯";元宵包粽子;清明节煮甜糯米饭,祭扫祖墓;小暑过后逢卯日"食新";中元节女儿女婿看望父母;中秋赏月,"敬月光";重阳登高;十月十五完冬节做糍粑、芋仔包,打醮祀神;冬至吃水煮馍
	节日习俗	二月二祭灶王;正月初九祭天公;十二月二十四送灶王;六月六;春社日、秋社日祭五谷神、土地神
	生产习俗	百壶祭(二月二保苗祭、六月六庆禾祭)、犁春牛、作大福
	人生礼仪	诞生礼:做三朝、做满月、百日庆、做周 婚礼:合八字、过聘、哭嫁、送嫁、拜堂、闹房、回门、送满月 寿礼:跪母舅

第二节　闽西文化产业现状

一、政策扶持

闽西龙岩和三明两地为了促进文化繁荣和产业发展,依据国家海西战略、文化产业振兴规划以及《福建省文化产业发展规划》相继出台一系列扶持政策。2012年龙岩市推出《关于推动龙岩文化大繁荣大发展的实施意见》《关于推动龙岩市文化产业发展的若干政策》,从财政税收、土地征用、人才引进、工商服务等方面扶持文化产业发展。三明市也于2012年出台了《关于扶持文化产业发展若干意见(试行)》,从税收、土地、金融、工商等方面为产业发展提供保障措施。

二、产业基础

闽西文化产业起步较晚,近年来因文化政策引导和产业转型升级需求,逐步夯实文化产业基础。目前龙岩市已经拥有龙岩市文化创意产业园、福建土楼永定客家文化旅游创意产业园、龙岩新罗采茶灯文化产业园、漳平市富山文化产业园、长汀县客家首府文化产业园、武平县闽粤赣边客家生态文化产业园、福建龙州文化创意产业园区等众多知名创意产业园。三明市也大力兴建产业园区,如大田高山茶文化创意产业园、三明红印山1号文化创意园、三明瑞云文化创意园、闽台(永安)文化创意园、三明月亮湾客家文化园、三明国际影视基地、尤溪朱子文化产业园、世界客家始祖文化园等,推进创意产业发展,目前拥有省级重点文化产业园区 2 个,省级文化产业示范基地 9 个。[①]

另外,闽西拥有丰富的旅游资源,利于发展文化旅游业。龙岩拥有世界文化遗产 1 处,国家级自然保护区 2 个,省级自然保护区 1 个,国家级森林公园 4 个,国家 5A 景区 1 处,4A 景区(天一温泉、冠豸山、培田古村落、水上茶乡大鹏溪、龙崆洞、梅花山"中国虎园")6 处,成功举办海峡客家旅游欢乐节、古蛟新区油菜花文化旅游节、定光佛旅游节、龙岩市温泉文化节、漳平樱花文化节等文化旅游节事活动。三明也拥有泰宁国家地质公园、国家级森林公园 6 个(猫儿山、三元、将乐天阶山、仙人谷、闽江源、永安九龙竹)、5A 景区 1 处,4A 景区 6 处(建宁中央苏区反"围剿"纪念园、桃源洞、玉华洞、寨下大峡谷、大金湖、瑞云山),同时推出了三明乡村文化节、三明生态旅游节、中国丹霞(泰宁)文化旅游节、永安笋竹旅游节、沙县小吃节、尤溪联合梯田民俗文化节活动,为文化旅游产业推波助澜。

三、产业概况

闽西文化产业规模较小,总产值居全省下游,略高于宁德一市,但增长幅度快,居全省前列。2013 年上半年三明文化及相关产业实现增加值 20.52 亿元,总量居全省第六位;比上年同期增长 42.0%,增幅继续保持全省首位;占 GDP 的比重为 3.5%,比上年同期提高 0.8 个百分点,占比提高幅度居全省第一位。[②] 2013 年上半年龙岩文化产业实现增加值 17.5 亿元,比去年同期增长 35.3%,高于全省文化产业增加值同期增速 17 个百分点。[③]

四、产业布态

闽西依托生态、人文资源发展文化旅游业,旅游总收入高于其他产业产值。其中,龙岩市将文化旅游作为"龙岩生态市建设'十二五'规划"的重要内容,逐步打造"以占田会址和长汀历史文化名城为代表的红色之旅、以永定土楼和培田古民居为代表的客家之旅、以冠豸山和梁野山为代表的生态之旅精品旅游线路"。[④] 2012 年龙岩旅游总收入为 109.35 亿元,比上年增长 23.7%,其中,国内旅游收入 107.1 亿元,增长 23.2%。全年接待旅游总人数 1 484.49

---

①　三明市统计局:《2013 年三明市国民经济和社会发展统计公报》,http://tjj.sm.gov.cn/tjgb/ndgb/201403/t20140303_249351.htm,2014-02-28/2015-01-01。

②　陈颖:《上半年三明文化产业增加值增幅继续保持全省首位》,http://www.fjsen.com/d/2013-08/05/content_12120009.htm,2013-08-05/2014-12-30。

③　《龙岩文化产业步入发展"春天"迎来"春暖花开"》,http://longyan.house.sina.com.cn/news/2013-08-08/09563415381.shtml,2013-08-08/2014-12-30。

④　龙岩市政府:《龙岩生态市建设"十二五"规划》,http://www.lyepb.gov.cn/hjgl/stbh/201209/t20120924_246472.htm,2012-07-10/2014-12-30。

万人次,比上年增长 22.3%。其中,国内旅游人数 1 478.54 万人次,增长 22.3%;接待入境游客 5.95 万人次,增长 42.8%。[①]

三明市旅游收入略低于龙岩市,2012 年三明市旅游总收入 81.09 亿元,增长 16.9%。其中国内旅游收入 78.50 亿元,增长 16.9%,全年旅游总人数 1 262.27 万人次,增长 16.1%,入境旅游、商务、探亲等人数 4.86 万人次,比上年增长 20.1%。国际旅游外汇收入 0.41 亿美元,增长 20.4%。[②]

五、产业问题

首先,闽西文化产业占 GDP 比值较低,产业规模未成气候。2012 年福建省文化产业增加值突破 1 000 亿元,文化产业增加值占地区生产总值的 5% 左右,而闽西两市文化产业增加值及其占 GDP 比重远低于全省平均水平。

其次,闽西文化产业发展不平衡,文化旅游发展较好,而工艺美术、影视、动漫、会展等处于产业培植期,经济效益尚未凸显,甚至有些文化创意园区被质疑为借助优惠土地政策"圈地"发展商业地产。[③]

最后,闽西文化旅游资源优势和经济收益不匹配。闽西具有良好的自然生态和深厚的人文底蕴,但旅游总收入远远低于闽中和闽南地域,尤其是文化创意与旅游缺乏深度融合,未能摆脱单纯的"门票经济"。

第三节　闽西文化产业发展定位

一、区位地理分析

闽西北连闽北,西望赣州,南接粤北,东临闽中南,从地理环境上看,闽西与闽北同属武夷山脉,山水奇观、生态环境也较为相似;从文化地缘上看,闽西与赣南、粤北同属客家文化圈,客家祖地、土楼奇观、古镇村落……数不胜数。其中,泰宁古城和永定土楼一北一南,堪称闽西双璧。泰宁古城历史悠久,又坐拥丹霞地貌,素有"汉唐古镇"的美称。而永定土楼更被誉为"神秘的东方城堡",2008 年入选世界文化遗产保护名录,享有全球知名度。

---

① 龙岩市统计局:《2012 年龙岩市国民经济和社会发展统计公报》,http://lytjj.longyan.gov.cn/tjgb/201304/t20130401_272002.htm,2013－03－15/2014－12－30。

② 三明市统计局:《2012 年三明市国民经济和社会发展统计公报》,http://tjj.sm.gov.cn/tjgb/ndgb/201303/t20130304_188456.htm,2013－03－01/2014－12－30。

③ 《龙岩动漫科技产业园的"变异"》,http://www.sme.gov.cn/web/assembly/action/browsePage.do?channelID=1321583617541&contentID=1362442536324,2013－03－05/2014－12－30。

二、文化市场分析

闽西经济水平和消费能力居全省下游,文化市场消费内动力不足,应发挥资源优势发展外向型经济。2012 年龙岩市城镇居民人均可支配收入23 765元,比上年增长 12.7%。城镇居民人均消费性支出 17 651 元,增长 8.0%。其中,食品支出占城镇居民人均消费性支出 37.9%。[①] 2012 年三明市城镇居民人均可支配收入 23 429 元,增长 12.8%。城镇居民家庭恩格尔系数(即居民家庭食品消费支出占家庭消费总支出的比重)为 40.0%[②]。

三、文化产业发展定位

首先,闽西以客家祖地、红色文化为核心整合三明和龙岩两市资源,共打闽西牌,做强做大文化旅游产业。具体而言,其一,加大文化资源保护力度,对历史文物、文化遗迹、民俗信仰、民间工艺等进行实时跟踪和活态保护,设定旅游景区的最佳载客量,进行游客分流和旅游引导;其二,塑造地域品牌,尤其是客家文化品牌,将宁化石壁村、上杭瓦子街、中山镇客家聚居区等纳入其中,吸引全世界近 1.2 亿的客家人来祖地寻根旅游;其三,促进文化旅游由观光到休闲度假的转型,将民俗文化体验、生态度假、健康疗养等引入其中,促进旅游升级;其四,加大文化创意,发挥创意集市、创意产业园的作用,开发旅游项目、旅游路线和旅游创意纪念品,摆脱门票经济的困扰。

其次,适度发展工艺美术、艺术品经营、会展、影视拍摄等产业。其一,闽西拥有丰富的竹木资源,至 2013 年海峡林木博览会已成功举办九届,竹木根雕、雕刻印刷、龙池砚、铜版画等工艺美术品类已有一定基础,可以借鉴莆田、泉州工艺美术业发展经验,或者寻求多地合作,使得闽西工艺美术业在文化产业发展中占有一席。其二,闽西拥有丰富的红色文化资源,民间藏品不在少数,可借助当前的红色收藏热潮打开艺术品经营领地,促进红色文化的传播。其三,闽西可倚借丰富的自然、文化资源举办形式多样的民俗展、旅游节,促进旅游和会展的协同发展。其四,真正发挥三明国际影视基地的作用,将影视拍摄与地域文化品牌塑造连为一体,用影视作品展示闽西风采。

---

① 龙岩市统计局:《2012 年龙岩市国民经济和社会发展统计公报》,http://lytjj.longyan.gov.cn/tjgb/201304/t20130401_272002.htm,2013—03—15/2014—12—30。

② 三明市统计局:《2012 年三明市国民经济和社会发展统计公报》,http://tjj.sm.gov.cn/tjgb/ndgb/201303/t20130304_188456.htm,2013—03—01/2014—12—30。

第四节　永定土楼：门票经济的发展转型

土楼，或方或圆，或高或矮，或大或小，伫立于崇山峻岭之间，流连于金沙丽水之旁，在内自给自足，自成一体，对外抵挡风雨，抵御外敌。土楼，以其独特的建筑格局，诉说着客家人远途跋涉、开创家园的历史，昭示了客家人内敛坚韧、自然纯朴的性格，更揭示了客家人亲睦友善、团结奋斗的精神。土楼，这种中国式的土夯城堡，留给世人的是宏伟庄严，是孤独落寞，是关于农耕时代田园牧歌的美好想像，是关于东方国度家族和谐的遥远传说，说不清道不明的多姿多彩吸引着天下人，不断地来这里，来这里……

土楼是客家文化的缩影，体现了客家人区别于其他族群的卓尔独立的文化形态。具体而言，它既展示了地域的独特性，即闽西客家祖地天人共生的文化地理特征，又蕴含了文明的独特性，即前工业时代田园牧歌般的生存方式。土楼文化因其独特性而备受世人关注，甚而引发近代入华西方传教士或学者的广泛关注，此研究热潮绵延至今。皮顿·理查斯 1873 年著《客家源流与历史》，法国传教士赖·里查斯 1901 年著《客法词典》，英国麦基威尔 1905 年编《客家词典》，美国传教士罗伯·史密斯 1905 年著《中国的客家》，美国传教士肯贝尔 1912 年著《客家源流与迁移》，美国天主教神父拜尔德耳著《客话易通》与《客话浅说》，英国爱德尔著《客家人种志略》和《客家历史纲要》，韩廷敦著《自然淘汰与民族性》，布肯顿著《亚细亚人》，罗伯特·史密斯著《中国的客家》，劳格文博士主编《客家传统社会丛书》，山口县造著《客家与中国革命》，这些足见客家文化的国际关注度。

从注意力经济角度而言，土楼文化因其稀缺性、独特性和影响力足以在文化经济领域占有一席之地。尤其是中国实现工业化、现代化、城市化之后，许多人寻找疗治文明病、都市病的心灵鸡汤。而土楼带有农业文明的余绪，中古时代的情调，空山竹林的意趣，如世外仙子遗世独立。劳碌奔波于都市里的现代人，渴望"生活在别处"，或背包，或自驾，或跟团，在慕古式的文化沉浸体验中获得心灵安宁。土楼文化的经济价值由此体现。

一、永定土楼产业发展现状

永定地处福建西南，西接上杭，东临南靖，北向龙岩，南面梅州，地辖2 216.3平方公里，境内山岭连绵，溪涧环流，静静伫立着两万余座土楼，堪称"土楼之乡"。

（一）产业环境

1. 自然环境

永定地处闽西中部，层峦叠嶂，植被丰茂，望不断的是青山依依、修竹连绵，赏不尽的是朝晖烁烁、暮霭沉沉，听不够的是鸟语呢喃、虫鸣啾啾，享不完的是山间清风、田头日照，还有江上白露。永定土楼与天地山水融为一体，自然造化增添了土楼的天然情韵。客家人重人为，或建个屋舍，或修座祖坟，或挖个池塘，或开条小路，或搭座木桥，但绝不夺造化之功，恰得倚景借景之妙。门前笔架溪水流，屋后丘壑龙脉藏，是客家人选址造屋理想的风水宝地，开门见山，紫气东来，他们的"堪舆"学其实体现了天人和谐共处的生态理念。

永定客家人钟情于这片神奇的土地，把自然作为生存之本和信仰之源，崇尚天人合一、返璞归真的生活理念。客家人吃、穿、住、行、用皆就地取材，自然和人浑融一体。他们所居土楼主要以地红壤土、瓦砾土、田岬泥为原料，混合红糖、蛋清、糯米等夯制而成，虽厚过一米，但因取材天然仍是"可呼吸"的墙壁，冬暖夏凉，十分宜居。客家饮食取材山林田野，斑斑翠竹、郁郁黄花、金黄稻谷、碧绿荷叶、河中游鱼、山里野鸡……皆可为食，但"钓而不纲，弋不射宿"，静享自然馈赠，又秉持着山里人独有的守拙之道。客家人的笋干、萝卜干、番薯干、竹筒饭、甜米酒、柚子茶等无不汲取了山林之气、田野之灵、草木之芳、果蔬之美，揉为一体。客家人用粗茶淡饭诠释了饮食中的自然之道。客家人棉麻为衣，多服粗布，色彩素淡，款式简约，"上穿大襟衫，下着大裆裤"，头顶竹斗笠，无太多的装饰，这都体现了客家人抱璞归真的人生信念。

2. 文化环境

永定是客家聚居地之一，传统客家文化影响深远。首先，客家文化体现了中原农耕文化的精粹。永定客家人世代以农为业，耕读传家，亲善睦邻，勤谨为本，吃苦为乐。"客人以耕读为本，家虽贫亦必令其子弟读书，鲜有不识字、不知稼穑者。日出而作，日入而息，即古人'负耒横经'之教也。"[①]永定土楼方圆自足，如同土楼人一般自力更生、自强自立，在纯美山水间演绎着族群的纯粹。其次，客家文化把宗族礼法观念发挥到极致。土楼是个以儒家宗族文化为核心建构起来的精巧社会。客家人客居于百越之地，为延续中原礼乐文化自立成族，对外封闭，对内团结，"一因风俗语言之不同，而烟瘴潮湿，又多生疾病，雅不欲与土人混处，欲择距内省稍近之地而居之；一因同属患难余生，不应东离西散，应同居一地，声气既无隔阂，休戚始可相关，其忠义之心，可谓不因地而殊，不因时而异矣"[②]。土楼是客家人聚族而居的产物。土楼内

---

①②　徐旭曾：《丰湖杂记》，《和平徐氏宗谱·总谱》。

部层层相因,井然有序,而土楼的秩序就是人伦的秩序。最中心处为宗祠,昭示着以血亲为基础的伦理结构、天地君亲师的伦理秩序以及亲睦友善的处世原则。以宗祠为中心的土楼建筑如同心圆般向外延伸,最大如承启楼者可达"三圈一中心",内圈多为两层,以客房和祖堂为主,为族人婚庆、聚会、迎宾待客之所,外圈有三四层:一层为餐厅厨房,二层为储物仓库,三、四层方为族人共居之所,生活的公共性压倒了私密性。土楼内,水井、磨坊、浴室、厕所等一应俱全,洗衣做饭、舂米碾谷、纺织编造……不出土楼亦可安然度过四季。承启楼前的那副对联"一本所生,亲疏无多,何须待分你我;共楼居住,出入相见,最易结重人伦",写进了土楼伦理的精微深妙之处。

而今,随着永定人口迁徙、城镇化变迁和现代教育发展,当地文化结构产生一定变化。2010 年人口普查数据显示,永定县常住人口为 36.27 万人,城镇人口为 13.65 万人,城镇化比例为 37.64%,比 2000 年提高了 12.14%。[①]初中毕业生高中阶段升学率为 87%,实现小康目标的 96.7%。[②] 客家人以儒学为本,耕读传家的价值理念发生偏转,尤其是年轻人守望乡土、聚族而居、以农为本的意识有所削弱,产生城市化、个体化以及现代化的价值需求。

3. 经济环境

永定矿产资源蕴藏丰富,是福建省的重要矿区,除农业外,资源型产业占比可观。煤炭、水泥、电力是永定传统支柱产业,长期以来总产值占经济生产总值的 80% 左右。[③] 而资源依赖型经济存在资源损耗、环境污染等诸多问题,绿色 GDP 和文化 GDP 的提振有助于解决上述问题。

近些年,永定加快由资源型向非资源型产业的转型,制造业和文化旅游业迅速崛起。永定县统计局统计显示,2010—2013 年,永定煤炭、水泥企业数量和产量均有大幅下降,煤炭规模以上企业由 2010 年的 49 家兼并重组成 2013 年的 33 家,原煤产量也从最高的 619 万吨减产至 2013 年 292 万吨,减少了 327 万吨,水泥企业由 2010 年的 16 家缩减至 2013 年的 3 家,产能由最高的 830 万吨减至 2013 年的 606 万吨,减少了 224 万吨。[④] 至 2014 年,资源

---

① 永定县统计局:《永定县十年人口发展状况及问题分析》,http://tjj.fjyd.gov.cn/Articlehtml/? newsid=252,2013−2−1/2014−05−10。

② 永定县统计局:《永定县全面建设小康社会进程监测分析》,http://tjj.fjyd.gov.cn/Articlehtml/? newsid=290,2013−07−09/2014−12−10。

③ 张杰:《龙岩永定县:昔日资源 GDP 今朝华丽转身》,http://fj.sina.com.cn/city/longyan/information/z/2013−02−20/09143963.html,2013−02−20/2014−12−30。

④ 永定县统计局:《2013 年永定县经济运行概况》,http://tjj.fjyd.gov.cn/tjj/tjfx/20140120085442.html,2014−1−20/2014−12−30。

型产业比重下降至56.3%。① 机械制造业取代煤炭成为第一产业,同时,第三产业固定资产投资比重超过工业投资,这也埋下了永定经济由第二产业向第三产业二度转型的伏笔。2013年全年实现地区生产总值达168.58亿元,比上年增长9.0%。其中,第一产业增加值25.31亿元,增长4.8%;第二产业增加值87.67亿元,增长11.4%;第三产业增加值55.61亿元,增长6.6%。三次产业的结构比例由2012年的14.9∶53.9∶31.2调整为2013年的15.0∶52.0∶33.0,人均GDP为46 828元。②

4. 政策环境

2008年土楼申遗成功之后,永定县政府就确立了"福建土楼之都·客家故里永定"的发展目标。为了奠定永定土楼的品牌地位和促进当地文化旅游的发展,永定县先后出台《关于加快促进旅游产业发展的若干政策》《永定县人民政府关于扶持旅游产业发展的若干意见》《关于加快发展旅游业的实施意见》,在星际酒店建设、旅游产品开发、旅游品牌建设、旅游营销、旅游交通、文学影视创作等方面给予建设用地、水电优惠、税收减免、财政奖励等优惠政策,努力把文化旅游产业发展成当地的战略性支柱产业。此外,龙岩市也出台《关于进一步推进旅游产业科学发展跨越发展的意见》《关于福建土楼·永定景区保护与开发的若干意见》等相关指导意见,加大永定土楼保护力度,维护文化资源的可持续性发展。

5. 基础环境

近年来,永定县加大文化产业投入,逐步提高吃、住、行、娱、购等基础环境。其中大型项目包括海峡客家文化城、四条环景区旅游公路、田河客家美食中心、下洋初溪游客服务中心、多个度假村、福建土楼中华民俗传习基地、客家文化博览园、客家古镇建设等。据统计,永定南部旅游黄金走廊共布局36个项目,总投资389亿元,逐步完善"吃、住、行、游、购、娱、文、养、居"等条件。③ 至2015年,永定县拥有3家五星级酒店、3家四星级酒店以及多家三星级酒店。农家乐项目逐年增长,至2013年,土楼景区周边就有500家以上经营农家乐的农户。另外,向莆铁路开通、旅游线路完善及旅游配套设施完善,改变了永定土楼旅游拘泥于本省且依托厦门、龙岩等地的狭隘局面。2014年,向莆铁路开通后,动车沿线涌入龙岩的过夜游客一下子飙升至181.5万人

①③　马斌:《从卖煤炭到卖生态 永定矿区转型催生"绿色GDP"》,http://fj. people. com. cn/changting/n/2014/1031/c355599—22776800.html,2014—10—31/2014—12—30。

②　永定县统计局:《2013年永定县国民经济和社会发展统计公报》,http://www.fjyd. gov.cn/zfshow.aspx? id=131986,2014—04—09/2014—12—30。

次,①其中永定过夜游客同比增长 12.6％,增幅首次超过"过境游"的增幅。②

（二）产业格局

2008 年永定联袂南靖、华安将福建土楼打包,共同申请世界遗产,获批后的土楼品牌逐渐成为永定经济提速和产业转型的有利契机。永定重点依托土楼文化发展旅游业,并把创意、演艺、影视作为旅游发展的重要助力。

首先,创意项目加快旅游增长。永定借鉴"文化资源＋旅游产业＋城市价值兑现"的"曲江模式",挖掘永定客家文化资源,加快旅游创意园区建设。落地于土楼客家文化旅游创意产业园的文化旅游项目共有 34 个,总投资 200 多亿元。③ 它通过博物馆、民俗村、客家古镇、土楼风情街等再现客家传统生活情境,介绍客家文化渊源和变迁历史,展现客家饮食、生命礼仪、节庆活动、祭祀习俗等地方民俗,宣扬客家人的伦理价值、宗教信仰以及生命意识,赋予土楼旅游更多文化内涵,用文化沉浸式体验吸引和留住游客,提高土楼旅游文化格调及过夜率。

其次,节庆活动推高旅游热潮。永定依托在地资源举办各类文化节,丰富旅游内涵,扩大土楼品牌的社会影响力。近年来福建（永定）客家土楼文化节、海峡客家旅游欢乐节、海峡客家美食文化节、大溪关帝圣君民俗文化节等炫动海峡两岸。2014 年,永定还别出心裁地举办柿子节,用柿子排国旗、建圆塔并打柿仗,美其名曰"柿界大战",让游客过足眼瘾。此外永定还连同武平一同举办海峡客家风情节——定光佛文化节,利用周边文化资源走共同开发的道路。

再次,表演艺术加盟旅游产业。永定在演艺表演上内外兼修,一方面加大演艺场馆和设施的硬件投资,建成客家民俗演艺中心并投入使用,还加紧《梦幻土楼》剧场建设;另一方面鼓励演艺创作和开发,目前拥有音乐交响诗剧《土楼回响》、原创歌剧《土楼》、歌舞剧《土楼神韵》等诸多享誉国内外的经典演艺节目,适时推出客家歌会文艺演出、土楼情怀诗歌朗诵会、海峡客家妇女山歌大赛等,做到雅俗共赏。随着永定演艺业的成熟,它将对当地旅游起到强劲的拉动作用,尤其是提高了旅游过夜率。

最后,影视产业成为旅游新亮点。客家拥有独特的自然和人文景观,是

① 廖勇飞:《迎客近 1500 万,吸金逾 100 亿》,《厦门日报》2014 年 11 月 03 日。

② 马斌:《永定生态助力发展"过夜游"增幅首超"过境游"》,http://fj.people.com.cn/changting/n/2014/1104/c355602－22805999.html,2014－11－04/2014－12－30。

③ 马斌:《福建"煤城"转型发展:不要污染的 GDP》,http://www.chinadaily.com.cn/hqgj/jryw/2015－08－19/content_14121839.html,2015－08－19/2015－10－01。

诸多影视作品青睐的外景拍摄地。电影《衍香》改编自龙岩本土作家何英的《抚摸岁月》,以衍香楼为主要拍摄地,多元展示客家风俗、饮食、服饰、人生信念,堪称近期表现客家文化的影视力作。电影《土楼古堡》,电视剧《红色摇篮》《邓子恢》《下南洋》,历史文献片《古田会议》等红色、民俗题材影视作品也均在永定取景拍摄。永定发展影视产业前景广大。2014 年总投资 55 亿元的福建土楼(永定)国际影视城开始施工,是永定重点开发的文化旅游项目,未来将增加土楼旅游新亮点。

(三)产业效益

文化旅游是永定县国民经济的重要构成,2007—2010 年是该地旅游井喷式发展期,年均客流量增长超过 40%,旅游总收入占 GDP 比重也由 2007 年的 6.8%提高到 2010 的 16.1%,[①]成为支柱性产业。在此基础上,2011 年永定土楼荣膺国家 5A 景区。此后该地旅游业增速放缓,但仍保持平稳上涨态势,增速超过当地 GDP 增长水平,2014 年旅游总收入占 GDP 比重升至 19.4%,未来它将对当地经济起主导性作用,变资源型经济为生态经济和创意经济,促进产业快速升级转型。永定土楼接待游客数量及创收情况如表 12-2。

表 12-2　永定土楼历年接待游客数量与旅游收入表[②]

年份	游客数量(万人)	旅游收入(亿元)
2007 年	97	3.4
2008 年	139.7	—
2009 年	190.8	12.08
2010 年	288.0	18.23
2011 年	343	23
2012 年	404.1	28.5
2013 年	433.2	31.8
2014 年	476.9	35.8

上表显示,从 2007—2014 年,永定土楼年游客数量和旅游总收入增速惊人,游客量增长近 4 倍,旅游收入增长 9 倍有余,可见游客人均消费增长显著。

---

① 刘永良:《永定旅游业成新兴经济支撑点》,http://news.66163.com/2011－03－28/502918.shtml,2011－03－28/2014－12－30。

② 《历年永定县统计公报》,http://tjj.fjyd.gov.cn/tjj/tjgb/20120410155413.html,2012－04－10/2015－01－01。

与南靖、华安两地相比,永定土楼旅游品牌吸纳游客能力增强,2012 年永定土楼游客占福建土楼游客总量约七成[①]。

永定旅游业的发展不仅增加了财政收入,而且增加了当地居民收入。景区村民每年不仅能得到租赁收入、门票分成,还可以在从事商业活动中得到商业收入,旅游增收人均 3 000 元以上。2010 年,洪坑景区村民人均收入达 6 721元,高出所在乡镇全镇的农民人均收入 895 元,是该镇人均收入最高的村。[②] 随着土楼经济的发展,当地居民出现回流现象。因土楼居民的现代化和进城务工需求,土楼一度出现空巢和留守问题,目前上述问题出现扭转,以洪坑村为例,土楼经济红火前,当地只有五六百个居民,现在外出打工谋生者都赶回来发"旅游财"了,人口已经增加到 2 000 多人。[③]

二、土楼经济问题所在

目前,土楼旅游品牌逐渐打响,显示了较强的经济拉动效应,但仍存在业态较为单一、文化体验性不足、过度开发等问题。为了全面了解土楼经济发展现状,笔者带学生于 2014 年 12 月 24 日在永定土楼景区以发放问卷的形式进行土楼游客体验的抽样调查。此次调查共发放问卷 200 份,收回问卷 189 份,回收率为 94.5%,其中有效问卷 178 份,有效率为 94.2%,下面将引用调查数据加以分析。

首先,文化业态较为单一,缺乏完整产业链。永定虽然加紧文化项目落地,在演艺表演、影视等方面有了破冰之旅,但处于起步阶段,大型演艺场馆、影视城、产业园区仍未投入使用,旅游拉动作用尚不明显。文化产业各业态之间未形成联动效应,无法满足游客在吃、住、行、娱、购等方面的多样化需求,如娱乐项目少,游客一般选择土楼作为旅游中转站,过夜率较低;又如创意力度不足,旅游纪念品以简易玩具和土楼模型为主,呈现低端化、同质化特征,难以调动游客的购买欲。笔者就土楼旅游不足之处做了综合调查,其中 45.28% 的受访对象认为土楼旅游的最大问题是缺乏相应的娱乐项目,28.3% 的受访者认为餐饮问题突出,还有一些受访者把问题矛头指向了住宿、交通、购物等各个方面,具体如图 12-1 所示。可见,土楼旅游环境有待全面提升。

其次,文化体验性不足,品牌效应仍待增强。土楼旅游以观光游览为主,

---

①③　《永定土楼游客已占整个福建土楼游客总量的七成》,http://news.66163.com/
　　2012－09－16/685020_2.shtml,2012－09－16/2015－01－01。

②　《福建永定回应景区村民住房问题》,http://news.sina.com.cn/c/2011－12－19/
　　063923654101.shtml,2011－12－19/2014－12－30。

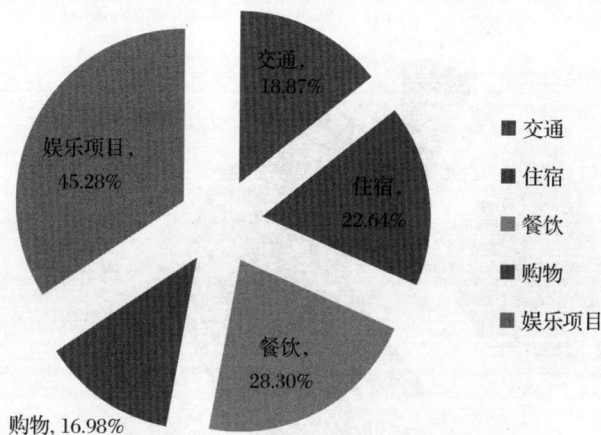

图 12-1 游客感知土楼旅游核心问题分布情况

旅游项目的体验性和游客参与度不高。土楼旅游无法全面调动游客的眼、耳、鼻、舌、身、意等感知系统,变视觉感知为六识体验,变被动接受为主动接纳,更无法让游客进入知、情、意融为一体的文化体验境界,因此,它很难唤起游客的情感共鸣和重游意愿。笔者从对土楼游客采访中得知,52.83%的游客选择土楼为旅游目的地,慕名而来,但是,仅有 30.15%的游客有较强烈的重游意愿,60.38%的游客重游意愿不强,另有 7.55%的游客表示失望,具体见图 12-2 土楼游客旅游原因分布情况和图 12-3 土楼游客重游意愿分布情况。

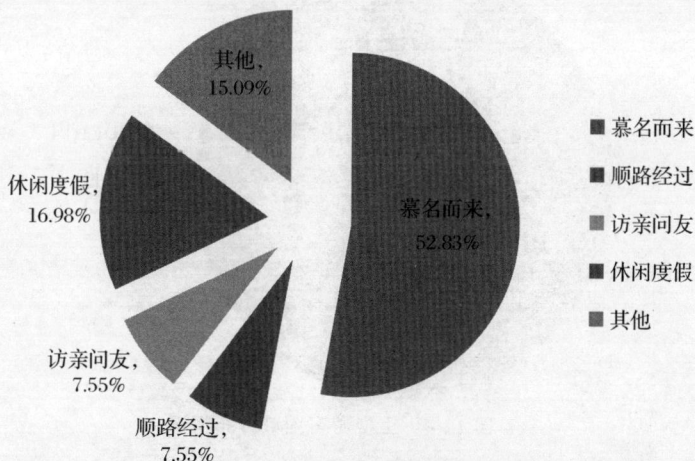

图 12-2 土楼游客旅游原因分布情况

土楼品牌省际影响力也有待提高。调查表明,土楼旅游以省内游客为主,省外游客约占游客总数的 41.51%,且以浙江、广东、江西等周边地市游客为主,具体见图 12-4。另据福建省旅游局统计显示,2014 年永定土楼接待游

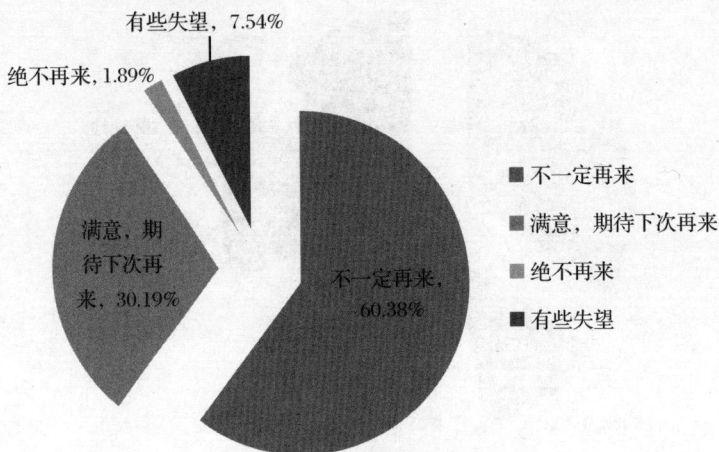

图 12-3　土楼游客重游意愿分布情况

客中散客占 47％,团队占 53％,团队客源地主要来自厦门、福州、广州、深圳,占团队游客的 70％;外省游客占 48％,其中,外省市场以广东、江西、浙江为主,占外省游客的 60％;接待境外游客 16.04 万人次,占 4％,境外市场以香港、台湾为主,占境外游客的 65％。① 这和调查结果相差不多,可见,土楼作为世界遗产的文化地位和目前国内外旅游的品牌影响力仍不对称。

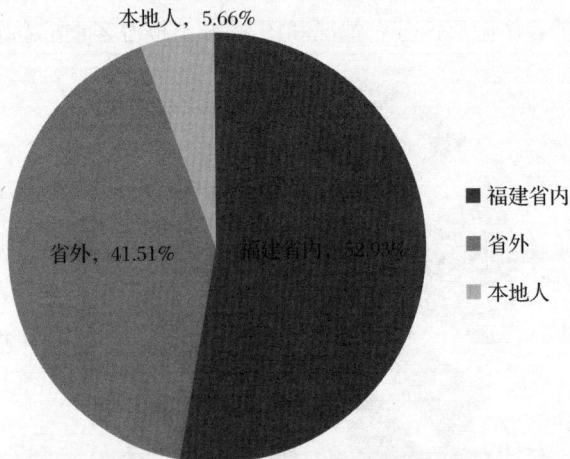

图 12-4　土楼游客地域分布情况

最后,土楼文化原真性不足,文化空间保护仍待提升。1990—2010 年,永

---

① 王文清:《土楼之乡永定去年接待游客突破 470 万人次》,http://www.fj.xinhuanet.com/travel/2015－01/08/c_1113928381.htm,2015－01－08/2015－10－10。

定出现常住人口流失、老龄化、文化变迁等诸多问题，导致土楼文化氛围减弱，旅游吸引力也随之降低。从第一次人口普查到第四次人口普查，永定常住人口增速较快。但1990年后永定常住人口逐年下降，主要原因有外出务工、改善生活环境等(具体见表12-3)。第六次全国人口普查时永定县户籍人口为481 769人，比"五普"增加46 911人，但永定外出时间超过半年的人口多达182 133人，占户籍人口的37.8%，[①]足见外出打工型人口比例之大。

表 12-3　永定县历次普查常住人口变迁情况

年　份	常住人口数（万人）	增量（万人）	年均	
			增量(万人)	增长率(%)
1953(一普)	18.27	—	—	—
1964(二普)	22.11	3.84	0.349	1.75
1982(三普)	37.67	15.56	0.864	3
1990(四普)	44.7	7.03	0.879	2.16
2000(五普)	41.16	−3.54	−0.354	−0.92
2010(六普)	36.27	−4.89	−0.489	−1.26

随着年轻劳动力的外流，永定相应地出现文化断层、老龄化问题。乡村留守老年人比例升高，难以维系客家乡土社会的原貌。第五次人口普查永定县60岁以上人口为44 417人，占总人口的10.79%，比国际常用"老年型"标准超出0.79个百分点，65岁以上人口为30 046人，占总人口的7.3%，比国际常用"老年型"标准超出0.3个百分点。第六次人口普查资料显示，永定县老龄化程度持续加大，60岁以上人口为52 538人，占总人口的14.49%，65岁以上人口为37 864人，占总人口的10.44%，老年人口绝对值和占比均有较大幅度的上升。另外，由于生存方式、文化观念的代际变化，年轻人越来越倾向于相对独立、自由的生活方式，客家人聚族而居的传统习俗受到威胁。对比第四、五次和第六次人口普查数据，永定家庭户数持续增加，家庭人口数则日渐减少。2010年平均每个家庭的人口数为2.78人，比2000年减少0.79人，四人户、五人户、六人户分别占14.82%、8.11%和2.98%。[②]这与越来越多人趋向于独立生活和现代居住环境不无关系。

近年来，随着土楼旅游的升温，永定人口出现回流现象。但是，回流人口大多以小商品买卖、农家乐、小餐馆等为业，蜗居在土楼周边民居中，再难延

---

①② 永定县统计局：《永定县十年人口发展状况及问题分析 》，http://tjj.fjyd.gov.cn/Ar-ticlehtml/? newsid＝252,2013−02−01/2015−01−01。

续土楼居民原有的生活方式,生活观念和文化习俗也有所改变,对土楼文化原真性保护意义不大。

同时,受商业因素影响,永定土楼也存在游客超载、过度开发的问题。永定土楼多为大型土夯建筑,土木结构,年龄在百年至数百年间不等,可分为开发和不开发两类。被开发的土楼经过整修、加固焕然一新,一楼改装为商铺,商业氛围较为浓郁,难以复现土楼原有生活情境,二楼一般禁止游客入内,但也不乏当地人额外收费悄悄带游客参观之事,长此以往也不利于土楼内在空间的保护。未开发的土楼则存在年久失修、人口凋敝的问题,任其受风吹雨打、虫蚁破坏,朽坏速度惊人,零星住户也多为不愿搬离的孤寡老人,土楼文化传承存在危机。笔者在调查中得知,大约半数受访者认为目前土楼保护状况较好,22.64%的人认为土楼保护状况堪忧,另有26.42%的人认为土楼破坏严重,存在过度商业化问题,如图12-5所示。

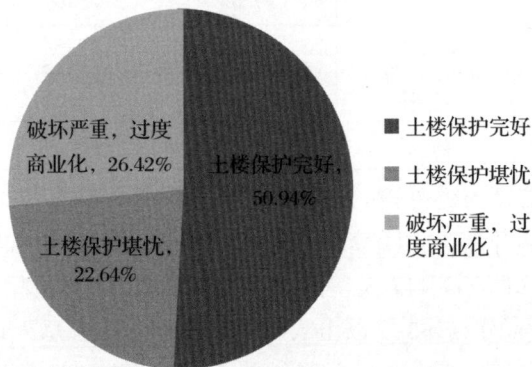

图 12-5 永定土楼保护认知分布情况

三、深耕土楼文化,反哺当地经济

土楼文化是永定最为宝贵的在地资源,挖掘并激活土楼文化有助于促进当地经济的飞速发展,实现资源型向生态型经济的升级转型。那么,如何最大限度地发挥土楼文化的经济反哺作用呢?

首先,加大土楼文化挖掘深度,促进文化符号的经济转化。文化包含物质、制度和精神三大层面,永定土楼文化的利用和开发主要停留在直观的物质层面,如土楼建筑、饮食、服饰,较少触及客家文化制度和精神层面,如客家人的生命意识、天人观念、伦理价值等,导致土楼旅游文化内蕴不足。土楼游客一路颠簸劳顿,也就大约领略一下土楼形制结构、品尝一下土楼特色美食即打道回府,无法领会土楼文化精髓,形成震撼心灵的文化感知,导致旅游收获感不强,影响重游意愿。但是,要展现土楼文化内蕴,将无形文化有形化绝非易事,相关部门应在文化空间设置、文化符号利用、文化内涵解说上下足功夫,如通过实在的文化场景或虚拟影像空间表现客家人敬天礼地之祭祀活动、四时耕耘之农事活动、选址建屋之建筑活动等,增强游客对土楼文化精髓的体悟。

其次,扩大土楼文化利用广度,摒弃单纯的门票经济。土楼文化开发主要集中于文化旅游领域,产业业态较为单一,影视、表演、创意产业虽有加盟,但尚未形成产业规模和效益;同时,旅游项目也不够丰富,尤其是文化体验性项目较为缺乏,尚未突破门票经济的发展瓶颈。永定应拓宽土楼文化产业化发展途径,大力发展创意和影视等产业,使之和文化旅游形成联动效应,延长土楼文化产业链;拓展文化旅游的广度,适度引入田园观光游、山林度假游、文化寻根游等不同品类,改变旅游品类单一现状,同时,充分利用客家传统节庆,开发参与性体验项目,形成品牌影响力,变门票经济为体验经济。

再次,增强土楼文化表现活态,促进日常生活审美化。活化文化不仅是遗产保护的最高诉求,也是旅游开发的成功秘诀。《印象·刘三姐》自 2003 年开演以来长盛不衰,其成功要诀就是将山水实景、生活情态和舞台表演融为一体,由当地渔民充当专业演员,把渔歌唱晚的现实生活搬入舞台,打破生活和艺术的界限。印象模式可为土楼文化开发提供借鉴。多年来,土楼在开发模式上存在问题,土楼原住民的迁徙和商业的硬性植入使得客家文化逐渐式微,使得土楼演化成收门票的城堡,即使有回流居民,也主要受经济利益趋使。开发者和当地居民之间关系不和谐,当地居民虽可获得旅游补贴、房屋租赁收入,但却不得不改变原有生活方式,产生文化疏离感。这种植入式开发模式容易导致过度商业化、同质化问题,久而久之势必降低当地旅游吸引力。因此,土楼文化旅游开发应摒弃上述做法,将文化旅游开发和当地居民日常生活相结合,恢复土楼情韵和客家人生活情态,用真实的文化在场来感染每一位参观者。

最后,拓宽土楼文化呈现形态,促进文化科技融合。永定土楼有空间限制和保护需求,难以满足世人与日俱增的文化体验需求。为了避免游客对土楼实体空间的破坏,相关部门可运用 3D 体验场馆加以替代,复现土楼内外晨昏或四季生活情境,给予游客替代性文化体验,或开发以土楼生活为背景的扮演游戏,真正打破文化体验的时空局限。

第十三章
闽台区位优势与
文化产业发展

闽台文化圈是近三四百年来闽台文化交流的产物，随着现代转型和产业开发的深入，出现城与乡、山与海、闽与台等方面的发展差异，普遍存在保护与开发、传承与发展、经济与人文等之间的矛盾问题。闽台文化产业的合作和发展有助于弥合古今差异、城乡矛盾以及经济腾飞与文化发展的对立关系，在实施过程中应注重原真性、亲民性、常态性和保障性，借传统资源发展创意产业，依托地域特点发展特色产业并利用利润抽成形成循环经济。

第一节　闽台区位特点

闽台是在相似的自然生态环境中孕育成熟的文化共同体，是华夏文化子系统，与河洛、齐鲁、吴越、西蜀、荆湘并称。

一、自然相近

福建和台湾隔海相望，地理相邻，且自然气候、地理环境十分相似。福建位于北纬 23°～28°，三面环山，一面朝海，90% 的陆地面积为山地丘陵，受亚热带季风气候影响较大，雨量充沛、植被丰茂，森林覆盖率达 65.28%，仅次于台湾。台湾位于北纬 21°～25°，四面环海，岛上 2/3 的面积为山地丘陵，受热带和亚热带海洋气候影响大，温暖湿润，长夏无冬，森林覆盖率达 70% 以上，居全国首位。相近的地理位置和相似的自然生态使得闽台天然一体，为闽台文化的诞生奠定物质基础。首先，因自然气候的相似性，闽台在衣、食、住、行等方面大致相同；其次，因地理环境的相似性，闽台传统经济都呈现为农、林、牧、渔、矿等多样化分布；再次，因地质矿产的相似性，闽台在社会生产、生活方式上也有诸多相近之处；最后，因人与社会、自然关系的相似性，闽台宗教信仰几乎一致,如蛇神崇拜、海神崇拜、济世神医崇拜等。

二、历史同源

史学考古学研究已经认定,台湾"原住民"中大多为大陆直接或间接移居而来的,与福建"清流人""东山人"拥有共同始祖。秦汉以来,闽人不断迁徙至台湾,尤其是从郑芝龙、郑成功据台后的两百年间,台湾大陆移民增至320万人,其中闽人超过256万人,以厦漳泉闽南金三角和古汀州客家聚居地移民为主,台湾85%的六代以上移民均来源于上述两地。连"台湾"这一称谓也来源于闽语,连横在《台湾通史》提到:"台湾原名'埋冤',为漳泉人所号。明代漳泉人入台,每为天气所虐,居者辄病死,不得归,故以'埋冤'名之。志惨也。其后以'埋冤'为不祥,乃改今名。以闽南话读'台湾'和'埋冤'也完全相同。"①同时,台湾与福建历来行政一体,宋元以来台湾大多隶属于福建省泉州府,直到1885年中法战争后方独立为省。

三、文化同脉

闽台之间不仅地缘相近、血缘相亲,而且文缘相承,在地方方言、戏曲音乐、表演艺术、民俗节庆、宗教信仰、民居建筑、传统技艺、人生礼仪等方面相近相通,隶属于同一个文化生态系统。福建涉台文物1 515处,占全国总数的80%。②台湾话,又称"福佬话""台闽语""福台语",是闽南话的一个分支,两者相似度达90%以上,目前台湾讲闽南话的人大约有1 700万人,③已超过福建持闽南语的人口数量。南音、童谣、高甲戏、歌仔戏、拍胸舞、答嘴鼓、车鼓弄、赛龙舟、骑竹马、博饼等民间艺术、娱乐和节庆活动在台海两端世代相沿,形成独特的地域文化风貌。妈祖、保生大帝、广泽尊王、清水祖师、土地公等信仰,更承载着两岸人民共同的情感寄托、道德理想和生活愿景。据不完全统计,台湾有1 000多座妈祖庙,信众1 600多万,每年来湄洲主庙朝圣的信徒超过130万人。④

---

① 　连横:《台湾通史》,华东师范大学出版社2006年版,第13页。
② 　《福建涉台文物1515处》,http://www.fj.xinhuanet.com/nnews/2012—04/05/content _25009729.htm,2012—04—05/2015—05—01。
③ 　洪碧玲:《以文化促共同发展,中国民族文化产业的现状与未来》,国际文化出版公司2006年版,第280页。
④ 　《湄洲岛旅游资料》,http://www.fjta.gov.cn/zt/591/617/200709/2007091716206.shtml, 2007—09—17/2015—05—01。

第二节　闽台文化空间布态

一、民系布态

以民系分,闽台文化群落主要分为闽南、客家与原住民这三大文化体系,闽北、闽东及闽中等地或与台湾史前相通,或参与收复台湾,或促成台湾开化,但缺少大规模移民,未形成统一的文化形态。三大民系中,台湾"原住民"文化体系可分为高山族和平埔族两部,平埔族因历代族群融合几近消亡,高山族则仍保留游耕火垦、麻衣纹面、南岛鸟语、鬼神祭祀等原始部落文化遗迹,具有较高的特异性、自足性和纯粹度,但至 2008 年,"原住民"人口为 484 174 人,仅占台湾总人口的 2.1%,①相对处于弱势和边缘地位。闽南文化体系主要分布于厦漳泉、金门及台湾西部沿岸一线,是闽台文化群落的主体构成,具有分布广、人口多、影响大的特点。传统红砖建筑属福建四大建筑群之一,据不完全统计,厦门现存红砖古厝大概 1 600 幢,泉州约有 500 幢,金门则大约有 2 000 座红砖古厝保存完好,②漳州也有近千幢红砖古厝③。客家文化体系主要分布在闽西汀州和台湾北部桃竹苗、南部六堆、台中南投及二度移民的花莲屏东地区,闽西客家为避世远祸栖身山林、聚族而居,台湾客家则因闽南文化挤压渐由沿海转入丘陵地带。就人口数、分布面和影响力而言,客家文化堪称闽台第二大文化体系。土楼是客家聚落代表性建筑,永定、华安、南靖、平和等地尚有 4 000 余座土楼,其中 46 座进入福建土楼申遗名录。④

二、地理布态

以地理环境分,闽台文化群落可分为山区和沿海两大体系。山区主要集中于闽西北一线及台湾中央山脉,其文化聚落受地势和水流所限,多呈小面积、散点式分布形态。沿海主要由闽南金三角和台湾东西沿岸构成,湖海相连,地势较为平坦,商贸重镇、鱼米之乡密集,其文化聚落多呈大面积延展式分布形态。同时,受交通、教育及人口等因素影响,山区文化群落原真性和自足性较强,但相对闭塞,少人问津,日趋没落。而沿海文化群落开放性和包容

① 《台湾"原住民"》,http://baike.so.com/doc/6539672.html,2014-07-01/2015-05-01。

② 付敏:《两岸同根,兄弟同厝——闽台联手助推红砖古厝申遗》,http://news.xinhuanet.com/tw/2013-05/08/c_115684636.htm,2013-05-08/2015-05-02。

③④ 苏丽艳:《闽系红砖建筑捆绑"申遗":留住古厝那抹红》,http://www.fjsen.com/d/2012-03/05/content_7951168_4.htm,2012-03-05/2015-02-01。

性较强,但人口流动大,外来文化冲击力大。以厦门为例,近20年来外来人口数量呈倍数增长,尤其是2000—2011年常住人口增长1 478 296人,其中外来人口1 097 379人,足见其增长主因是外来人口涌入,外来人口占总人口比重也由36.4％升至52.3％,[①]致使闽南本土文化亲和力下降。

三、经济布态

以经济水平分,闽台文化群落可分为城市和村镇两大体系。城市和村镇之别主要在于三大产业产值与人口比例的差异。在城市化、全球化、一体化的驱动下,闽台城市和村镇传统文化群落均遭遇前所未有的现代化危机,但问题有所不同。一般来说,城市比村镇更难维系文化空间的实体性、完整性和原真性,环视全国,除丽江、平遥、阆中、歙县等少数古城保留原初格局,多数城市采取标本式保护方式,即保留部分文化街区、遗迹或景点作为观瞻之地,其余皆推倒重建,破坏了原来的文化群落结构,传统习俗、仪式、艺术等亦随之渐去渐远,如北京、南京等均采取这种城市发展模式。闽台城市文化群落也存在这一问题。以闽南红砖古厝为例,它主要分布于厦门岛外四区、泉州古城区和漳州龙海、芗乡、长泰、南靖等地,在城市中心已所剩无几,并随着城市化进程逐渐被蚕食。漳州台商投资区角美龙池白礁村潘厝社的潘厝古民居群以及厦门海沧新垵红砖古厝淹没在一片钢筋水泥建筑群中,文化空间的整体性被破坏。相较而言,村镇则主要面临人口流失、素质下降和文化失落、精神危机的问题。中华文化的根脉在乡村,古时读书人出仕前多居乡里,"朝为田舍郎,暮登天子堂",远离庙堂后又多荣归故里,退居乡村,耕读传家。而如今,许多乡镇因大量农民进城务工或人口迁徙而逐渐萧条,空巢和留守问题日趋严重。据《农村空巢家庭生活状况——闽南山区S村的一项实证调查》显示,2008年S村劳动力人口938人,外出人口668人,外出人口占劳动力人口71.2％,60岁以上老人240人,空巢老人104人,空巢率约为43.3％,另有与孙辈、亲戚同住的类空巢老人28人。[②]

四、政治布态

以行政差异分,闽台文化群落又可分为福建和台湾两大体系。福建地区的传统文化群落保护与开发状态明显逊色于台湾地区。近年来福建呼应国家保护文化、非物质文化遗产的号召,建立全国首个闽南文化生态保护区,但

---

① 《厦门市第六次人口普查数据》,http://wenku.baidu.com/view/2f934643be1e650e52ea9991.html,2012—01—01/2015—01—01。

② 王静珊:《农村空巢家庭生活状况——闽南山区S村的一项实证调查》,《南京人口管理干部学院学报》2008年第2期。

因起步晚，未能理清资源开发、文化保护与城市规划、经济发展等之间的关系，因此出现了上文中所提诸多问题。而台湾文化保护起步较早，法律、教育、传媒等纷纷助力文化传承，从1982年颁布"文化资产保存法"起，先后出台十余部相关法律法规，并制定了不计其数的地方性保护法规，将古迹保护纳入城市整体规划，进行有序保护和合理开发。以金门红砖厝为例，金门县面积约为厦门的10％、泉州或漳州的1％，但它保存了2 000多幢红砖厝，不仅数量具有压倒性优势，而且保存状态、活化程度均高于大陆，其中开发最好的是金门九大聚落之一的水头聚落，它成功引入乐活理念发展旅游休闲产业，改造乐活民宿23间、卖店2间，形成富有特色的旅游经济。① 而且，台湾在现代转型过程中较少有传统文化衰微现象，科学技术与宗教信仰并举，都市时尚与传统习俗共存。据台湾《中国时报》公布，至2011年台湾共有寺庙、教堂15 211座，其中寺庙约为1.3万座，道教寺庙占78.3％，佛教寺庙占19.6％，教会教堂2 200余座，基督教占76.5％，天主教占22.2％，②比之1959年台湾文献委员会所作统计"全台共有4 220所寺庙"③，足见台湾信仰昌盛及多元化趋势。

第三节　闽台文化整合与开发的历史意义

闽台文化同根同源，唇齿相依。建构闽台文化生态圈不是对文化的生拉硬套和无端干预，而是对原有文化生态的维系和保护，对增强两岸文化交流、情感联络和产业合作具有深远意义。

首先，闽台文化整合与开发有助于台海文化交流，突出共同的文化记忆和精神生存，增强文化认同和区域认同，形成闽台文化一体化，达到增强台湾民众文化归属感的目的，为两岸文化统一奠定基础。

其次，闽台文化整合与开发有助于福建非物质文化遗产和文化生态保护。在现代化、城市化、一体化语境下，许多地域文化都面临日渐萎缩的问题，各种依存于农耕社会和农业文明的传统艺术随着城市圈地、农村空巢愈演愈烈而逐渐退出文化舞台。闽台文化生态圈的建构则有利于地域性传统文化的回潮，利于传统与现代的交融发展，为非物质文化遗产和文化遗产保护提供适应的文化生态环境，变刻意的、孤立的保护为自然的、全面的生态性

---

① 黄湘玲：《金门前水头村乐活民宿之经营模式研究》硕士论文，2012年。
② 程涛：《台湾地区登记有案寺庙教堂逾万座，道教寺庙最多》，http://www.chinanews.com/tw/2011/06-19/3120807.shtml，2011-06-19/2015-03-01。
③ 台湾省文献委员会：《台湾省寺庙教堂调查表》，1960年版。

保护。

最后,闽台文化整合与开发是福建塑造文化形象、改善地域品牌和发展特色产业的有效途径。福建偏居东南,距离全国文化、政治、经济中心都较远,区域影响力明显弱于长三角和珠三角地区。"闽台文化圈"的建构则有助于福建文化的"去边缘化",凝聚文化亮点和塑造地域品牌,整合和盘活地方文化资源,尤其是借鉴台湾文化创意产业的成功经验,加速两岸创意产业的合作和发展,变福建文化资源大省为文化产业大省,进而推动福建产业结构调整和转型,最终转向低能耗、低碳、无烟的环保型经济。

第四节　闽台文化产业发展瓶颈与策略

一、闽台文化产业发展瓶颈

其一,传统与现代难调和。一方面,闽南文化受到现代化、一体化、城市化的冲击,所依托的文化空间日渐萎缩,未能合理融入现代语境,实现文化突围。笔者曾针对闽南国家级非遗答嘴鼓做过一项民意调查,以厦门岛内为调查范围,发放问卷 200 份,得有效问卷 189 份,结果显示,"听说过答嘴鼓"的人数占比 21%,"曾经欣赏过答嘴鼓"的人数约占 12%,始终钟爱这项艺术的人更是寥寥无几。可见,答嘴鼓这种生长于长街里巷的民间艺术已是曲高和寡,逐渐淡出社会公共娱乐空间。另一方面,现代化走入西化误区,城市发展趋同化,缺乏传统支撑和地域特色,发展动力不足,如何重新整合传统资源为现代所用是一大难事。打破快餐文化、流行文化的四面埋伏,让地方传统文化占有一席之地并成为现代文化的有益补充,是个亟待解决的难题。

其二,文化与自然难融合。闽台文化群落不仅要调和古今矛盾,而且要解决文化与自然的对立问题。闽台文化隶属于中华农耕文化,讲求人与自然的和谐关系,形成天人合一的哲学美学观念,对自然的索取和破坏较小,但随着传统文化的现代转型,现代化、工业化、城市化、消费主义等不断侵蚀和破坏着地域生态环境,如工业生产的各类污染、农村田园的荒废、旅游景区的过度开发等问题均存在。

其三,社会效益和经济效益难统一。一般而言,社会效益和经济效益很难兼顾,如政府可以以事业扶持、经费投入、公益演出的方式来加大闽南文化宣传和非遗保护力度,但若无巧思则很难产生经济效益;反之,社会发展唯经济效益马首是瞻,亦难以顾及社会效益,甚至违背社会和谐、道德理想或公共秩序等。如何让社会效益产生经济效益附加值,是闽南文化群落现代转型必须思考的问题。

二、闽台文化产业发展原则和策略

(一)闽台文化创意产业开发原则

1. 原真性

闽台文化生态圈不是划定的孤立的实体性空间,如文化生态博物馆、产业园、体验中心,而应该是融于生活、遍布于社会的无形却又无所不包的文化空间。因此,闽台文化保护的重点不是个别文化门类或物种的保护,而是整个文化生态的保护,让每一种文化类别都有适宜的生长空间。以闽台歌谣、戏曲、表演艺术为例,对它们的保护不应该仅仅专注于传统曲目、技法的原真性演绎,应该放开视野,专注于地方语言环境、生活习俗和审美习惯的培育上,强调传统与现代、经典与时尚的融合,让传统元素融入时代,渗入生活。只有培植好文化生态环境,才能真正让地方传统艺术形式为世人所接受和欣赏。

2. 亲民性

闽台文化生态圈不应是官方的文化政绩、形象工程,也不应是学者或艺术家心中构想的理想楼阁,而应是现实存在的、与百姓日常生活息息相关的文化场域。因此,闽台文化生态圈建构的要点是无为而治,让闽台文化在自然宽松的环境下自由发展,维护它的民间性和草根性。目前,福建的不少民俗信仰活动是在自发、自主、自由状态下完成的,如妈祖祭典、送王船等汇集大量信众,影响力逐年扩大。但是,传统曲艺、戏曲等却知音寥落,难以融入百姓生活。

3. 常态性

闽台文化生态圈应维护闽台文化交流的常态化,推进闽台文化的一体化。闽台文化交流与合作的最大障碍是政治壁垒,人为的政治因素阻碍了闽台之间形成文化合力。闽台文化生态圈应打破这一壁垒,形成两岸交流与合作的常态机制,开启文化直通车,扩大跨海文化交流和文化旅游,鼓励文化双边合作,如举办两岸保生慈济、客家擂茶等各类旅游文化节,又如妈祖金身、陈靖姑金身台湾巡游,再如召开闽台曲艺、民俗表演交流会、竞技会等,保持两岸文化交流的常态热度,营造浓郁的地域风情。

4. 保障性

闽台文化生态圈应建立适宜的外部环境和有效的保障机制,可从媒体引导、教育扶持、政策激励、法律护航等方面加以努力。首先,扩大闽台文化的传播媒介和范围,以广播、电视、报纸为基础,以数字网络为延伸,以 98 贸洽会、文博会等节庆展会为重点,对闽台文化进行全方位、全媒体展示,扩大对外影响力。其次,增加闽台文化的教育投入,在中小学开设闽南语、闽南艺术等课程,普及闽南谚语、歌谣,介绍闽南习俗和艺术,提高地域文化凝聚力,留住闽台文化的根脉。再次,加大闽台文化的政策扶持和激励力度,保护民间节庆活动,扶持文化传承人的传承活动,鼓励两岸商业团体对非物质文化遗产的适度开发。最后,加快非物质文化遗产和文化生态保护立法,切实保护闽台文化遗迹、建筑、文物及各类非物质文化遗产,杜绝对闽台文化生态的人为侵害。闽台文化生态圈建构不仅具有深远的政治文化意义,且具有现实的经济价值。闽台文化生态圈的产业化应围绕其自身发展的三大瓶颈问题,以文化创意带动古今融合,以发展特色产业促进自然生态和文化生态的融合,以适度产业化形成闽台文化生态圈的"保护—开发"循环体系,促进经济效益和社会效益的良性循环。

(二)闽台创意产业发展策略

1. 依托传统资源发展创意产业

受地理环境多样性的影响,福建文化资源具有总量大、分布广、品类丰富的特征。首先是众多物质性的有形文化资源,福建拥有 2 个世界文化遗产、5个世界文化遗产预备名录、4 座中国历史文化名城、7 座历史文化名镇、16 座历史文化名村、5 座历史文化街区、137 家国家级文物保护单位、879 家省级文物保护单位,登记涉台文物 1 515 处,占全国总数的 80%。其次是丰富的精神性文化资源,包括戏曲、音乐、语言、曲艺表演、传说故事、习俗信仰等众多品类,很多艺术形式保留了华夏古风、唐宋遗韵。最后是数量可观的实践性、生产性文化资源,材质特殊,技艺精湛,富有地域和民族特色。其中,闽南传统民居营造技艺,漳浦、柘荣剪纸,木拱桥传统营造技艺,水密隔舱福船制造技艺,列入世界非物质文化遗产,软木画、脱胎漆器、寿山石雕、漆线雕、惠安石雕、木版年画、纸织画、武夷岩茶制作技艺、福鼎白茶制作技艺、安溪乌龙茶铁观音制作技艺、德化瓷烧制技艺、客家土楼营造技艺等列入国家非物质文化遗产。

福建文化创意产业处于起步阶段,存在创意品类单一、创意水平不高、区域发展不平衡、闽台合作深度不足等问题,许多传统资源未被合理利用。就地域发展而言,文化创意产业主要集中在福州、厦门和泉州等地。就开发范围而言,利用较广的是实体性文化资源,主要用于旅游开发,其次是部分手工技艺类非遗,主要用于工艺生产,还有部分民俗节庆活动被整合入旅游产品内,但与福建历史文化资源总量相比,所利用的仅是冰山一角。大量的精神性文化资源未被很好利用,如传说故事、音乐曲艺、表演杂技等得不到合理开发和利用,逐渐淡出世人眼界。就创意水平而言,福建创意产业缺乏高创意、高附加值产品,工艺美术缺乏原创性,动漫游戏缺乏艺术性,影视传媒、创意设计等也处于产业下游。就两岸合作而言,闽台创意合作仍处起步阶段,福建在引入台湾文化品牌、创意理念、管理机制、发展模式等方面仍须努力。

闽台文化生态圈的建构和产业化应学习日韩经验,加大创意力度,变文化资源为文化资本。如日本动漫充分利用传统文学题材、故事原型、人物原型、音乐素材等,以深刻的文化内涵和丰富的艺术内蕴促成动漫的艺术化和国粹化,进而带动动漫产业在世界范围内滚雪球式的成长,拥有全球65%左右的动漫市场。又如韩国立足本土文化,将传统文化市场化,每年举办各种类型的节日庆典,如"文化遗产年""旅游年",设立"泡菜节""假面舞节""电影节"等,又将传统服饰、饮食、音乐等传统文化元素渗入电视剧、服装、音乐、电子游戏等,形成不容小觑的"韩流"。

同样,闽台文化创意应从内容、形式、媒介、运作模式等方面全面入手。具体而言,它可以是表现题材的提炼和拓展,增强作品的现实关注度;可以是表现形式的革新,以适应现代人的欣赏水平和审美习惯;可以是传统元素的提炼、升华和时尚元素的巧妙运用,既延续传统文化,又焕发时代精神;可以是传统文化与现代科技的结合,拓宽艺术表现形式和传播途径;还可以是运作模式的改变,适度引入商业运作,增强盈利能力。以台湾答嘴鼓为例,它之所以能够长盛不衰,是因为在文化创意上下了一番苦功,在表现题材上,关注当下,贴近生活;在表现形式上,弱化情节和主题,增强语言表现力,注重"镖笑""讲花",营造风趣幽默、轻松愉悦的氛围;在演出方式上,注重古今结合,引入流行文化元素,如通过脱口秀、真人秀等增加人气;在运作模式上,变事业扶持为主为商业运作为主,广泛运用于综艺、娱乐、广告行业等。

2. 依据地域优势发展特色产业

闽台文化生态圈产业化应以地域自然和文化生态为基础发展特色产业,维护和发挥地域生态优势,以差异为本,以特色为本,避免产业同质化,逐步形成闽都文化圈、闽南文化圈、妈祖文化圈、客家文化圈等子系统,系统内围绕文化主题形成合力,塑造独具个性的城市形象。

闽都文化圈应以省会福州为中心,依托政治、经济、文化、人才优势,在网游动漫、创意设计、文化旅游等方面加强闽台合作,形成闽台高端创意产业区。闽南文化圈包括厦漳泉等地,与台湾地理、文化相似度最高,可以在综艺表演、手工工艺、生产技艺、数字媒体、文化旅游、文化会展等方面加强合作,成为展示台湾文化的前沿窗口。妈祖文化圈是以妈祖信俗为核心的文化区域,其辐射范围包括莆田、泉州、台湾等地,依托信仰无边界的理念,建立跨越台海的双边或多边交流合作机制,以妈祖文化为主题加速产业聚集,不断吸纳绘画、根雕等工艺美术、戏曲音乐、曲艺表演、影视文化等向文化母题靠拢，形成上下游产业链。客家文化圈以闽西客家聚集区为中心向周边辐射，凭借客家文化在台湾的影响力，并发挥闽西自然环境优势，突出客家祖地游、中华文化寻根、生态养生的主题，同时借鉴台湾"客家桐花祭""台湾客家文化艺术节"的制作经验，以演艺拉动旅游，丰富文化旅游内容。

3. 依靠产业发展形成循环经济

经济效益背弃自然生态和社会效益的事实，在许多地域发展中一再重演，如文化资源的滥开发、过度开发，自然和文化生态原真性的破坏，自然环境和文化实体的过度承载等，致使丽江古城、颐和园、故宫、布达拉宫等世界非物质文化遗产被亮"黄牌"。文化经济的可持续发展应杜绝涸泽而渔的短视行为。闽台文化圈在建构和推动产业发展过程中，应避免文化和自然资源的过度产业化或商业化，坚守保护在先、开发在后、以开发促保护的发展理念。具体做法如下：

首先，自然和文化生态保护先行。自然生态是发展地域经济的外在环境，文化生态是发展创意产业的内在资源，对它们的保护和适度开发不仅能够彰显地域特色，而且能显示文化对生产力的巨大推动作用，使文化资源成为文化资本，实现无烟、绿色和循环经济。日、韩等国文化经济发展经验表明，文化传承与自然环境保护是经济发展的前提。日本明治维新时即出台《古器旧物保护方》《古寺社保护法》《国宝保护法》等多部法典，更难得的是，它很早就确立了以文化资源为依托的文化产业发展国策，1950年又颁布《文化财保护法》，保护对象遍及美术工艺品、建筑、史迹名胜、天然纪念物、无形文化财及埋藏文化财，为保护传统资源提供法律依据。韩国同样秉持先保护后开发、以开发促保护的产业发展道路，以历史文化资源为产业依据，坚持政府主导型的发展策略，注重文化遗产、民间艺术、传统工艺、信仰习俗的保护与振兴，注重文化资源的合理开发，以文化节事活动拉动旅游产业。

闽台文化生态圈的建构和产业化离不开切实有效的文化生态保护。相关部门可从法律法规上完善闽台文化生态圈立法，加强对闽台文化遗迹和文物的保护，可从文化教育上加快闽台文化普及，亦可从文化政策上鼓励闽台文化交流和民间习俗复兴，从而营造浓郁的闽台文化氛围，为闽台文化产业开发奠定基石。

其次，文化事业和产业协并发展。文化事业是公益性的，强调社会效益，文化产业是经营性的，追求经济效益，两者定位不同，但应形成协调促进机制，以文化事业提升文化品格，增强地方软实力，促进文化产业的飞跃发展；以文化产业增加财政收入，充盈国库，利于文化事业的持续开展。同时，两者之间相互融合,文化事业适度引入产业经营,如首都博物馆出售各类的文物复制品进行创收,可在文物保护、便民服务等方面增加投入;而文化产业则应投入事业心,在文化培育、售后服务、社会公益上加大投入,提高市民关注度和社会影响力,形成良好的企业形象和品牌,推动产业持续发展。

最后,产业利润用于闽台文化圈建构。文化利润抽成指的是从开发利润中合理抽取文化产业的相应盈利额,以财政税收再拨款或文化资本投入的形式,用于自然环境维护、文化遗产和非物质文化遗产保护、文化事业发展等方面,促进闽台文化圈的完善和发展。从短期效应上看,文化利润抽成妨碍了资本再投入,放缓了文化开发的步伐,但从长期效应上看,它有利于文化开发和文化保护的良性互动,促进了文化产业的稳健发展。以文化旅游为例,部分旅游收入用于自然生态维护、文化遗迹保护、文化活动扶持等,保证旅游开发和文化保护的双向和谐发展。

后 记

    我从 2013 年才开始关注文化产业,先后主持了福建省委宣传部的两个年度重点项目《福建历史文化与创意产业区域定位研究》和《生态美学视野下闽台文化圈建构与产业开发研究》,从文化资源、区域优势入手探讨福建创意产业发展思路问题,几年间脑海里一直萦绕着文化守护与开发、文化传承与创新、自然保护和经济发展的平衡问题,希望在理论建构上有所突破。我本硕博期间攻读的是现代文学和文艺学,因此顺其自然地就以人文学科作为知识背景解读当下的文化产业现象,确立现代性、后现代文化批评、文化地理学、生态美学等研究视角,完成《厦门答嘴鼓传播困境的文化探析》《福建文化资源开发的现状及对策》《论非物质文化遗产开发的低碳模式》《非物质文化遗产保护困境的现代性诊断》《福建数字出版业发展现状及其对策》《两岸田园经济:从前工业时代向后工业时代的跃进》《生态美学视域中闽台文化群落可持续发展思考》《文化产业大生态观建构与发展路径研究》等多篇论文,并在脑海中酝酿了这本书的雏形。本书借鉴生态经济学、生态社会学、生态美学等的研究成果,建构"文化—自然—社会—经济—科技"和谐发展的产业大生态观,以此反观福建文化产业发展现状,探求其发展路径和具体方略。

    我于 2013 年动笔写作,写写停停,大约两年时间才大致完成书稿,其中不乏2013年上半年收集的数据,因统计年鉴滞后一年有余,故当时最新资料也是2011年的。在该书付梓前,我补充了一些新数据,更改了一些提法,但仍保留了不少与当下情形未有大冲突的数据。

　　本书得以完成应感谢福建省委宣传部、上海交通大学李康化教授和厦门大学出版社王鹭鹏编辑给予的意见和建议,也感谢叶露露、许燕霞、罗雪菱、辜诗诗、上官婧、叶扬艳、李娜娜、陈惠婷、高妙珍、方昑璇、陈璐等同学在课题调研中所付出的辛勤劳动。该书广泛借鉴了学术研究成果、政府规划报告、媒体报道资料等,但还存在诸多弱点:一是缺乏管理学、经济学的知识架构,未能将人文学理论和经济学原理真正融合,建构文化产业生态价值评估体系;二是实地调研不足,许多看法仍较粗浅,未能理论研究与实证分析紧密结合,最大限度发挥理论对产业发展的指导性作用。故而,我谨希望借鄙作抛砖引玉,共同推进文化产业学科研究和业态发展。

林朝霞

2015年10月1日